发现身边的成长股

王春玮 著

中国宇航出版社

·北京·

图书在版编目(CIP)数据

发现身边的成长股/王春玮著. -- 北京:中国宇宇航出版社，2014.10
ISBN 978-7-5159-0805-2

Ⅰ. ①发… Ⅱ. ①王… Ⅲ. ①股票投资 Ⅳ. ①F830.91

中国版本图书馆CIP数据核字(2014)第223948号

策划编辑　田方卿
责任编辑　卢　珊　　　装帧设计　杜晴嵐　谭　颖

出版发行　中国宇航出版社
社　址　北京市阜成路8号　　邮　编　100830
(010)68768548
网　址　www.caphbook.com
经　销　新华书店
发行部　(010)68371900　　(010)88530478(传真)
(010)68768541　　(010)68767294(传真)
零售店　读者服务部　　北京宇航文苑
(010)68371105　　(010)62529336
承　印　北京嘉恒彩色印刷有限责任公司
版　次　2014年10月第1版　　2014年10月第1次印刷
规　格　787×960　　开　本　1/16
印　张　15.5　　字　数　245千字
书　号　ISBN 978-7-5159-0805-2
定　价　35.00元

本书如有印装质量问题，可与发行部联系调换

前言

本书是《价值投资新工具》的姊妹篇，这两本书构成笔者整个投资思想体系。

《价值投资新工具》是一本具有普及性质的书，主要针对业余投资者。本书则是为具有一定财务知识的投资人撰写的，主要从财务分析的角度来说明笔者的投资思路。对于缺乏财务知识的投资人来说，这本书读起来一样让人津津有味。

缺乏财务知识并不意味着不能进行成长股投资。正如本书一再强调的，投资成长股不能仅分析财务报表就进行决策，财务数据更多地反映的是企业的历史状况，而不是未来发展。投资成长股最重要的是判断企业今后的业绩能否持续增长，产品毛利是否足够高，股票价格在熊市或者在最近一年是否处于低迷状态。这些内容更需要进行市场和技术方面的调查。

当然，如果想在投资上取得成功，掌握财务知识是十分必要的，多学习这方面的知识总是有益的。

衷心希望读者朋友们读了这两本书后，能够切实提高股票投资的能力，避开风险，取得成功。

作者

2014年9月

目　录

第一章　什么是成长股

本章主要内容：

1. 什么是成长股

2. 成长股的四个特点

3. 类比法

4. 诚信的重要性

5. 神奇的复利

自从《价值投资新工具》这本书出版后，王先生陆续接到了一些股民的电子邮件。有的股民赞同这本书中提出的观点和方法，有的股民也提出了一些异议。其中一封陈先生的电子邮件，引起了王先生的注意。

电子邮件是这样写的。

王先生：

您好！

您的大作《价值投资新工具》我已拜读，有些观点很新奇，很有借鉴意义。可以说，这是一部讲解如何进行价值投资的著作，书中提出的内容和方法，在现在的中国市场还是不太多见的。

通过财务分析来分析股票的投资价值，是一种很严谨的方法，可以看出您在财务分析方面有一定的功力。您结合了格林厄姆和费舍两位价值投资大家的理念，并将它们运用到中国股市，给人一种耳目一新的感觉，这种做法值得肯定。

但是在通读了您的书后，感觉您在书中所描述的投资方法并不太适合投资成长性股票，或者说您没有提出成长性股票的投资策略。是您没有这方面的思考，还是根本就否定了成长性股票的投资价值呢？

很想得到您的指教。

读了陈先生的电子邮件后，王先生认真思考了一段时间，将自己的想法用电子邮件的形式回复了陈先生。

电子邮件是这样写的。

陈先生：

您好！

非常感谢您的来信。《价值投资新工具》一书能得到您的认可，我非常高兴。我在书中提出的方法，是一种比较简单但是很实用，而且是比较安全的投资方法。这种方法也可以说是一种指数投资方法，不太适合成长股的投资。

我觉得成长股投资是一种非常复杂的投资方法，没有深厚的投资经验是很难成功的。费舍先生的《如何选择成长股》，总结了投资成长股的15条原则。这些原则可以说是根本性的原则，但是如何应用这些原则并获得成功，还要靠每个投资人自己的具体实践、探索和总结。这是一个漫长的过程，要经历失败、亏损，只有具备坚毅的性格才能获得成功。尤其是将这些原则应用到中国股市，就更加困难了。

可以看出陈先生具有丰富的投资经验和深厚的理论基础，如果有时间，咱们可以当面聊一聊成长股投资的问题。

一个星期后，陈先生和王先生见面了。他们各自介绍了自己的投资情况，分享了投资心得，对成长股的投资方法进行了深入的讨论。以下是他们谈话的内容。

陈先生:成长股投资和一般股票投资有什么不同?

王先生:我认为两者还是有很大差别的。在讨论这个问题之前,我们先定义一下什么是成长股投资。格林厄姆和费舍先生的著作,都没有明确定义什么是成长股。

陈先生:这是为什么呢?

王先生:我认为可能是不好定义,或者说准确地定义这个概念不是一件重要的事。我这里对成长股进行定义,也只是对成长股投资做一种定性的描述,也就是说把符合这种条件的投资叫做成长股投资,不符合这种条件的投资,就不叫成长股投资。这样做的目的,是为了区分成长股投资和一般股票投资。这种区别可能不是太严谨,没关系,只要能说明问题就可以了。

陈先生:我明白你的意思。

王先生:我所定义的成长股投资,是指相对集中投资于具有成长性的企业股票,持有时间较长(一般在三年或五年以上),希望该企业业绩有较大幅度的增长,支撑企业的股票价格有一倍至三倍以上的涨幅,从而取得较大利润的一种投资方法。

陈先生:我觉得这个概念有四个含义:第一是相对集中持股;第二是企业业绩有大幅度的增长;第三是持有时间较长;第四是股价有一倍至三倍以上的涨幅。

王先生:是的。我认为成长股投资要符合这四个条件,否则就不是成长股投资。

陈先生:先说第一层含义——相对集中持股。这与你在《价值投资新工具》中所提到的"股票束"这种投资方法不同呀!

王先生:是的,成长股的投资方法与一般股票投资是不同的,尤其是与指数投资方法,更是有很大的不同。成长股投资要求投资者要选对、选准股票,相对集中资金投资。

陈先生:相对集中持股风险就会加大,如何避免投资错误造成损失呢?

王先生:避免损失的根本方法是要选对、选准股票。投资者选对股票之后,投资风险就会大大降低。

陈先生:这有点像押宝,有赌一把的味道。

王先生:这种相对集中持股的方法看似赌博,但它不是赌博。它是基于正确的分析之后做出的决策,所以风险反而小了。

陈先生:每个人在购买股票时都有一些理由,确信股价会上涨,但是往往事与愿违,买了之后,大多数股票不是上涨,而是下跌。你如何确信你的判断是正确的呢?

王先生:这就要靠投资的感觉了。

陈先生:这么说就有些神秘,很难使人信服。

王先生:也不神秘。说投资的感觉你可能不太理解,用其他方面来说明,你就容易理解了。

比如说打篮球,投篮时,你不可能每次都投中。对于投进篮框内的球,你在投出时一定有一种感觉,这就是所谓的手感。每次投篮时,你都会去找这个感觉。

陈先生:是这样。

王先生:投资也是一样。不是每次买股票你都会成功,有时你投资的股票会上涨,这样你就盈利;有时你买的股票会下跌,这样你就亏损了。盈利的投资就是成功的投资,亏损的投资肯定是失败的投资。成功的投资和失败的投资,在你买入、持有和最后卖出时,感觉肯定是不一样的,这就是投资的感觉。

陈先生:我有些明白了。

王先生:当你有了成功投资的感觉后,如果能及时总结,并将这些经验运用到以后的投资活动中,那么投资成功的概率就会越来越大。

陈先生:这种感觉从何而来呢?

王先生:成功投资的能力绝不是凭空而来的,而是在正确的理论指导下,通过大量的实践,一步一步摸索出来的。这是一个过程,要经历失败和挫折。可以说,股票投资是一门艺术,而不是一门科学,就跟打仗似的。

陈先生:上升到哲学高度了。

王先生:是的。这让我想起毛主席在《论中国革命战争中的战略问题》这部著作中的论述。

学习不是容易的事情，使用更加不容易。战争的学问拿在讲堂上，或在书本中，很多人尽管讲得一样头头是道，打起仗来却有胜负之分。战争史和我们自己的战争生活，都证明了这一点。

那末，关键在哪里呢？

我们不能要求事实上的常胜将军，这是从古以来就很少的。我们要求在战争过程中一般地打胜仗的勇敢而明智的将军——智勇双全的将军。要达到智勇双全这一点，有一种方法是要学的，学习的时候要用这种方法，使用的时候也要用这种方法。

什么方法呢？那就是熟识敌我双方各方面的情况，找出其行动的规律，并且应用这些规律于自己的行动。

读书是学习，使用也是学习，而且是更重要的学习。从战争学习战争——这是我们的主要方法。没有进学校机会的人，仍然可以学习战争，就是从战争中学习。革命战争是民众的事，常常不是先学好了再干，而是干起来再学习，干就是学习。从"老百姓"到军人之间有一个距离，但不是万里长城，而是可以迅速地消灭的，干革命，干战争，就是消灭这个距离的方法。说学习和使用不容易，是说学得彻底，用得纯熟不容易。说老百姓很快可以变成军人，是说此门并不难入。把二者总合起来，用得着中国一句老话："世上无难事，只怕有心人。"入门既不难，深造也是办得到的，只要有心，只要善于学习罢了。

一切关于战争的规律，都是进行战争的民族、国家、阶级、政治集团为了争取自己的胜利而使用的。战争的胜负，主要地决定于作战双方的军事、政治、经济、自然诸条件，这是没有问题的。然而不仅仅如此，还决定于作战双方主观指导的能力。军事家不能超过物质条件许可的范围外企图战争的胜利，然而军事家可以而且必须在物质条件许可的范围内争取战争的胜利。军事家活动的舞台建筑在客观物质条件的上面，然而军事家凭着这个舞台，却可以导演出许多有声有色威武雄壮的活剧来。因此，我们红军的指导者，在既定的客观物质基础即军事、政治、经济、自然诸条件之上，就必须发挥我们的威力，提挈全军，去打倒那些民族的和阶级的敌人，改变这个不好的世界。这里就用得着而且必须用我们的主观指导的能力。我们不许可任何一个红军指挥员变为乱撞乱碰的鲁莽家；我们必须提倡每个红军指挥员变为勇敢而明智的英雄，不但有压倒一切的勇气，而且有驾驭整个战争变化发展的能力。指挥员在战争的大海中游泳，他们不使自己沉没，而要使自己决定地有步骤地达到彼岸。指导战争的规律，就是战争的游泳术。以上是我们的方法。

陈先生：非常精彩。

王先生：没有经历过长征，不身经百战的人，是写不出这么精彩的文章的。

陈先生：确实是这样，“事非经过不知难”。

王先生：投资股票也是一样。你绝不能想象自己刚一入市，甚至投资第一只股票就会发大财。没有完整经历过牛市和熊市的人是不会成功的。只有在股市极度低迷期还依然抱有希望，在股市高涨时还能保持头脑冷静的人，才会最终获得成功。

陈先生：每个行业都是不容易的。现在咱们说第二点——企业未来业绩有大幅度的增加。这一点怎么理解？

王先生：企业业绩持续增加(三至五年以上)，是成长股的最根本要素。如果它的业绩没有大幅度增长，就不是成长股了。

陈先生：这里所说的业绩是指什么呢？是指销售收入增加？还是净利润增加？或者是企业资产规模增加呢？

王先生：最根本的是企业净利润持续增长。其他财务指标，包括销售收入、资产规模等增加，如果净利润不增长，这种企业的股价是不会大幅度上涨的。就算经过一时的炒作，股价有所上涨，这种上涨也不会持久，或者无法上涨到很高的价位。

陈先生：这是为什么呢？

王先生：股票归根到底是一种有价证券，拥有股票就拥有了企业所有者的权利，这种权利包括收益权和选择企业管理者的权利。当然，大多数普通投资者并不会行使选择管理者的权利，但是收益权是不会放弃的。

陈先生：有些人炒股票，主要是赚价差，可能连分红都没有考虑过，只是把股票当作一种筹码而已。

王先生：虽然股市上很多人这么做，但是决定股价涨跌的，绝对不是这些散户。决定股价涨跌的人，只能是拥有大量资金的机构投资者或者大股东。由于资金量巨大，这些“大鳄们”要进行股票买卖，必须充分考虑资金的安全。他们的投资行动是在理性思考下做出的，他们分析的基础是什么？只能是企业的盈利水平。对于股票来说，就是每股收益。当然，他们也会考虑企业净资产，但这只是次要指标。对于成长股投资来说，企业净资产指标就更不重要了。

陈先生：市盈率对股票价格不重要吗？

王先生：在决定股票价格时，市盈率肯定是要考虑的，但是起决定作用的仍然是每股收益。

陈先生：这个问题很重要，咱们得仔细讨论一下。

王先生：一般而言，一个上市公司的股价，等于每股收益乘上市盈率。即，股价=每股收益×市盈率。

每股收益就是企业的净利润除以股本。即，每股收益=净利润/股本。

比如，一个企业的年净利润是5000万元，股本是20000万股，那么这个企业的每股收益=5000万元/20000万股=0.25元/股。

市盈率就是一个倍数，如7倍、10倍、16倍、30倍、100倍。

这样，一个企业的股票价格按不同的市盈率计算如下：

市盈率按7倍计算，股价=0.25×7=1.75元/股。

市盈率按10倍计算，股价=0.25×10=2.50元/股。

市盈率按16倍计算，股价=0.25×16=4.00元/股。

市盈率按30倍计算，股价=0.25×30=7.50元/股。

市盈率按100倍计算，股价=0.25×100=25.00元/股。

陈先生：也就是说，在每股收益一定的情况下，市盈率越高，股价就越贵；市盈率越低，股价就越便宜。

王先生：是的。

陈先生：那么这个市盈率是由什么决定的呢？

王先生：根据上面的公式可以看出，市盈率=每股价格/每股收益。它的直观含义是这笔投资的回收期。7倍市盈率就是7年回收期,16倍市盈率就是16年回收期,30倍市盈率就是30年回收期,100倍市盈率就是100年回收期。

市盈率的倒数(也就是回收期的倒数)就是收益率。比如,7倍市盈率的倒数是1/7=14.2857%,10倍市盈率的倒数是1/10=10%,16倍市盈率的倒数是1/16=6.25%,30倍市盈率的倒数是1/30=3.33%,100倍市盈率的倒数是1/100=1%。

人们进行投资时,投资回报率要同银行存款利率(或者国债利率)相比较,这样可以判断该笔投资是否值得。

如果投资收益率大于7.5%,也就是说市盈率小于13倍时,该笔投资非常有价值,投资处于安全状态。

如果投资收益率小于3%,也就是说市盈率大于30倍时,该笔投资就处于有极大风险的状态,投资就没有价值了。

陈先生:确实,人生能有几个30年呢?谁能说得准30年以后的事情呢?也就是说,投资人购买股票时,市盈率越高,他所得到的回报率就越低;市盈率越低,他所得到的回报率就越高。那么投资人都愿意以最低的市盈率购买股票了。

王先生:这是肯定的。购买股票时,市盈率越低,投资人所得的收益率就越高,风险也就越小,投资人肯定愿意出最低的市盈率。但是股票交易是公开的市场交易,股票交易价格的形成,并不是一两个人说了算,而是由市场决定的。

通常,大家认为一家企业具有良好的盈利前景,投资这家企业能给投资者带来丰厚的回报,这时人们就愿意以更高的市盈率购买企业的股票,那么这家企业的股票价格就会被抬高。

小的企业,由于它的股本很小,在股市上很容易被操纵,这些企业的股票市盈率就会比较高。而一些大的企业,由于它的股本比较大,而且经营比较稳定,不容易被操纵,所以它的市盈率就比较低。

因此某类企业的股票市盈率通常是一定的。

陈先生:是这样。

王先生:既然企业股票市盈率是一定的,如果它的股价要上涨,那么它的每股收益就得上涨。

比如,A企业的每股收益如下。

第一年　　0.50元/股

第二年　　0.80元/股

第三年　　1.00元/股

市盈率都是16倍,则对应的股票价格如下。

第一年　　0.50元/股×16=8元/股

第二年　　0.80元/股×16=12.8元/股

第三年　　1.00元/股×16=16元/股

从以上可以看出,股价会随着每股收益的上升而上升。当然,因为股市具有巨大的波动性,A企业的股价不会是沿着直线上升的,而是反复地上下波动,但是大的趋势一定是向上的。

反之,如果一家企业的每股收益持续下降,最终它的股价一定是下跌的。

陈先生:我明白了。

王先生:这里可以举一些A股的例子。

先说唐钢股份(重组后更名为河北钢铁,000709)。表1-1是该企业从2006年至2013年的每股收益和股票价格(复权以后的价格)对照表。

表1-1 唐钢股份(河北钢铁)2006—2013年每股收益和股票价格对照表

(单位:元)

年度	2006年	2007年	2008年	2009年	2010年	2011年	2012年	2013年
每股收益	0.63	0.59	0.34	0.14	0.16	0.13	0.01	0.011
股票价格	27.24	109.93	31.76	54.56	32.70	26.87	25.86	21.30

唐钢股份是河北省唐山市的一家钢铁企业。唐山市蕴藏着丰富的铁矿资源,其保有量达62亿吨,次于鞍山,多于攀枝花,为国家三大铁矿集中区之一,境内蕴藏着丰富的金矿资源,主要分布在遵化、迁西两县。

唐山市还拥有丰富的煤炭资源,煤炭保有量达62.5亿吨,是国内焦煤的重要产区,主要赋存在4个含煤构造盆地石炭二迭系地层中,即开平构造盆地、荆各庄构造盆地、车轴山构造盆地、蓟玉构造盆地,其中以开平含煤构造盆地最大。

铁矿和煤炭是钢铁企业的两种重要原材料。由于唐钢股份所在地区具备这两大优势，所以它的经营效益非常好。2006年和2007年，该企业每股收益达到了0.63元/股和0.59元/股，股价表现也非常优异，复权后价格2006年末是27.24元，2007年末是109.93元，2007年最高点是129元。

陈先生：为什么2014年股价会跌回到20元？是不是因为钢铁企业不景气造成的？

王先生：钢铁企业不景气是一方面，更重要的是它在2010年进行了重组，也就是河北省三家钢铁企业重组合并，包括邯郸钢铁、唐山钢铁、承德钒钛。

2010年1月，唐钢股份吸收合并邯郸钢铁、承德钒钛，成为河北钢铁集团下属唯一一家钢铁主业上市公司，该企业也成为国内仅次于宝钢股份的上市钢企。

根据合并方案，合并后的河北钢铁总股本由36.26亿股增加到68.77亿股，增加近90%；钢材产能从1000万吨增加到2000万吨，产能增长100%。唐钢股份公告称，此举有助于提高河北省内钢铁集中度，减少同业竞争，完善公司产品结构。同时销售体系一体化协同，增加公司的盈利能力。但是重组完成后的开盘当天，河北钢铁报收6.21元/股，股价暴跌12.41%。

陈先生：企业重组后，规模变大了，实力变强了，为什么企业效益下降得这么厉害？股价也下降得非常厉害？

王先生：主要是由于这次重组是优质企业与效益差的企业之间的合并，这样做没有把优质企业做强，反而是效益差的企业拖累了优质企业，使企业的每股收益大幅度下降，引起了股票价格的大滑坡。大家一起沉没了，股民也遭受了巨大损失，可以说这次重组是一次非常失败的举措。

陈先生：从这里也可以看出，企业规模大并不一定就是盈利的。

王先生：咱们再看一个大企业的例子——中国远洋（601919）。

2007年中国远洋于上海证券交易所上市，主营业务包括集装箱航运、码头、集装箱租赁业务。2006年公司新增物流业务，2007年公司新增干散货航运业务，2013年公司出售物流业务。目前公司主营业务包括集装箱航运、干散货航运、码头和集装箱租赁。

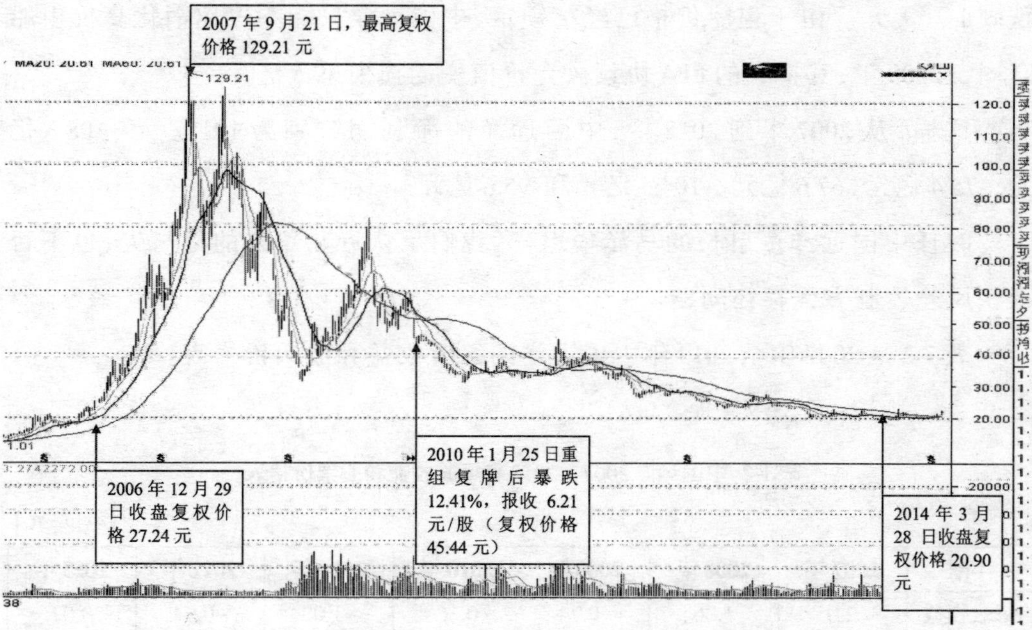

图1-1 河北钢铁2006—2014年股票价格走势图(复权之后)

截止到2013年12月末，公司股本是102亿股，总资产达到1619亿元，销售收入为619亿元，净利润2.35亿元。

2007年6月上市时，该公司的经营效益还是非常好的。2007年和2008年净利润分别达到191亿元和108亿元。每股收益也非常好，分别是2.05元/股和1.06元/股。公司首次上市开盘价15.52元/股，2007年10月30日，最高达到68.40元。

陈先生：股价真是够高的。

王先生：2003年至2008年上半年，国际航运市场经历了前所未有的繁荣期。当时最大的好望角型船日租价格曾高达21万美元左右。2008年中国远洋在自有干散货船舶204艘的基础上，租入船舶228艘扩充运力。租船协议分为3年期和5年期两种，前者日租金为8万美元，后者为5.7万美元。与此同时，中国远洋还在期货市场购买了大量远期运费协议（FFA）看多头寸。

但是在2008年下半年，金融危机爆发后，BDI（波罗的海干散货运价指数）一路下挫。2008年5月20日，BDI曾创下11793的高点，而到当年12月12日，已跌至764点。全球经济低迷的背景下，航运业务急剧萎缩，租船率下挫，日租金跌破1万美元。由于租船价格已经被锁定，中国远洋只能不停地消化高价租船合同。2008年，其持有的FFA协议公允价值变动损失39.5亿元。

这样，从2007年到2012年，中国远洋的净利润分别为191亿元、108.3亿元、-75.4亿元、67.6亿元、-104.5亿元和-95.6亿元。

时任中国远洋董事长的马泽华坦言：我们承认近几年来的得与失，也不否认在风险控制方面存在问题。

表1-2是2007年至2013年中国远洋的每股收益和股票价格表。

表1-2 中国远洋2007—2013年每股收益和股票价格表

（单位：元）

年限	2007年	2008年	2009年	2010年	2011年	2012年	2013年
每股收益	2.05	1.06	−0.74	0.66	−1.02	−0.94	0.02
股票价格	42.66	7.50	13.90	9.40	4.68	4.41	3.30

陈先生：公司股价从最高68.40元，跌到2013年的3.30元，确实给投资者带来了沉重的打击。

王先生：是这样。

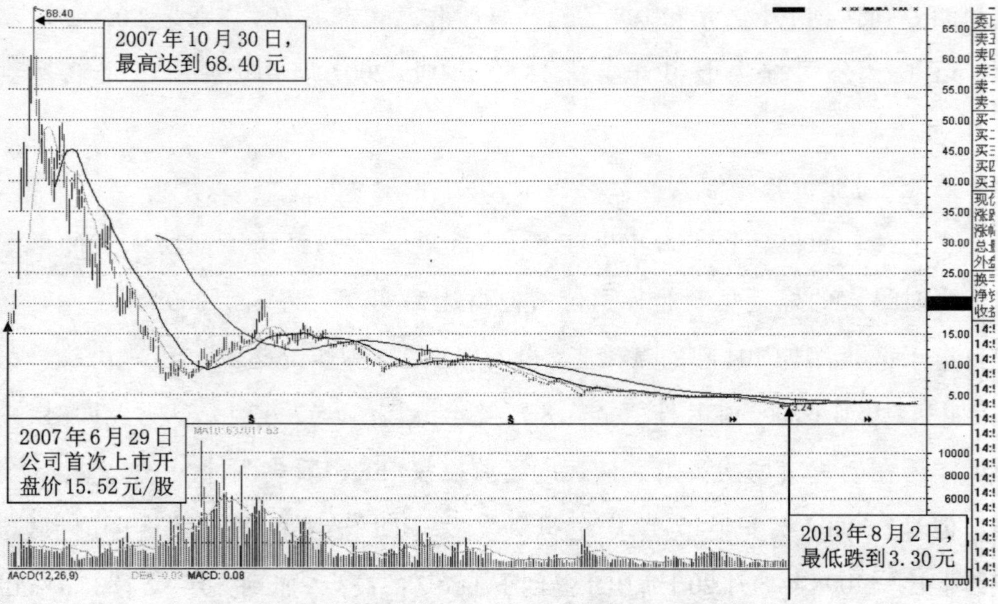

图1-2 中国远洋2007年6月—2014年4月股价走势图

陈先生:按理来说,一个企业上市后,可以募集到大笔资金。如果能很好地利用这些钱,发展对路的、有前景的产业,争取盈利,企业就不会走到这种境地。

王先生:是的,这里的原因很复杂,但是有一点要明确,就是在企业有大量资金的情况下,经营者头脑一定要冷静,要珍惜来之不易的资金,投资的着力点一定是可持续盈利的项目。经过一段时间后,老的项目变得不太盈利甚至亏损后,能有新的盈利项目接上,这样就形成了良性循环,使企业得到生存、发展和壮大。

陈先生:是这样。在中国A股市场中,公司股票上市后得到了大笔资金,很多企业并不珍惜,而是盲目投资,乱花钱,最后新投资项目亏损,企业最终走向失败。

王先生:是这样,我举一个亲身经历的例子。

20世纪90年代,我在一家石化集团工作。当时石化集团效益非常好,一年利润是18亿元人民币。集团规模非常大,除主业石油炼制和化学产品外,还成立了许多"第三产业"公司,也就是一些实业公司。成立这些公司的目的,主要是为了解决石化集团主业公司中的富余人员问题。也就是说,主业公司裁减下来的人员,可以到实业公司工作。

陈先生:实业公司的主要业务是什么呢?

王先生:实业公司主要是围绕公司主业来做,比如销售油品或者化工产品,还有的是为石化集团做劳务工程等。当时为了扶持这些"第三产业"公司,国家出台了一些优惠政策,其中一项是允许有条件的"第三产业"公司发行内部职工债券。

陈先生:什么是内部职工债券?

王先生:内部职工债券也是一种债券,和国债或者其他的企业债券相比,就是它的发行范围是受到限制的。内部职工债券主要是面向企业内部职工发售,不得向社会上公开发售。石化集团所属的石化实业公司发行的内部职工债券,年利率是15%,期限为三年,由石化集团作担保。

陈先生:可以说是内部职工的一种福利了。

王先生:是的,因为有石化集团做担保,大家不用担心它会违约,所以职工都抢着购买，没办法满足需要，每个职工只给2000元的指标。一个月之内，3000万元的债券全部售光，石化实业公司一下子募集到了3000万元人民币，有钱了。

陈先生：石化实业公司可以大发展了吧？

王先生：理论上是这样，但实际结果却完全不是人们想像的样子。三年后，石化实业公司由于经营连续亏损，花光了所有的资金，无力偿还债务，被石化集团关闭了。

陈先生：这太出乎人们的意料了。

王先生：是啊，石化实业公司失败的主要原因，是该公司总经理史总不懂经营，也不会管理的结果。

陈先生：请详细说一说。

王先生：史总经理当时是50多岁，人有些胖，戴一幅宽边眼镜，看人总是斜视。在担任石化实业公司总经理之前，很长时间他都在石化集团安全处任副处长。史总口才很好，工作中有一点成绩就喜欢夸大其辞，且对于任副处长一直不满意，总觉得自己怀才不遇。他的情况，集团领导是清楚的。一年前换届时，史总没有竞争上正处长的职位，集团领导为了照顾他的情绪，安排他担任石化实业公司总经理，负责组建石化实业公司。

陈先生：机会很好啊！

王先生：是啊，其实这也算是一种高升。史总很高兴，踌躇满志，决心要干出一番事业来，让大家看看他的能力。其实这时的机会是非常好的，正赶上国家大力发展第三产业，石化实业公司有许多优惠政策。特别是石化实业公司一成立，就获得了发行企业内部职工债券的机会，可以说非常难得。公司发售完债券后，一下得到了3000万元人民币的资金，资金实力一下子就强大了。

陈先生：可以大发展了。

王先生：是的。虽然公司很有钱，但史总却不懂得经营。他从来没搞过实业经营，以前一直任副处长，安全处总共才5个人，每天大家就是喝茶、看报纸、闲聊。这次史总全面主持实业公司的经营工作，石化实业公司从集团内一下子调来了四十多人，他真是应付不了。对于如何寻找有持续盈利能力的项目，他就更顾不上了。

从集团招来的人，什么情况都有，素质和主业公司的职工完全不一样。真正实干的人少，夸夸其谈的人多。这些人整天围在史总身边，吹捧他，明里暗里争待遇，没有人考虑经营上的事。

陈先生：这种情况很危险了。

王先生：是的。史总也想把公司搞好，但是他不知道应该怎么办。今天听这个人说做国际贸易赚钱快，他就带着人到中俄边境绥芬河市去考察边贸，很快就投资做了几笔。但是实业公司没人做过国际贸易，连信用证都不知道是什么，所以接连受骗，损失不少。

后来又听人说将石腊出口到南美国家比较赚钱，就带人到香港开办事处，投入大笔资金倒卖石腊。由于对国外的合作伙伴不了解，也被骗了，而且损失惨重。

最后又有人给他提建议，说还是在国内做生意安全，比如建个职工培训中心，让石化集团的职工来培训中心学习、疗养，这样就可以稳赚钱了。史总觉得这个计划可行，就到处托关系，在石化集团附近买了块地，建起了培训中心。

出主意人主要目的是想从工程里捞回扣，并没有心思放在工程质量监管上，所以这个培训中心的工程质量非常差，投资又非常高，几乎花光了石化实业公司所有的资金。而且在工程建设过程中又发生了安全事故，公安机关介入，抓了一批人，最后这个培训中心也没有建成。

三年很快就过去了，实业公司没有盈利项目，没有钱来还债券的本金和利息。职工们到石化集团告状，要求赔偿。没办法，只能由石化集团出面，赔偿了职工的损失，关闭了实业公司，让史总提前退休了。

陈先生：企业完了。

王先生：是的。最后在清算资产时，我去看了看这家实业公司。一进门，公司内立着一大块影壁墙，有九龙壁那么大，墙上是用玉石拼接的一幅八仙图，图上方有一行字，“八仙过海，各显其能”。这完全符合史总的经营理念，他不懂经营，更不懂用人和管理，只能任由手下的人瞎折腾、乱出主意，最后搞得一塌胡涂，企业破产。

陈先生：真是“白茫茫一片大地真干净”，企业的投资方向太重要了。

王先生：上面是从大的方面讲。从小的方面讲，也就是从我们周边人群的一些举动，你也会发现这个规律。

陈先生：是吗？

王先生：给你讲一个我身边的例子。我有一个同事F先生，他的父母是住在北京四环内的农民。2008年北京奥运会召开前，由于要修建体育场馆，F父母所在的村子土地被征用了，整个村子要拆迁。由于赶进度，政府给这些农民的土地补偿费用是比较高的，F家得到了两套各120平方米的楼房，外加100万元的现金。有的农民得到的补偿更多。

钱到了农民的口袋里后，有些人比较冷静，把钱存起来，自己和家人依然到外面去打工挣钱，踏踏实实地过日子。有的人就不一样了，这些人有了钱以后，不知道如何是好了，认为发财了，可以痛快地花了，不用去田地里劳动了，不用到外面受苦了，不再被人看不起了，他们开始比着买名牌衣服，买豪车。还有人开始赌博，越赌越大，最后输光了所有的补偿费，房子还没有得到房产证，就输了出去。折腾一年后，有些人两手空空，可谓是倾家荡产。

陈先生：有钱就找不到北了。

王先生：是的。再给你举一个我在投资公司上班后接触到的一家公司，我们管它叫Z公司吧。

陈先生：Z公司的主营业务是什么呢？

王先生：Z公司是一家市属信息基础建设公司，就是进行城市信息管道的建设及维护，为通信运营商、ISP运营商、党政军等专网和其他用户提供产品与服务。说通俗一点，就是挖管井，预埋通信电缆，工程建成后，向通信运营商提供出租。

当时，市里计划将全市的重要通信线路连接起来，于是成立了这家公司，公司注册资本10亿元人民币。

陈先生：规模不小啊，公司的业务开展是很漫长的过程。

王先生：是的。由于工程是一段一段进行的，所以前期投入并不是很大，这样10亿元的资金就有七八亿闲置起来了。董事会经过研究决定，公司用5

亿元购买了一家上市公司的股票。

陈先生:企业进行投资理财了。

王先生:这时公司股东之间发生了严重分岐,高管层发生了变动,董事长、总经理也换掉了,Z公司陷入了无人管理的混乱状态。由于没有收入,公司亏损也很严重。再加上当时国家关于信息管道建设方面的政策不到位,公司新的工程开展不下去,前景一片渺茫。

陈先生:公司经营处于危机状态。

王先生:这样持续了近两年,公司的资金快用完了,已经经营不下去了。这时突然股市大涨,Z公司之前购买的股票上涨了一倍多。公司从股市上大赚了一笔,大大缓解了资金压力。Z公司卖掉一部分股票后,继续坚持经营。第二年,国家通信基础设施方面的政策有了变化,市政府授予Z公司独家特许经营权,其他企业不能从事这项业务。这一下公司又得救了,现在Z公司经营得很好。

陈先生:Z公司当初的股票投资救了企业,也是很幸运的一件事。

王先生:是的,但是企业经营不能只凭幸运,在进行项目投资时,尤其应该谨慎。

再举一个例子。这家企业是位于泉州的一家五星级酒店,我们叫它J酒店吧。当时我们投资公司想收购这家酒店,就派人进行了考察。J酒店的一些情况引起了我的一些思考。

陈先生:什么情况呢?

王先生:这家酒店原本隶属于一家国有银行。在国有银行上市前,大家都建酒店或者培训中心,这些资产不会产生任何经济效益,只是供银行内部职工培训或者招待之用。

陈先生:属于非经营性资产。

王先生:国有银行为了上市,就剥离了这些非经营性资产,并成立了资产管理公司,将这些资产进行处置,所以我们公司就对它进行了考察。

陈先生:J酒店的资产状况怎么样呢?

王先生:这个酒店已经正常经营5年了,地理位置还不错。酒店的外观比较华丽，内部装修也很好。经过我们的审计，J酒店原始投资8亿元，在我们进行实物清点时，发现了许多尚未开箱的银质餐具。

陈先生：确实很豪华。

王先生：但是J酒店的营业额并不大，每年的营业收入就是2000万元人民币。而它的成本费用，不计提折旧的情况下，就将近2000万元，所以J酒店每年的利润为0。

陈先生：这样的话，J酒店的原始投资靠什么收回呢？

王先生：靠净利润返回肯定是不行的，只能看将来的土地增值情况了，但这是一件比较长远的事了。

陈先生：房地产投资的收益主要靠土地增值。

王先生：也许是吧。我想说的是，银行在建设这家酒店时，一定要考虑它将来运营后的收入情况。如果只是一味地投资、花钱，是一种浪费。J酒店投入的8亿元，有很大一部分是浪费的。

陈先生：确实是这样。但是如何在投资时就能比较准确地估计出投资规模呢？

王先生：这里我介绍一种方法，运用它就能判断出总投资额是否合适。当然，这只是其中的一个方法，具体应用时，还应当结合其他方面综合考虑。

陈先生：什么方法？快说来听听。

王先生：确定项目总投资额（也就是投资总额的估算）是一个比较复杂的问题，不仅涉及到经济效益，还涉及到其他方面，比如企业形象、社会责任等。但是不管其他方面有多重要，进行投资时，也就是说花钱的时候，一定要讲究成本—效益的原则。不考虑这个因素，这笔投资一定会失败。

陈先生：确实是这样，有钱时不珍惜，等没钱了就会后悔。那么如何合理确定总投资额呢？

王先生：这个方法叫做投资回报率倒推法。

陈先生：这是一个新奇的名字。

王先生：其实这个方法并不新鲜。你听说过售价倒推成本的方法吧？

陈先生：听说过，就是在产品市场销售价格确定的情况下，倒推出成本、费用,并进行有效的控制。比如,一部手机市场售价是1000元,厂家为了保证利润水平,就要在1000元的限度内严格控制成本、费用。

王先生:是这样。我的这个方法逻辑结构也是这样,为了确保所投资的项目将来能产生7% ~ 8%的投资回报率,倒推出现在的总投资额。

陈先生:这样做会遇到两个问题。第一是如何估算投资项目未来的收益水平;第二是总投资额与项目的回报率存在什么样的关系。

王先生:问得好,这是两个非常关键的问题。

先说第一个问题,如何估算投资项目未来的收益水平。我认为最好的办法,是找到与该项目最接近的已建成项目的收益数据,用这些数据来估算将要投资项目的收益水平。

陈先生:也就是类比法。

王先生:是的。投资学教科书上讲了许多方法来估算总投资额,我认为类比法是最准确的,最有参考价值。我更倾向于叫这种方法为实验法。

陈先生:你的意思是说,如果有几种方法来估算项目总投资额,最后应当用类比法来印证。

王先生:是的。人们一般认为经营活动属于人文活动,不像物理活动那样可以通过实验的方法进行检验,其实我认为类比法就是一个实验。正像人们所说的,历史事件不会重复,但是历史规律是基本不变的。

陈先生:所以人们说历史是一面镜子。

王先生:由于人们的经营活动基本是相似的,在条件相似的情况下,取得的经营结果一般是相近的。通过了解最相似项目的经营情况,就可以判断出投资项目将来的盈利水平,并以此来计算出总投资额。

陈先生:但是我们也看到,不同的经营团队经营相同的项目,会得出不同的结果。

王先生:类比法是一种经济预测,不可能绝对准确,只要能取得最稳健的经营收益数据就可以了。如果将来项目建成后,由更优秀的团队来经营,取得了更好的收益,那就更好了。最重要的是要能取得最稳健的收益。

陈先生:我明白了。

王先生:下面举一个我们曾经做过的一个项目作为例子。当时我们的投资公司在青岛得到了一块土地,根据当地政府的规划,只能建办公楼。这块地可以建10万平方米的办公楼群,而且由于国家调控房地产市场,这个办公楼群不能出售,只能出租。

陈先生:只能长期持有,这样回收时间就长了。

王先生:是的。也就是说项目建成后,只能通过收取租金和土地增值来保障投资收益了。

陈先生:这样,总投资规模将是一个重要的考虑因素了。投资额越大,将来沉淀下来的资金就越多,收回的时间就越长,风险就越大了。

王先生:是这样。但是如果总投资额太小,这个办公楼群的档次就会降低,这对将来的出租经营又会产生不利影响。

陈先生:也就是说要找到一个最佳的平衡点,既要保证办公楼群的档次不要太低,又要将总投资额控制住。

王先生:是的,那你们是如何做的呢?

陈先生:在测算总投资额时,我们就用了类比法。当时,在新购买的地块附近,有一栋早在5年前就已经建成的面积是2万平方米的办公楼——B楼,并且已实现了100%的出租率,经营业绩很好。所以我们就用B楼的数据,来反推新办公楼群——A楼群的投资成本。这样做取得了良好的效果,既保障了A办公楼群的档次不会太低,又可以控制住总投资额。可以说这是一次非常成功的运作。

下面是当时做的项目分析报告。

根据B楼项目的运作经验,作为一个办公楼开发项目,项目建设期的投资总成本,是决定其后期运营收益高低的决定因素。现将A楼群开发投资成本分析如下。

A楼群与B楼同处于青岛开发区内。B楼建成于2003年,占地面积9000平方米,建筑面积20000平方米。工程造价5000万元,单位造价2500元/平方米。B楼年实现物业出租收入1028万元,物业出租利润453万元。

B楼年度经营数据

(单位:万元)

项目	金额
营业收入	1028
销售成本(其中:折旧137万元,年限为40年)	259
销售税金	62
销售利润	705
管理费用	250
所得税	43
净利润	453
投资利润率	9.18%

B楼实际日租金为1.7元/平方米,此价格在青岛开发区内是最高的,周边办公楼单价在1.2~1.5元/平方米。大厦出租率接近100%。按营业收入与建筑面积比,日租金为1.46元/平方米。

A楼群计划建筑面积10万平方米,主要以出租为主,业务同B楼具有极大的相似性。B楼的经营情况对A楼群建成后的经营预测具有较强的参考价值。由于A楼群建成投产需二至三年时间,因此日租金以2007年的1.46元/平方米为基数,每年增长10%,连续增长两年计算,为1.76元/平方米。工程总成本按3.8亿元、4亿元、4.5亿元、5亿元分别计算,现测算如下表所示。

方案一、工程总成本为3.8亿元。

B楼模拟经营数据(一)

(单位:万元)

项目	65%出租率	85%出租率	95%出租率
营业收入	4175.60	5460.40	6102.80
销售成本(其中:折旧950万元,年限为40年)	1284.05	1386.83	1438.22
销售税金	250.54	327.62	366.17
销售利润	2641.02	3745.94	4298.41
管理费用	668.10	668.00	668.00
所得税(25%)	493.23	769.49	907.60
净利润	1479.69	2308.46	2722.81
投资利润率	3.89%	6.07%	7.17%

方案二、工程总成本为4亿元。

B楼模拟经营数据(二)

(单位:万元)

项目	65%出租率	85%出租率	95%出租率
营业收入	4175.60	5460.40	6102.80
销售成本(其中:折旧1000万元,年限为40年)	1334.05	1436.83	1488.22
销售税金	250.54	327.62	366.17
销售利润	2591.02	3695.94	4248.41
管理费用	668.10	668.00	668.00
所得税(25%)	480.73	756.99	895.10
净利润	1442.19	2270.96	2685.31
投资利润率	3.61%	5.68%	6.71%

方案三、工程总成本为4.5亿元。

B楼模拟经营数据(三)

(单位:万元)

项目	65%出租率	85%出租率	95%出租率
营业收入	4175.60	5460.40	6102.80
销售成本(其中:折旧1125万元,年限为40年)	1459.05	1561.83	1613.22
销售税金	250.54	327.62	366.17
销售利润	2466.02	3570.94	4123.41
管理费用	668.10	668.00	668.00
所得税(25%)	449.48	725.74	863.85
净利润	1348.44	2177.21	2591.56
投资利润率	3.00%	4.84%	5.76%

方案四、工程总成本为5亿元。

B楼模拟经营数据(四)

(单位:万元)

项目	65%出租率	85%出租率	95%出租率
营业收入	4175.60	5460.40	6102.80

（续表）

项目	65%出租率	85%出租率	95%出租率
销售成本（其中：折旧1250万元，年限为40年）	1584.05	1686.83	1738.22
销售税金	250.54	327.62	366.17
销售利润	2341.02	3445.94	3998.41
管理费用	668.10	668.00	668.00
所得税（25%）	418.23	694.49	832.60
净利润	1254.69	2083.46	2497.81
投资利润率	2.51%	4.17%	5.00%

从以上测算可知：投资总成本在3.8亿元时，正常运营后可实现净利润2722万元，投资利润率为7.17%。投资总成本在4亿元时，正常运营后可实现净利润2685万元，投资利润率为6.71%。投资总成本在4.5亿元时，正常运营后可实现净利润2591万元，投资利润率为5.76%。因此，投资总成本控制在3.8至4.5亿元之间，将有利于公司今后的运营。

陈先生：这是一份非常好的财务分析报告。但是我发现这里有一个问题，就是这个报告没有考虑货币的时间价值，而且也没有用现金流的方法进行测算，只是利用利润这个概念，这是个静态的概念。

王先生：你说得很对。我认为，对于经营活动的预测，方法越简单越好。在许多投资分析学教科书上，都主张用现金流量法进行计算，但是我认为用利润这个指标能让决策者明白和理解。当数学模型太复杂时，会让使用者无法理解。因为大家最了解的是利润这个概念，最关心的也是这个概念，大家想知道这个项目建成后能赚多少钱。至于现金流这个概念，是企业经营者最关心的，但股东并不太关注。

陈先生：我明白了。但是我在想，现阶段中国很多企业到A股上市的目的基本上有两个，一个是圈钱，第二个是套现。管理层真正想把企业做好的能有多少？所以在这个思想误导下，多数上市公司的效益是逐年下降的，利润是由盈利到亏损的。有几家企业的收益能逐年上涨呢？所以中国A股市场上是否存在真正意义上的成长股，我都对此感到怀疑。

王先生:你说得没错。这也是中国A股持续低迷的一个根本原因。

陈先生:你认为是A股上市公司的质量不好,是导致股市持续低迷的原因,而不是由于股市上市公司太多?

王先生:是的。司马迁在《史记》中说,天下熙熙,皆为利来,天下攘攘,皆为利往,道出了人的本性——逐利。如果一个行为可以给人们带来利益,人们就会去做。

陈先生:是这样,就像柳宗元在《捕蛇者说》中所表达的,捕蛇虽然危险,但是它可以给人们带来极大的收益,所以人们宁愿冒着生命危险,也要从事这个极其危险的职业。

王先生:比如美国早期的西部淘金热,当时西部发现了金矿,人们都认为淘金可以快速发财致富,所以都去西部淘金。当然有人因此发了财,但是很多人并没有发财,更有不幸者因此葬送了性命。

陈先生:改革开放后,中国也出现过许多"热",包括学英语热、下海经商热、出国热等。

王先生:是的,这些"热"背后都隐藏着经济利益,尤其是后来的炒股热。在20世纪90年代,中国股市刚刚出现,看到有人在股市中发了财,人们就疯狂地投资股市。我的一个邻居,当时刚结婚买了房,为了炒股票,就把房给卖了,用卖房的钱炒股。在深圳,买新股需要先买中签表,而且需要身份证。为了取得中签的机会,许多打工者不工作了,从家乡找来几麻袋身份证,昼夜在深交所排队买中签表,等着中签。

陈先生:这都是因为人们认为投资股市可以迅速发财致富。

王先生:既然大家都认为投资股市可以发财致富,所以就可以利用这个平台为企业解决资金不足的困难,而且国家开办股市的主要目的,也是为了让企业除了可以从银行得到贷款外,还可以从股市上得到经营所需的资金发展企业。

陈先生:国外股市也是这样的。

王先生:让股民出钱支持企业发展没有错,但是有一点非常重要,那就是诚信。不管是上市公司还是国家证券监督管理部门，都应当遵守诚信这个根本原则，绝不能为了套取股民的钱而欺骗股民，更不能合起伙来坑害股民。如果大家都坚持诚信的原则，人们对股市就会抱有信心，股市就会发展繁荣；反之，如果上市公司不诚信，人们就会对它失去信心，股市就会低迷，甚至成为僵尸。

陈先生：是啊，有谁会愿意把钱交给一个骗子呢？！

王先生：是的。股民不怕上市企业效益下降，只要能诚实地将信息及时披露出来，人们就不会抛弃它。不仅上市公司要诚信，证券监管部门更要诚信。我认为证券监管部门的唯一职责就是维护股市的诚信，不应该有其他的作用，比如调控股市，或者审批企业上市。这样做只会给股市添乱，干扰股市的正常运行，还会使证券监管部门产生大量的腐败分子。

陈先生：确实是这样，中国股市还远远不成熟，还有很长的路要走。

王先生：对于上市公司造假，我是有亲身体会的。在20世纪90年代末，我所在石化集团的C公司得到了上市指标，准备上市。

陈先生：为什么你们集团不上市呢？

王先生：当时证券市场存在一种指导思想，就是让股市帮助困难企业解困。具有优质资产的企业上市的反而较少，困难企业上市的多。

陈先生：这真是一个奇怪的想法。在这种思想指导下，上市企业的质量就很难保证了。

王先生：是的。这个C公司只有一套生产装置，生产化工产品，销售情况一般，企业效益也不好。但是C公司的总经理思想比较活跃，有想法，他看准了企业发行股票是一个好机会，所以就利用各种关系，最后得到了上市指标。

陈先生：但是企业业绩是要符合上市要求的，C公司能做得到吗？

王先生：C公司的业绩肯定达不到上市条件。为了达标，C公司只能做假。重新开发票，修改会计账目。据C公司的财务经理说，为了C公司上市，财务部门加了三个月的班，反复改账。同时和会计师事务所、评估公司沟通，反复做工作，最后通过包装的业绩报告终于符合了证券监管部门的要求。

陈先生：这样做是违法的，他们不怕惩罚吗？

王先生：当时，一个企业能得到上市指标是非常不容易的，有了这个指标，全集团都会全力帮助他们，所以大家一起造假，谁也顾不了这么多了。

陈先生：这些材料证券监管部门能通过吗？

王先生：再做证券监管部门的工作。

陈先生：大家一起造假，股民能不受害吗！

王先生：所以股市虽然一时繁荣，但是因为业绩假的企业太多，股市终究会走向低迷的。

陈先生：中国股市2007年10月上涨到6124点，但是一年后，2008年11月，又下跌到了1664点，太不可思议了。

王先生：上涨到6000多点，肯定是有极大的泡沫的，但是上涨还是有一定基础的。

陈先生：为什么这么说呢？

王先生：2005年4月29日，经国务院批准，中国证监会发布了《关于上市公司股权分置改革试点有关问题的通知》，启动了股权分置改革试点工作。经过两批试点，取得了一定经验，具备了转入积极稳妥推进的基础和条件。经国务院批准，2005年8月23日，证监会、国资委、财政部、中国人民银行、商务部联合发布《关于上市公司股权分置改革的指导意见》。9月4日，中国证监会发布《上市公司股权分置改革管理办法》，我国的股权分置改革进入全面铺开阶段。

这项改革使大股东与小股东处于一个水平线上，股票的涨跌不仅影响到小股民，也会影响到大股东，其实质是使中国股市成为了真正意义上的股市，所以这项改革对股市来说是实质性的利好。这是第一个因素。

第二个因素是，2006年和2007年，有一大批业绩优秀的大型企业到中国A股上市，包括工商银行、建设银行、中国银行、中国人寿、中国石油、中国石化、交通银行等。这些优质企业有的已经在香港或者美国上市，这次是回归A股。这些企业不但效益好，而且由于香港或者美国股市监管严格，所以这些公司管理也很规范。

陈先生：是这样。

王先生：当这些优质企业上市后，中国A股市场就和以前完全不同了。以前的股市是具有实验性质的，当时国家认为先实验，如果不好就关闭了。这些企业的到来,使中国股市真正成为了有实力的股市,所以人们对A股充满了信心,股市也随之大涨。

陈先生:后来A股上市企业的业绩就差多了,即便是创业板的上市企业,效益好的也并不太多。

王先生:是的。深圳创业板已成为大股东变现的工具。许多上市公司高管,在公司股票解禁期到来时,宁可辞职,也要把手里的股票卖出去。他对自己的企业都没有信心,这个公司的股票还能上涨吗?!这就给股民的信心以沉重的打击。

陈先生:可以说,从2010年以后,中国股市已经迷失了方向。IPO一开闸,大盘就下跌,而且没有停止的迹象。短期的刺激措施已经不起作用,股市到了要进行重大改革的阶段,可是从什么方向上改呢?

王先生:改革要从根本性问题入手,具体的措施要围绕中心思想来进行。就像中国足球,它的问题不是请不请洋教练的问题,根本问题是要在铲除腐败的基础上,振兴联赛,建立以足球联赛为核心的体制。这个体制建立了,足球运动员就会真比赛,就会涌现大量优秀的足球运动员,国家队的水平也会提高。比赛精彩,人们就会回到看台,足球市场自然就会繁荣了。

陈先生:是这样。

王先生:股市也一样。建立诚信是股市改革的根本目标。股市没有诚信,投资者不会回来,同样,好的企业也不会到这里来上市。2014年阿里巴巴选择在美国股市上市,根本就没有考虑A股市场。中国不缺乏优秀的企业,比如百度、腾讯、搜狐等,但是这些优秀企业都不到A股上市。A股市场上好的企业越来越少,没有好企业,股民投资谁呢?

陈先生:一个只是掠夺股民财富的市场,是不可能有吸引力的。

王先生:一个诚信的市场,好企业就会越来越多,也就越来越吸引投资者,股市也就会不断地扩大,形成良性的循环。将来有一天,中国A股市场上云集了世界上所有的优秀企业,到那时,中国A股将是世界上最好的股市。

陈先生:会有那一天的。但是现阶段投资中国A股还是有较大风险,因为好企业太少。

王先生：虽然中国A股刚刚起步，还处于发展阶段，风险较大，但是A股市场中也有好的企业，而且极具成长性。比如民生银行（600016）、云南白药（000538）、同仁堂（600085）、格力电器（000651）、燕京啤酒（000729）、招商银行（600036）等。由于管理层极具责任感，所以这些企业经营得非常出色，也给长期投资者带来了很好的回报。

表1-3是民生银行从2006年至2013年的每股收益，以及股价（复权后）统计表。

表1-3 民生银行2006—2013年每股收益及股价统计表

（单位：元）

年限	2006年	2007年	2008年	2009年	2010年	2011年	2012年	2013年
每股收益	0.31	0.36	0.42	0.51	0.66	1.05	1.34	1.49
每股价格	52.92	90.76	33.34	64.21	49.75	58.92	81.79	83.38

陈先生：为什么民生银行经营得这么好呢？

王先生：我认为，这其中有两个主要原因。第一是中国整个金融业经营得很好。改革开放以后，国家对金融业的发展非常重视。邓小平同志曾说过，"金融是现代经济的核心"。金融系统绝不能出现重大问题，否则后果不堪设想，这一点从2008年美国金融危机中就可以看出来。

其实在中国四大国有银行（工商银行、建设银行、农业银行、中国银行）股份制改造上市之前，金融业也是很混乱的。由于国有银行受当地政府的控制，独立性非常差，银行只是政府的提款机，地方政府常常强迫银行向经营效益差的企业贷款，所以不良贷款非常多。

这里再说一件事。20世纪90年代，我在石化集团工作时，有一次到甘肃参加一个石化企业培训会。这个培训会要召开两个星期，但是会开到一半时，和我住在一起的广东一家石化企业的财务经理刘先生，就急着要赶回广东，我问他为什么这么着急。

刘经理说："国家审计署要来广东进行审计，我们公司建设聚乙烯生产装置时，共投资了80个亿，其中向银行贷款60个亿，去年底生产装置投产。现在聚乙烯产品的市场价格大幅下跌，企业亏损严重，国家审计署就要查了。"

“你们还能还银行贷款吗?”我问道。

“亏损这么严重,哪里还有钱来还银行啊!”刘经理感叹道。

陈先生:贷款后来怎么样了呢?

王先生:后来不能偿还的贷款剥离给资产管理公司了。

陈先生:这样经营银行太危险了,所以当时西方学者提出中国银行崩溃论。

王先生:是的。为了推动国有银行上市,国家成立了四个资产管理公司,专门接受从银行剥离出来的不良资产,总共有1.4万亿元人民币。这使得国有银行的资产质量得到了极大改善,同时增强了银行的独立性,使其不受当地政府的控制。之后国家还发布了一系列的法律法规,规范银行的贷款行为,限制信誉贷款,推行担保贷款。更重要的是,使国有银行逐步达到了股份制改造和上市的目标。这些措施使得国有银行经营更加规范,不良贷款规模得到控制,银行变得更加强大。

陈先生:所以2008年中国才能躲过全球金融危机,要是没有这些措施,肯定也会出大事的。

王先生:是的。第二个原因是,民生银行不像其他国有银行,它的股东都是民营企业,这样它的经营就更加市场化,经营管理也比较灵活,效益也比较高。

陈先生:确实是这样。

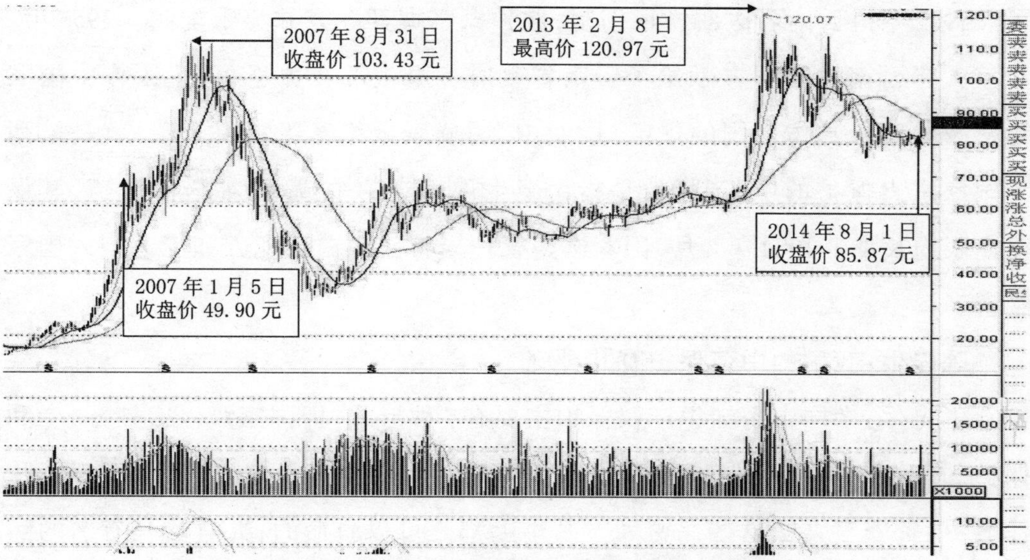

图1-3 民生银行2007年—2014年的股票价格走势图

王先生:第二个就是云南白药,表1-4是它从2006年至2013年的每股收益和股价(复权后)统计表。

表1-4 云南白药2006—2013年每股收益及股价统计表

(单位:元)

年限	2006年	2007年	2008年	2009年	2010年	2011年	2012年	2013年
每股收益	0.56	0.68	0.96	0.87	1.33	1.74	2.28	3.34
每股价格	50.91	71.06	70.71	124.27	161.59	142.26	182.41	273.62

陈先生:从表1-4中可以看出,云南白药的股价一直在上涨,而且每股收益也在持续上涨。

王先生:云南白药可以说是我们国家的瑰宝,药效非常奇特。我认识云南白药,是因为我爱人是云南人。

一次我的手划破了,她马上用云南白药给我敷上,不一会儿就止血了。还有一次是我的脚崴了,非常疼,贴上云南白药膏后,第二天就止痛了。我从来没有见到过疗效这么快的药。从此云南白药成为我家的必备药物,也是外伤的首选药物。

陈先生:云南白药也是我国运动员治疗跌打损伤的首选药。

王先生:云南白药被称作疗伤圣药——万应百宝丹,已有一百多年的历史了。1902年由云南名医曲焕章创制,曲独家掌握其配方并秘密配制。1955年,曲家人将云南白药秘方献给了云南省政府。卫生部在关于《卫生工作中国家秘密及其密级具体范围的规定》说明中,明确表示绝密级事项,其一就是被列为国家重点保护的中药制剂,是指由卫生部确定的中成药,如云南白药,其保密期限为长期。1984年8月,国家医药管理局将云南白药配方和工艺列入国家绝密。

陈先生:我国的中药保护有几种呢?

王先生:中国中药知识产权保护主要有5种形式,即国家级保密处方、专利保护、行政保护、商标保护和商业秘密保护。国家级保密处方即云南白药、片仔癀、牛黄安宫丸。这些保密处方基本上都是可以救命的,并且均是有名的药品。中药保密品种是根据《中华人民共和国保守国家秘密法》、《科学技术保密规定》等有关规定，已列入国家秘密技术项目的中药品种，其处方、剂量、制法等内容是保密的，具体还划分为绝密级、机密级和秘密级，其中绝密级为长期保密。

可以说，云南省是以一省之力来经营这家企业的，只要有中国人在，就会让云南白药一直传下去。

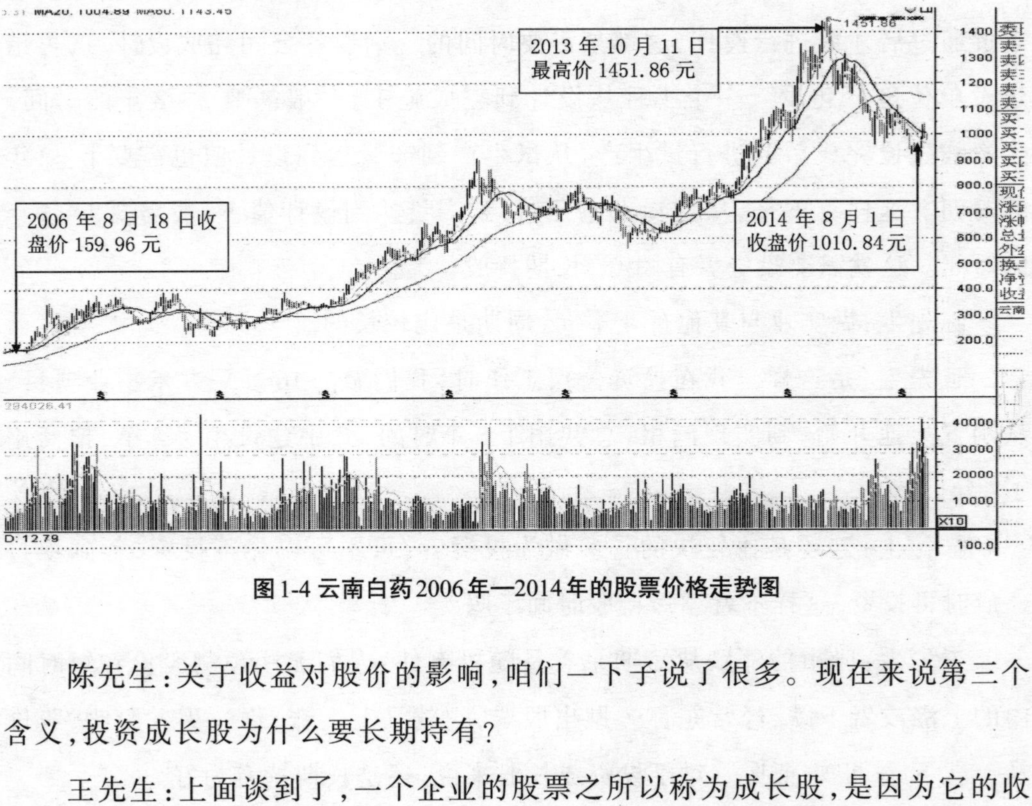

图1-4 云南白药2006年—2014年的股票价格走势图

陈先生：关于收益对股价的影响，咱们一下子说了很多。现在来说第三个含义，投资成长股为什么要长期持有？

王先生：上面谈到了，一个企业的股票之所以称为成长股，是因为它的收益持续增长。企业收益增长的根本原因是什么呢？是由于它的产能扩大。由于产能扩大，所以销售收入增加，净利润随之增长，也就是说产能增长是成长股业绩增长的根本原因。

比如，一家空调制造企业，原来一年可以生产空调100万台，实现销售收入40亿元，实现净利润5亿元，每股收益是1元/股。在公司股票上市后，募集了10亿元的资金，并用这笔资金扩大产能，建设新的生产线，使空调产量由年产100万台增加到500万台，实现销售收入150亿元，实现净利润18亿元，每股收益是2.5元/股。同样是16倍的市盈率,企业的股票价格由原来的16元/股,增长到40元/股。

陈先生:股价随着净利润的增长而增长。

王先生:这里有一个问题,空调制造企业的产量由100万台增加到500万台,是由于新建设生产线,扩大了产能,而建设生产线是需要时间的。

通常,新建生产线需要购置土地,并且要向当地政府进行立项。当地政府审批通过后才能进行设计,这都是需要时间的。请设计公司完成设计后,再请建设单位进行建设。一个工程从设计到完成施工,一般需要2~3年的时间。生产线建设完成后要进行试生产,从试生产到产量达到设计值也需要1~2年的时间。这样算下来,从购置土地开始,到产量达到设计值,一般需要4~5年的时间。这就需要投资者有耐心,长期持股。

陈先生:做实业与其他行业不同,周期是比较长的。

王先生:是这样。我在投资公司工作时,我们做的10万平方米物业项目,从购置土地开始,到实现满租,总共用了8年时间,其中建设用了4年,招商用了4年。

陈先生:这还是比较快的了。做为投资者,可不可以先不投资,等到项目建成时再投资,这样不就缩短持股时间了吗?

王先生:股市的涨跌从短期来看是随机事件,人们无法预测股价在短时间内的上涨或者下跌,经常是你一抛出股票,它就马上上涨;你一买入股票,股价马上就下跌,很难把握。对于投资成长股来说,还是长期持有为好。

陈先生:咱们说第四个问题——成长股的股价会有3~5倍以上的涨幅?

王先生:这就是复利的作用。我给你举一个例子,假设D企业的每股收益是1.2元/股,每年比上一年有15%的增长,也就是说,第一年的每股收益比去年增长15%,第二年的每股收益又比第一年增长15%,第三年的每股收益比第二年增长15%,如此一直增长到第十年。

咱们计算一下,增长到第十年,D企业的每股收益情况,如表1-5所示。

表1-5 D企业10年中的每股收益情况

(单位:元)

年限	第1年	第2年	第3年	第4年	第5年	第6年	第7年	第8年	第9年	第10年
每年增长率	15%	15%	15%	15%	15%	15%	15%	15%	15%	15%
复利终值	1.150	1.323	1.521	1.749	2.011	2.313	2.660	3.059	3.518	4.046
每股收益	1.38	1.59	1.83	2.10	2.41	2.78	3.19	3.67	4.22	4.86
市盈率	16	16	16	16	16	16	16	16	16	16
股价	22.08	25.40	29.20	33.58	38.61	44.41	51.07	58.73	67.55	77.68

陈先生:增长到第十年后,D企业的每股收益增长到4.86元/股,是原来1.2元/股的4.05倍,股票价格也从19.2元/股增涨到77.68元/股,增涨了4.05倍。

王先生:是的。因为D企业每年的每股收益都比上一年增长15%,这样就是复利在起作用了。也就是说,第二年增长率应当是17.3%,而不是15%,第五年增长了31%,而不是15%。时间越长,复利增长率越高。第十年比第九年增长64%,而不是15%。所以持股时间越长,复利增长率越高,股价上涨得越高。

陈先生:复利真是太神奇了。

王先生:有人说复利是世界上的第八大奇迹,一点都不为过。当然,最关健的一点是,你投资的企业是成长性企业,平均每年能有15%以上的增长。长期持有以后,收益就非常可观了。

陈先生:真是这样。

第二章　流动资产分析

本章主要内容：

1. 投资财务分析
2. 安全边际
3. 企业价值
4. 资产负债率
5. 流动资产率
6. 应收账款
7. 关联关系
8. 存货
9. 流动比率
10. 速动比率
11. 营运资金

陈先生：在您的《价值投资新工具》一书中，只是讲了一些基本的财务知识，没有讲投资财务分析，咱们能不能谈一些这方面的内容？

王先生：当然可以。在写《价值投资新工具》时，我考虑到读者群基本是业余投资者，在书里只是普及一下财务知识，所以投资分析就没有写，我想现在咱们可以深入地谈一谈企业投资财务分析，这对进行成长股投资是非常必要的。

陈先生：好的。

王先生:所谓企业投资财务分析,就是指从财务角度,对拟投资的企业进行分析,以判断该企业的财务状况和真实价值,为该企业定价提供决策依据。

在现代经济社会,企业的投资行为已日益普遍。通过投资,可以提高企业资金的使用效率。比如,一些资金较充裕的企业,除了留有足够的生产、经营所需资金外,还用剩余资金购买上市公司的股票,以期获得比定期存款高得多的收益,提高资金的收益率。这种行为属于短期投资行为。还有一些企业,为了战略目的,收购同其有上下游关系的企业股权,或者控股该企业,或者参股该企业,主要目的就是要使自己的利益最大化。投资公司是以收购、变卖企业股权(股票)为经营方式的企业,收购企业股权后,待该企业成长、上市后,再将其股份出售,以赚取利润。这些属于长期投资行为。投资财务分析主要是指在企业进行长期投资时,进行的财务分析。

陈先生:确实是这样。

王先生:长期投资行为不同于贷款行为,具有较大的风险性。同样是让度资产的行为,贷款因为有担保的措施,风险得到了锁定。而投资企业没有担保措施,被投资企业如果发生了经营亏损,投资者没有防范手段,只能承担损失。所以说投资和贷款相比,具有极大的风险性。

为了降低投资风险,投资前的尽职调查是非常重要的。这种调查包括市场调查、法律环境调查、工艺技术调查、竞争对手调查、组织结构调查和财务分析调查。在上述调查中,财务分析调查非常重要,其他调查主要是以定性调查为主,而财务分析调查是以定量调查为主。通过财务分析调查,可以揭示企业的财务状况、经营情况,判断出企业的真实价值,为企业定价提供准确的信息,供投资决策参考。

陈先生:投资财务分析主要运用什么方法呢?

王先生:投资财务分析主要是运用财务分析的指标、方法,对企业财务状况进行评价,确定企业价值,为投资决策提供参考。

陈先生:投资财务分析与审计有什么区别吗?

王先生:投资财务分析不同于审计。审计是通过对企业财务报表、账目、凭证等资料进行调查、核实和取证,来判断企业财务核算、报表的真实性、合规性。

而投资财务分析就不同了。虽然它也是对企业财务报表、账目、凭证等资料进行调查、核实和取证，但是它的最终目的是判断企业是否值得投资，也就是确定企业的价值。

也就是说两者的最终目的是不同的。投资财务分析可以利用审计报告，也可以是分析人员自己亲自到企业进行调查、核实，目的是通过这些表面现象，分析出企业的实质性价值。

陈先生：投资财务分析和企业财务分析有什么区别吗？

王先生：企业财务分析是基础，是通过一系列的指标，来判断企业的财务状况，为决策者提供参考，它基本上是对企业的经营状况进行财务监控。而投资财务分析是在企业财务分析的基础上进行的，它所运用的分析工具大部分来自于企业财务分析。但是两者目的不同，企业财务分析的目的是监控企业的财务状况，而投资财务分析的目的是判断企业是否具有投资价值或者是具有多少投资价值，并且在投资完成后，要判断该企业是否值得继续持有，是否要进行处置，出售价格应该是多少。

陈先生：投资财务分析是动态的分析，而企业财务分析是静态的分析。

王先生：是的。而且企业财务分析是比较少地涉及到项目分析。也就是说如果要开发一个房地产项目，或者新开办一个企业进行新产品的生产。这时这个新项目还没有进行，没有财务资料，如果仅仅用企业财务分析的方法，就不能进行分析了。而投资财务分析就可以解决这个问题，它要回答这个项目是否值得投资，企业建成后盈利情况是什么样的。

陈先生：我明白了。那么从什么地方讲起呢？

王先生：我先讲一个概念——安全边际。

陈先先：安全边际是美国投资家，也是巴菲特的老师格林厄姆提出来的一个概念。

王先生：是的。通俗地说，安全边际就是企业价值与投资价格的差值。

比如，一个企业的价值是7元/股，如果投资者是5元/股购买的，那么安全边际就等于2元/股（7元/股－5元/股）。

陈先生:不同的投资,安全边际是否相同呢?

王先生:股权投资和股票投资有很大的不同。

股权投资是投资于非上市公司的股权,而股票投资是投资于上市公司的股票。它们最大的不同是股权投资变现能力差,股票投资变现能力强。在进行股权投资后,如果你想退出,只有两种方法,第一种方法是将你的股份向其他投资者协议转让;第二种方法是等待企业清算。这两种方法都不如股票投资退出的速度快。如果你投资股票,想变现,只要在股票二级市场上抛售股票就可以了,可以说是随时变现。而股权投资则不同,你要与投资者谈判,确定转让价格,签定转让协议,最后才能将投资变现。

陈先生:因为变现速度的不同,就引起了投资方法的不同。

王先生:当然,不论是股票投资还是股权投资,这两者都是收购企业的行为,其基本原理是一样的。但是因为变现速度的不同,股权投资的风险要大于股票投资,也就是说,当你发现企业经营出现问题后,想止损、退出,股权投资就非常困难,这就要求股权投资的安全边际要大于股票投资。

陈先生:我明白了。

王先生:再讲一个概念——企业价值,有时也被称为企业内在价值。

企业价值是一个很重要的概念,它是指企业本身所具有的价值。当然,这个价值是由人们运用一些方法估算出来的,是人们主观确定的价值。企业自己不可能说自己到底值多少钱,但是每个企业自身都具有价值。

陈先生:企业价值是不是企业财务报表上列示的净资产值?

王先生:企业价值不一定是账面净资产值。比如一个科技企业,它的财务报表上的总资产是65140万元,负债是52729万元,所有者权益(也就是净资产)是12411万元,这12411万元不是该企业的价值。

企业报表中的净资产值是账面价值。由于财务报表的编排原则是历史成本法,也就是说,财务报表的数据都是按照当时资产的购买价格入的账,不能有变动,所以这个账面价值就是个历史价值。由于通货膨胀的因素,历史价值往往要小于企业的真实价值。当然,如果企业经营不善,亏损严重,那么企业价值就有可能小于账面价值。

陈先生:企业价值是不是资产评估值呢?

王先生:企业价值也不一定是资产评估值。

陈先生:为什么呢?

王先生:资产评估是由专业的资产评估人员来完成的,具体的方法有重置成本法和收益法等。所谓的重置成本法就是将企业所有的资产,包括流动资产、固定资产、无形资产和其他资产等,按照当前的价格重新购置或者重建,这样所有资产的重置价值相加,就得出了重置资产总和,再减去企业负债,就得出了企业的评估价值。这个价值是静态的价值,和企业的价值是有一定差距的。

陈先生:用收益法来评估得到的价值也不是企业价值吗?

王先生:用收益法来评估企业也有一定的缺陷,主要是在判断企业未来收益上,不好准确地确定。用收益法评估企业价值,就是用未来5年或者更长的时间内,企业能产生的效益,按照一定的收益率进行贴现,计算出企业的价值。这个方法的关键是企业未来收益额的确定,但是这个收益额是很难准确确定的,因此用这种方法计算的企业价值也就不一定准确了。

陈先生:真有些玄妙了。

王先生:再说一说投资价格。投资价格就是投资者的购买价格。

陈先生:投资价格是不是企业价格?

王先生:投资价格不一定是企业价格。企业价格是指企业的市场价格,比如,上市公司的股票市值就是企业的价格。举一个例子,A股工商银行的股票价格有时是3.86元/股,有时是3.88元/股,还有时是3.85元/股。这就是企业的价格,它是波动的,随行就市。但是企业价值就不同,它在一定时期内相对稳定。可以说,企业价格围绕着企业价值波动,企业价格有可能等于企业价值,也有可能高于或者低于企业价值。投资价格有可能等于企业价值,也有可能高于或者低于企业价值。

巴菲特先生曾经说过,当企业价格等于企业价值时,他不投资。只有当企业价格大大低于企业价值时,他才进行投资。巴菲特先生打了一个比喻,他说,一个好的棒球手,只有当球落到最佳区域时,他才击球,在最佳区域外的球他是不会去击的。投资也是一样。

陈先生:企业价值同安全边际是什么关系呢?

王先生:安全边际就是指投资价格和企业价值的差额,也就是说,你的投资价格越是小于企业价值,你的投资就越安全。

投资企业是有很大风险的。风险的主要原因是由于人们不能准确判断企业价值,企业价值只能是一个估算的价值。当你的投资价格大大低于企业价值时,如果企业经营出现了较大的波动,企业价值大幅缩水,这个幅度如果小于你的投资价格与企业价值之差(安全边际),你的投资就不会受到损失,这就是比较安全的。

打一个比喻,一艘潜水艇,在受到水面舰艇的攻击时,它迅速下潜到水中。当水面舰艇向它投掷深水炸弹时,如果潜水艇下潜得非常深,深水炸弹爆炸时,就不会将它击中。

投资企业也是一样,因为人们无法预料到企业经营过程中会遇到什么样的困难,所以最安全的方法就是做好安全的防备。

也就是说,在你做投资时,首先要想到的不是这个企业今后经营好了,我的这笔投资将来会赚多少钱,而是要首先考虑如果这个企业按这样的水平经营的话,我的这笔投资会赚多少钱。如果企业今后的经营出现大幅度的增长,那只是个意外的惊喜,而这个大幅度的增长,不应包括在现在的投资价格之内。

陈先生:我明白了。投资分析主要用什么指标呢?

王先生:投资财务分析所运用的指标来自于企业财务分析指标。通过这些指标,来揭示企业的财务状况,并判断企业价值。学习、掌握企业财务分析指标是做好投资财务分析的重要基础。

根据财务指标在投资财务分析中的作用,可以将其分为三类,即财务状况指标、盈利能力指标和企业价值判断指标。

财务状况指标主要反映企业财务状况,包括资产构成情况、负债情况、资产流动性情况等。

盈利能力指标主要是反映企业盈利能力,包括销售收入情况、毛利率情况、成本费用情况等。

企业价值判断指标主要是反映企业的价值水平，包括每股收益情况、净资产收益情况等。

投资财务分析是投资活动的一项重要的基础工作，定量地反映企业财务状况和企业价值。因此，运用财务分析指标一定要能深入地分析企业财务情况，要用动态的方法来分析，而不是用静态的方法来分析。

投资财务分析绝不是指标的简单罗列，而要能通过指标揭示出企业真实的情况，从企业的表面现象中发现其真实的价值。

每个企业都有其独特的性质，在进行投资财务分析时，要能抓住最能反映其本质的指标，通过与同行业企业相对比，反映出该企业的情况，为投资决策提供重要的参考。

比如，对于销售产品的企业，毛利率往往是反映该类企业盈利能力最重要的指标。在对这类企业进行财务分析时，一定要重点关注这个指标，并同与他经营业务相似的上市公司进行对比、分析，以判断该企业的价值。

再比如，对于商业类企业，存货周转率是一个非常重要的指标，它能反映企业一段时期经营状况的好坏。

陈先生：投资财务分析的数据是从哪里来的呢？

王先生：投资财务分析的数据来源主要是企业的财务报表。对于上市公司来说，从该公司的年报中可以得到相对准确的财务数据。而对于非上市公司来说，财务数据主要是通过财务尽职调查时取得。这些财务资料包括该企业的年度审计报告、资产评估报告，以及每月的财务报表。对于未经审计的财务报表，投资分析人员一定要进行详细的调查，在有足够的证据证明该企业提供的财务报表是真实、准确的情况下，才能运用。

进行投资财务分析时，不仅要关注财务数据，对企业经营方面的数据也要关注，并将这些数据与财务数据进行联系、分析。这些经营数据包括产品产量、销量、出租率、开工面积、原材料购入量、合同签约量等。

计算的财务指标要与多家同行业企业进行对比，最好要与同行业的上市公司进行对比、分析，这样财务指标就能准确地反映出该企业的企业价值。同时要计算出连续三年的历史数据指标，这样才能发现该企业的经营发展趋势。

在进行企业财务尽职调查时，投资分析人员绝不能仅仅阅读财务报表、审计报告就得出财务结论。投资分析人员一定要到企业实地走访，到企业的生产线、存货的库房、办公场所进行实地观察，以增加感性认识，并理解经营数据、财务数据的真实含义。要和该企业的财务人员、生产线工人、销售人员进行交流，以判断企业财务管理、生产工艺技术、销售管理的水平、安全程度和经营数据、财务数据的可靠程度。

陈先生：所谓“耳听为虚，眼见为实”，费舍先生说过，投资人绝不能仅仅读了财务报表就进行投资。

王先生：是的，费舍先生的这一观点我非常赞成。投资是一个动态的过程，投资分析绝不是仅仅将一个企业的财务报表拿来，进行统计、计算和比较财务数据和财务指标。这样做是得不出有价值的投资结论的。

陈先生：为什么呢？

王先生：因为财务数据是历史数据，它主要反映的是过去和现在。当然，财务数据可以反映出现在企业真实的财务状况，但是你不能以过去的财务数据为参考，想当然地认为企业今后发展也是这样。比如，一个企业前三年的业绩一直有较快的增长，这主要是因为它新建的生产线已经投产，并且达产，但是这种增长幅度不会在今后几年再次出现，因为这个企业没有第二条新的生产线投产了，所以你不能把前三年的增长率硬搬到今后三年的财务预测中，去计算企业的价值。

陈先生：明白了。

王先生：如果你不去实地考察企业，仅仅凭借财务报表，就得不出这个正确的结论。这方面我们是有过教训的。

陈先生：说来听听。

王先生：当时我们投资公司投资了3200万元人民币，和一个民营企业的老板赵老板一起合作成立了一个合资公司，叫日生公司，一起在广东的Z市生产基站设备。

陈先生：公司在广东，离北京较远，管理起来不太方便吧？

王先生：是的。由于赵老板在Z市可以拿到销售基站设备的业务，所以公司设在了Z市。日生公司注册资本共4000万元，我们公司占80%，所以由我公司派董事长和财务总监。赵老板出资800万元，占20%，他当总经理。由于主要业务是由赵老板运作，所以日生公司的经营班子由赵老板组建。

陈先生：你们控制财务，合伙人负责公司运作和市场销售。

王先生：是的。我们派去的董事长也是兼职的，他并没有在Z市办公。只有财务总监去了Z市，在日生公司上班。

陈先生：这样的话，日生公司经营上都是赵老板一个人说了算了。

王先生：是的。最要命的是，我们派去的财务总监也不是我们投资公司自己培养的人，而是刚刚从市场上招聘的。他在投资公司呆了不到两个月，就被派到了Z市，在日生公司上班了。这就为以后日生公司的管理、控制埋下了隐患。

陈先生：财务总监的忠诚度就会受到怀疑了。

王先生：是的。日生公司经营了一年多，除了我们任命的董事长在日生公司开业时去过一次外，投资公司其他的人都没有去过。

陈先生：那你们怎么对日生公司进行企业监管呢？

王先生：我们对日生公司的监管，只是凭着赵老板和财务总监来投资公司开董事会时的汇报，还有每月日生公司报送的财务报告。而且每次他们来公司时，都说日生公司经营得非常好，项目开展得非常顺利，已经同Z市签定了大的供货合同，并委托生产厂家进行了委托加工。一句话，投资公司就等着收钱吧。

陈先生：日生公司报送的财务报告经过审计了吗？

王先生：财务报告经过了会计师事务所的审计，但是会计师事务所是由赵老板在Z市聘请的。

陈先生：后来日生公司经营得怎么样了呢？

王先生：公司经营到第二年，有一天合资公司给我们投资公司打来报告，说公司的资金已全部用完，为了支付设备加工款，请投资公司做担保，日生公司将向银行贷款，不然设备加工厂就不给日生公司交货了。

这时才引起了投资公司的注意。公司派投资部经理和审计部经理到Z市，了解日生公司的经营情况。他们到了公司后,被日生公司的经营状况惊呆了。

陈先生:发生了什么情况?

王先生:可以说,日生公司的经营管理处于极度混乱的状态。赵老板基本上不在日生公司上班,他还有一些其他的公司,有的在河北省和北京。在河北省的公司是他最盈利的公司。赵老板把日生公司的经营管理全部委托给了他的弟弟赵任,任命他为公司的副总经理。赵任比赵老板小4岁,40岁出头,一事无成,还嗜酒如命。

陈先生:这种人能把公司管理好吗?你们的财务总监呢?

王先生:肯定管理不好。财务总监早就被赵老板收买过去了。为了拉拢财务总监,赵任给他在Z市最好的酒店租了一个高级单间,每天吃喝玩乐。

陈先生:这么挥霍、腐败,钱由谁来出呢?

王先生:当然是日生公司出钱了。这只是小问题。我们派去的人看到这种情况后,立刻向投资公司报告,要求委托会计师事务所,对日生公司进行财务审计。在审计过程中,发现了更多的问题。

陈先生:什么问题?

王先生:审计人员发现日生公司委托加工的设备价格出奇得高,比市场上同类产品价格高出1倍多。更为严重的是,审计人员到仓库里盘点产品,打开一看,仓库是空的。一问赵任,他说产品还没有运到,在福建的委托加工厂里。审计人员给加工厂打电话询问情况,电话永远没有人接听。

陈先生:这很可能是一份假合同,根本没有委托加工的事项,只是把钱转移出去了。

王先生:是的。审计人员还发现,日生公司的人工费非常高。工资单上的人数是120人,而实际签劳动合同的员工还不到20人。

陈先生:吃空饷了。

王先生:是的。审计人员还发现,赵任前妻的名子也在工资单里,但是她从来没有到公司上过班。

陈先生:真是太混乱了!最后公司怎么样了?

王先生:最后公司清算、关闭了。赵老板赔偿部分损失后走人了,财务总监被我们开除了。

陈先生：投资公司这一次得到的教训不小啊！

王先生：所以说，实地考察是非常重要的。我再举一个成功的例子。

在开完奥运会以后，投资公司接触到了一个光伏发电的项目。这个项目是新加坡的一个公司向我们提出的。这个新加坡公司叫新光科技公司，是研究、制造光伏设备的企业。

陈先生：当时投资光伏项目的企业很多，你们再投资光伏还会赚钱吗？

王先生：是有很多企业已经生产了光伏发电设备，但是新光科技公司声称他们的技术处于世界先进水平，并且产品已大量销售给了欧洲国家。它最独特的地方是，由于设备的材质与众不同，所以新光科技公司的光伏发电设备可以大幅度提高太阳光转化成电能的转化率，据他们的实验数据，这个转化率可以提高30%。

陈先生：如果真是这样，就可以大大降低光伏设备的制造成本了，这个项目极具市场前景。

王先生：是的，也正是这一点吸引了我们。新光科技公司还向我们展示了他们在新加坡、美国和中国大陆取得的专利证书。他们想与我们合作生产光伏发电设备，生产出的产品主要销售给欧洲国家。

陈先生：这是一个不错的想法。

王先生：是的，当时中国投资光伏的项目非常火爆，能有这么先进的技术，我们当然愿意投资。

陈先生：后来怎么样了呢？

王先生：我们观看了新光科技公司提供的宣传片，也在科技杂志上搜集了光伏发电项目的相关材料，并咨询了中科院物理所的相关专家。最后得出的结论是项目可行，可继续跟踪。

陈先生：你们最后投资了吗？

王先生：在进行了各种准备之后，公司派了一个项目组到新加坡，对新光科技公司进行实地考察。在考察时，我们发现了问题。

陈先生：什么问题？

王先生：我们到达新加坡后，来到了新光科技公司的生产车间进行参观，发现该公司的生产人员非常少，生产线也没有开动。我们又到了产品仓库，发现仓库中没有生产出的产品。我们同新光科技公司的工程技术人员交谈，发现他们大部分是新招聘的员工，对公司的业务不是很熟悉。这引起了我们的警觉。

陈先生：有可能是表演给你们看。

王先生：是的。一个产品已大量出口到欧洲国家的公司，生产车间不可能没有人，而且技术积累是一个长期的过程，如果工程技术人员大部分都是新招聘来的，这个公司怎么可能有核心的技术呢？

回到北京后，项目组把这个情况向公司领导进行了汇报。公司领导经过研究后认为，新光科技公司的技术是不可信的，投资这种企业会自找麻烦，最后就放弃了这个项目。

陈先生：新光科技公司真的有欺骗行为吗？

王先生：几年后，我们听说天津的一个投资公司与新光科技公司进行了合作。在合资公司进口了大量生产设备后，新光科技公司的老板就消失了。

陈先生：他跑了。

王先生：是的。主要技术人员跑了，这个项目就不可能成功了。听说合资公司买了一大块土地，建了2万平方米的厂房，由于光伏项目停止了，厂房就一直空着了。

陈先生：实地考察太重要了。

王先生：接下来咱们说一说具体的财务指标吧。

陈先生：好的。

王先生：先说一说资产负债率指标。

陈先生：为什么要先说这个指标呢？

王先生：通过资产负债率指标，可以了解企业的资产、负债情况，也可以判断企业的真正实力。

资产负债率指标是指企业负债总额除以资产总额。

资产负债率=负债总额/资产总额

比如一个科技企业，它的财务报表上的总资产是65140万元，负债是52729万元，

则该企业的资产负债率=52729万元/65140万元=80.95%。

资产负债率是衡量企业负债水平的一个重要指标。

陈先生：为什么这么说呢？

王先生：企业经营需要资金的支持。根据提供资金的主体不同，可分为三个来源，第一个来源是股东投入的资本金；第二个来源是企业经营中赚取的资金，也就是客户购买企业商品或者服务，支付给企业的资金；第三个来源是借款，包括企业向银行等金融机构借款，或者企业向股东借款。

企业负债的形成包括，第一是对外借款；第二是客户预付给企业的货款；第三是企业对外的欠款，比如欠职工的工资、欠税务机关的税款等。

资产负债率的高低最终反映出企业产品盈利能力的高低。

好的产品或者服务，毛利率高，盈利性强，资金回收快。企业通过正常的产品销售就能取得大笔的资金，这些资金可以支撑企业生产、经营的需要。这时该企业就不用向银行或者股东借款，企业负债率就比较低。

比如云南白药，至2013年6月末，该公司资产负债率仅为38.91%，非常之低。该公司甚至没有向银行借款，它的负债主要是欠供应商的货款。该公司之所以负债率低，是因为产品的销售毛利率很高，达到了30.20%。云南白药通过产品销售就能取得充足的经营所需要的资金，不需要向银行进行贷款，这样的企业效益是非常好的。

反之，如果企业的产品或者服务得不到市场的认可，销售不好，成本很高，毛利率较低，盈利能力差，资金回收就会很慢。企业通过正常的产品销售取得的资金，不能支撑生产、经营的需要，这时企业就不得不向银行或者股东借款，企业负债率就比较高了。

比如河北钢铁，至2013年6月末，该公司资产负债率高达70.81%，非常之高。该公司向银行借款500多亿元，发行债券49亿元。之所以要大量向银行贷款，是因为该公司产品的毛利率非常低，仅为7.47%。靠产品销售产生的资金，无法满足企业的生产、经营所需，只得向银行贷款。高比率的资产负债率使企

业经营充满了风险。

以前我们投资公司投资的L公司就发生过这种情况。L公司是一家做家用洗涤用品的公司。产品的工艺配方是由公司的创始人自己发明的，产品性能还不错，洗涤效果很好，在全国各大超市都能见到L公司的产品。由于价格比较便宜，L公司的产品受到经济条件一般的家庭的欢迎，在市场上有一定的知名度。产品的工艺不太复杂，没有化学反应，只是进行化学制剂的调和，公司还建立了自己的生产基地，

陈先生：L公司是一家经营得不错的企业。

王先生：是的。但是L公司有一个问题，由于产品价格便宜，所以毛利率较低，而且赊销较多，形成不了大的现金流，公司资金周转就比较困难了。为了维持企业的生产、经营，L公司只能长期向银行贷款3000万元，用于弥补资金的缺口。这样企业负债率就比较高，达到了70%，每年还要向银行支付利息费用。

陈先生：这样做就比较危险了。

王先生：是的。每年年底，L公司的总经理和财务总监都会为如何偿还银行贷款，并且还要保证再次能得到银行贷款而发愁。如果国家信贷政策发生变化，就会对L公司的经营产生严重影响，所以L公司一直没有做大。

陈先生：企业受资金的制约。

王先生：是的。有一种情况，企业的产品、技术非常好，毛利率也很高，供不应求，客户预付大笔资金购买产品。这时企业没有或者很少向银行借款，负债的形成主要是由于客户预付的资金形成的，这时如果资产负债率较高，反而说明企业的盈利能力很好，企业处于良性发展阶段。

所以，对于企业资产负债率指标，一定要综合分析，结合产品的毛利率指标，找出形成高负债率的真正原因，正确判断企业财务状况。

陈先生：是这样。

王先生：再说一下流动资产率。

流动资产率指标是指流动资产除以资产总额。

流动资产率=流动资产/资产总额

比如一个科技企业，它的财务报表上的流动资产为11513万元，总资产是65140万元，

则该企业的流动资产率=11513万元/65140万元=17.67%。

一个企业资产按其流动性来划分，可分为流动资产、固定资产、无形资产和其他资产。

流动资产包括现金、银行存款、存货、应收账款、其他应收款等。这些资产变现能力强，流动性强，偿债能力也强。

企业流动资产在资产中所占比重较大，则表明该企业变现能力强，偿债能力较强。当然，如果流动资产占企业资产的比重过大，也要引起注意，说明该企业的资金有可能没有得到有效的利用。

比如，云南白药在2013年第三季度末，流动资产为106亿元，总资产为126亿元，流动资产率=106亿元/126亿元=84%，处于非常高的水平，表明企业资产变现能力极强，财务风险较低。

企业流动资产在资产中所占比重较小，则表明该企业变现能力弱，偿债能力较差，企业财务风险大。

比如，河北钢铁在2013年第三季度末，流动资产为549亿元，总资产为1581亿元，流动资产率=549亿元/1581亿元=34%，处于较低的水平，表明企业资产变现能力极弱，具有一定的财务风险。

不同类型的企业，各类资产所占的比重是不同的。

以商、贸为主要经营项目的企业，比如百货公司、商品批发公司等，因为库存商品较多，企业存货量大，所以流动资产在企业资产中占有较大的比重。

新开办的企业，或者是新上市的企业，由于刚刚募集了资本，还未投入到生产、经营中，所以企业银行存款就很多，企业流动资产占资产的比重就很大，流动资产率就比较高。

在分析流动资产率时，一定要结合负债进行分析，要分析企业流动资产产生的真正原因。如果企业的负债率很低，银行借款较少，就说明企业的流动资产主要是通过销售商品所得资金产生的，这样的企业财务风险较小，效益较好。

云南白药流动资产率较高，但是它的资产负债率较低，银行贷款很少，说明该企业销售产品所得资金较充裕，企业效益很好。

如果企业的负债率很高，银行借款很多，说明企业的流动资产主要是通过向银行借款所得资金产生的，这样的企业财务风险较大，效益较差。

河北钢铁资产负债率较高，企业向银行大量贷款，说明该企业销售的产品所得资金不能保障企业的生产经营，必须向银行申请大量的贷款，这样企业的财务风险就比较高了。

陈先生：是的。

王先生：在流动资产中，分析人员应当特别关注一下应收账款、其他应收款这两个账户。

陈先生：为什么呢？

王先生：先说应收账款这个科目。应收账款是指企业在正常的经营过程中因销售商品、产品、提供劳务等业务，应向购买单位收取的款项，包括应由购买单位或接受劳务单位负担的税金、代购买方垫付的各种运杂费等。

陈先生：应收账款的实质是企业已经将产品销售出去，而没有收到货款。

王先生：是的，比如水泥行业，一般情况是，建筑公司建设一项工程，先到水泥厂将水泥拉到建筑工地，进行混凝土的浇筑，不用付钱。水泥厂就把拉走的水泥计到应收账款中，等到年底或者工程结束时，建筑公司再支付给水泥厂货款。

陈先生：企业为什么采取这种赊销的方法呢？这样就占用自己的资金了。

王先生：企业采取这种方法主要是因为要扩大销售，还有就是行业特点。建设单位不给建筑公司工程款，建筑公司就会拖欠水泥厂的水泥款。一环扣一环。

陈先生：是这样。分析人员要关注应收账款什么方面呢？

王先生：分析人员要关注三个方面。第一是应收账款的真实性；第二是应收账款的账期；第三是应收账款所占销售收入的比的变动情况。

陈先生：咱们先说第一个方面，应收账款的真实性问题。

王先生：对于已经上市的企业来说，应收账款真实性的问题是不存在的，因为会计师事务所在进行企业财务报表审计时，通过函证的方法可以判断企业应收账款的真实性。这个问题主要是存在于非上市企业中。

陈先生：企业为什么对应收账款造假呢？

王先生：主要是要虚增销售收入，或者虚构销售收入。举一个例子。在我们准备投资一个研发、生产电机的企业H公司时，审计人员对H公司的财务情况进行了审计，发现H公司为了能在会计报表中显示公司已实现了电机的销售，就同一个发电厂签定了一个虚假的销售合同，并将合同额的30%计到了应收账款中。我们发现了这个问题后向公司领导进行了汇报，公司领导研究后认为H公司诚信存在问题，就中止了财务调查，没有进行投资。

陈先生：确实应当这样做。但是我有一个疑问，这个H公司为什么要虚构销售收入而签定假合同呢？

王先生：当时H公司的资本金已经快用完了，但是产品没有通过国家相关部门的测试，不能进行大规模的生产销售，所以没有资金。公司的管理层就向银行申请贷款，银行对H公司进行考察后，认为只有H公司实现销售后才能给它贷款，所以H公司就同发电厂串通，做了这个假合同，想骗取银行贷款。

陈先生：银行给H公司贷款了吗？

王先生：没有。银行也是行家，他们也发现了这个问题，没有给H公司贷款。

陈先生：所以H公司找到了你们投资公司，想得到你们的投资。

王先生：是的。但是投资更要讲究诚信。

陈先生：如何确认应收账款的真实性呢？

王先生：要用审计的方法进行验证。

首先要分析销售合同的真实性。对于已计入应收账款的销售合同，要检查其销售回款是否是按合同规定执行的。对于没有销售回款就已计入应收账款的销售合同，要特别给予关注。对于未执行完的销售合同，要询问销售人员，并查看合同执行情况。

对于大额的应收账款要进行函证，也就是向需要方发函，要求其确认存在的债务金额，并要求其在函证上盖章。

函证的格式如下。

企业询证函

×××公司

公司聘请的　　　　事务所正在对公司××年度财务报表进行审计，按照中国注册会计师审计准则的要求，应当询证公司与贵公司的往来账项等事项。下列信息出自公司账簿记录，如与贵公司记录相符，请在本函下端“信息证明无误”处签章证明；如有不符，请在“信息不符”处列明不符项目。如存在与公司有关的未列入本函的其他项目，也请在“信息不符”处列出这些项目的金额及详细资料。回函请直接寄至　　　　事务所。

回函地址：东城区××路××号10层业务二部　　　　邮编：100088

电话：　　　　　　　　传真：　　　　　　　　联系人：

1. 公司与贵公司的往来账项列示如下。

(单位：元)

截止日期	贵公司欠	欠贵公司	备注
2012-10-31	200000000.00		

2. 其他事项。

无

本函仅为复核账目之用，并非催款结算。若款项在上述日期之后已经付清，仍请及时函复为盼。

（被审计单位盖章）

年　月　日

结论：

1. 信息证明无误。 （甲公司盖章） 年 月 日 经办人：	2. 信息不符，请列明不符项目及具体内容。 （甲公司盖章） 年 月 日 经办人：

陈先生：为什么要关注应收账款的期限呢？

王先生：因为根据国家会计制度的规定，应收账款符合下列条件之一的，就应将其确认为坏账。

1. 债务人死亡，以其遗产清偿后仍然无法收回的账款；

2. 债务人破产，以其破产财产清偿后仍然无法收回的账款；

3. 债务人较长时期内未履行其偿债义务，并有足够的证据表明无法收回或收回可能性极小的账款。

也就是说，应收账款如果时间太长（通常在3年以上），收回的可能就会很小，变成坏账的风险就会加大。所以要特别关注应收账款的账期。

对于上市公司来说，会计师事务所会按照会计制度的规定确认企业坏账金额。而对于非上市公司来说，如果企业3年以上应收账款比重过大，就要考虑产品是否符合市场的需要，还要考虑企业管理是否存在缺陷，比如是否存在企业内部人员与客户内外勾结而坑害公司的行为。

陈先生：第三个要关注的问题是应收账款所占销售收入的比的变动情况，这个是什么意思呢？

王先生：比如一个空调生产企业，去年的销售收入是400亿元，未收回的货款，也就是应收账款是20亿元，这样，应收账款占销售收入的比就是20亿元/400亿元=5%。

不同类型的企业，这个比率是不同的，如水泥行业、钢铁行业、医药行业、汽车行业,都是不一样的。这个比值越大,反映产品在市场上的竞争力越弱;这个比值越小,反映产品在市场上的竞争力越强。比如,iPhone手机,每次有新的机型出来后,都有很多粉丝排队购买。市场如此火爆,经销售商就愿意大量进货来销售这个品牌的手机,这样生产厂家就不会赊销,应收账款就少。

如果查看效益好的上市公司财务报表,你会发现,这些企业的应收账款所占销售收入的比都是比较低的。

相反,如果产品没有市场竞争力,厂家为了扩大销售,只能采取赊销的方式向经销商发货,这样这些企业的应收账款所占销售收入的比都是比较高的,比如一些水泥厂、建筑材料相关的企业等。

陈先生:是这样。

王先生:产品市场竞争力低,产品的价格就不会坚挺,经常采取打折销售的方式进行促销。这样做的结果就是企业产品的毛利降低,利润率就会下降,企业利用销售回收的资金就减少,长期以往,企业经营所用的资金就会发生困难。为维持经营,企业只能向银行贷款,支付银行利息,这样就又降低了企业的利润。投资者投资这样的企业最终是不会赚到钱的。

相反,产品市场竞争力强,产品的价格就会坚挺,甚至价格还会上涨,这样企业产品毛利就高,利润率就会上升,企业利用销售回收的资金就会增加。企业经营所用的资金不用向银行贷款就会得到满足,所以投资者投资这样的企业最终是会赚到钱的。

陈先生:是这样。

王先生:分析人员在分析应收账款占销售收入比时,不仅要分析当时的比率,还要计算最近三年的比率。如果这个比率突然增大,就要关注是不是企业为了虚增利润而增加应收账款。

陈先生:是的。

王先生:这个比值最好和同类企业相比较,尤其是与优秀上市公司相比较,这样才可以判断出产品的市场竞争水平。

陈先生:确实是这样,分析应收账款账户确实能给人们很多启示。你还讲了要关注其他应收款科目,这里面又有什么问题呢?

王先生:其他应收款科目是核算企业除买入返售金融资产、应收票据、应收账款、预付账款、应收股利、应收利息、应收代位追偿款、应收分保账款、应收分保合同准其他应收款备金、长期应收款等以外的其他各种应收及暂付款项。

主要包括:

1. 应收的各种赔款、罚款。如因企业财产等遭受意外损失而应向有关保险公司收取的赔款等;

2. 应收出租包装物租金;

3. 应向职工收取的各种垫付款项,如为职工垫付的水电费、应由职工负担的医药费、房租费等;

4. 存出保证金,如租入包装物支付的押金;

5. 其他各种应收、暂付款项。

也就是说,其他应收款主要是核算非经营的原因,同其他单位发生的往来款项。

陈先生:分析人员应该注意些什么呢?

王先生:分析人员尤其要关注企业向有关联关系的企业借款。

陈先生:什么是关联关系呢?

王先生:关联关系,是指公司控股股东、实际控制人、董事、监事、高级管理人员与其直接或者间接控制的企业之间的关系,以及可能导致公司利益转移的其他关系,但是国家控股的企业之间不仅仅因为同受国家控股而具有关联关系。

陈先生:有什么具体指标吗?

王先生:关联关系主要是指企业与其他企业、组织或个人具有下列之一关系。

1. 一方直接或间接持有另一方的股份总和,或者双方直接或间接同为第三方所持有的股份达到25%以上。

2. 一方与另一方(独立金融机构除外)之间借贷资金占一方实收资本50%以上,或者一方借贷资金总额的10%以上是由另一方(独立金融机构除外)担保。

3．一方半数以上的高级管理人员（包括董事会成员和经理，下同）或至少一名可以控制董事会的董事会高级成员是由另一方委派，或者双方半数以上的高级管理人员或至少一名可以控制董事会的董事会高级成员同为第三方委派。

4．一方半数以上的高级管理人员同时担任另一方的高级管理人员，或者一方至少一名可以控制董事会的董事会高级成员同时担任另一方的董事会高级成员。

5．一方的生产经营活动必须由另一方提供的工业产权、专有技术等特许权才能正常进行。

6．一方的购买或销售活动主要由另一方控制。

7．一方接受或提供劳务主要由另一方控制。

8．一方对另一方的生产经营、交易具有实质控制，或者双方在利益上具有相关联的其他关系。

陈先生：基本是自家人之间的事了。

王先生：是的。下列各方构成企业的关联方：

1．该企业的母公司。

2．该企业的子公司。

3．与该企业受同一母公司控制的其他企业。

4．对该企业实施共同控制的投资方。

5．对该企业施加重大影响的投资方。

6．该企业的合营企业。

7．该企业的联营企业。

8．该企业的主要投资者个人及与其关系密切的家庭成员。主要投资者个人，是指能够控制、共同控制一个企业或者对一个企业施加重大影响的个人投资者。

9．该企业或其母公司的关键管理人员及与其关系密切的家庭成员。关键管理人员，是指有权力并负责计划、指挥和控制企业活动的人员。与主要投资者个人或关键管理人员关系密切的家庭成员，是指在处理与企业的交易时可能影响该个人或受该个人影响的家庭成员。

10. 该企业主要投资者个人、关键管理人员或与其关系密切的家庭成员控制、共同控制或施加重大影响的其他企业。

仅与企业存在下列关系的各方,不构成企业的关联方:

1. 与该企业发生日常往来的资金提供者、公用事业部门、政府部门和机构。

2. 与该企业发生大量交易而存在经济依存关系的单个客户、供应商、特许商、经销商或代理商。

3. 与该企业共同控制合营企业的合营者。

仅仅同受国家控制而不存在其他关联方关系的企业,不构成关联方。

陈先生:关联交易是什么呢?

王先生:关联交易是具有关联关系的单位之间发生的交易行为。关联交易是公司运作中经常出现而又易于发生不公平结果的交易。从有利的方面讲,交易双方因存在关联关系,可以节约大量商业谈判等方面的交易成本,并可运用行政的力量保证商业合同的优先执行,从而提高交易效率。从不利的方面讲,由于关联交易方可以运用行政力量撮合交易的进行,从而有可能使交易的价格、方式等在非竞争的条件下出现不公正情况,形成对股东或部分股东权益的侵犯,也易导致债权人利益受到损害。

在会计准则中列举了11种常见的关联交易类型。

1. 购买或销售商品。

购买或销售商品是关联方交易最常见的交易事项。例如,企业集团成员之间相互购买或销售商品,从而形成关联方交易。这种交易由于将市场交易转变为公司集团的内部交易,可以节约交易成本,减少交易过程中的不确定性,确保供给和需求,并能在一定程度上保证产品的质量和标准化。此外,通过公司集团内部适当的交易安排,有利于实现公司集团利润的最大化,提高其整体的市场竞争能力。这种交易产生的问题是,可能为公司调节利润提供了一种良好的途径。披露这种关联方交易,有利于中小股东、债权人等报表使用者了解这种交易的性质、类型、金额等信息,判断这种交易的价值取向,为报表使用者的经济决策提供了非常有用的信息。

2. 购买其他资产。

购买或销售商品以外的其他资产，也是关联交易的主要形式。比如，母公司销售给其子公司的设备或建筑物等。

3. 提供或接受劳务。

关联方之间相互提供或接受劳务，也是关联交易的主要形式。

例如，A公司是上市公司B公司的母公司，他们之间属于关联关系企业。B公司的所有设备均由A公司负责维修，B公司每年支付设备维修费用2000万元。作为上市公司B公司的小股东，需要了解这种提供或接受劳务的定价标准，以及关联方之间是否在正常的交易情况下进行。这就需要在审计报告附注中披露这类关联交易的有关情况，为小股东分析上市公司的财务状况和经营成果提供了依据。

4. 担保。

担保有很多形式，以贷款担保为例，某企业生产经营中需要资金，往往会向银行等金融机构申请贷款，银行等金融机构为了保证所贷资金的安全，需要企业在贷款时由第三方提供担保。担保是有风险的，一旦被担保企业没有按期履行还款协议，则担保企业就成了还款的责任人。关联企业之间相互提供担保，能有效解决企业的资金问题，有利于经营活动的有效开展，但也形成了如有负债，就增加了担保企业的财务风险，有可能因此引发经济纠纷。如上例，A公司需要银行贷款时，要求上市公司B公司为A公司进行担保。这些情况在审计报告的附注中需要向报告的使用者披露。

5. 提供资金。

提供资金包括以现金或实物形式提供的贷款或股权投资。

例如，母公司A公司利用集团内部的金融机构向上市公司B公司提供贷款。

6. 租赁。

租赁通常包括经营租赁和融资租赁等。关联方之间的租赁合同也是主要的交易事项。例如，母公司A公司将自己拥有使用权的土地租赁给上市公司B

公司。

7. 代理。

代理主要是依据合同条款，一方可为另一方代理某些事务，如代理销售货物，或代理签订合同等。例如，母公司A公司的下属销售公司代理上市公司B公司销售B公司生产的产品。

8. 研究与开发转移。

在存在关联方关系时，有时某一企业所研究与开发的项目会由于另一方的要求而放弃或转移给其他企业。例如，上市公司B公司研究一个项目，母公司A公司要求B公司停止该项目的研究与试制，并将B公司研究的现有成果转给A公司，从而形成关联方交易。

9. 许可协议。

指关联方之间达成某种协议，允许一方使用另一方的商标等，从而形成关联方交易。

10. 代表企业或由企业代表另一方进行债务结算。

这也是关联方企业之间比较普遍存在的一种关联交易形式。比如，母公司A公司为子公司B上市公司支付广告费用，或者为子公司偿还已逾期的长期借款等。

11. 关键管理人薪酬。

支付给关键管理人员的薪酬也是一种主要的关联交易形式。例如，上市公司B公司支付给母公司A公司董事长、总经理等人员的薪酬，属于关联交易。

陈先生：所有关联交易都是被禁止的吗？

王先生：关联交易可以分为几类，具体如下。

1. 公允的关联交易与非公允的关联交易。

公允的关联交易，是指一个具体关联交易的实质内容主要是交易结果，对交易的相关权益人，特别是交易所涉及的非关联方，都是公平合理的。

非公允的关联交易，是指一个具体关联交易的实质内容主要是交易结果实质上是不公平的，有损于交易的相关权益人，特别是交易所涉及的非关联方的权益。

这是最常见的分类,因为非公允性是关联交易最容易出现的问题,也是法律规制关联交易的原因与重点。一方面要保证公允关联交易积极作用的发挥,另一方面要让非公允关联交易者承担一定的法律责任,并为受害者提供一定的救济。

2. 实际的关联交易与虚构的关联交易。

实际的关联交易,是指在经济生活或者企业的经营活动中,确实发生了关联交易。

虚构的关联交易,是指在经济生活或者企业的经营活动中并未实际发生,而只是虚构文件并在企业财务报表中有记载的关联交易。

如此区分的主要意义在于对会计报表进行调校。实际当中,有的公司为了粉饰业绩,虚构出一些实际并未发生的关联交易,也就是缺乏经济实质的交易。

3. 重大的关联交易与非重大的关联交易。

这种区分一般是以交易金额为判断标准的,其主要目的是为了在进行关联交易的披露、批准时参照不同的要求。如零星的关联交易可以不经股东大会批准程序,且有的零星关联交易不需要披露。再如,上市公司对普通关联交易和重大关联交易的披露要求也不相同。

正是由于关联交易的普遍存在,以及它对企业经营状况有着重要影响,因而应全面规范关联方及关联交易。公司法第21条第1款明确规定,“公司的控股股东、实际控制人、董事、监事、高级管理人员不得利用其关联关系损害公司利益”。这一强制性规定,体现了法律对关联交易的基本态度,即对不公正关联交易给予禁止。

公司法第123条规定,“上市公司董事与董事会会议决议事项所涉及的企业有关联关系的,不得对该项决议行使表决权,也不得代理其他董事行使表决权。该董事会会议由过半数的无关联关系董事出席即可举行,董事会会议所作决议须经无关联关系董事过半数通过。出席董事会的无关联关系董事人数不足3人的,应将该事项提交上市公司股东大会审议”。此种具体的可操作的条文,为防止不正当的关联交易提供有效的规制工具。

公司法第21条第2款规定，“违反前款规定，给公司造成损失的，应当承担赔偿责任”。

除了上述直接针对关联交易和关联关系的规定外，公司法有关股东诉讼、股东代表诉讼、累计投票制度、独立董事制度、公司对股东和实际控制人担保的规定等，也都有助于调整公司不正当关联交易行为。

陈先生：除了禁止进行不正当的关联交易，还有什么措施保护小股东的利益呢？

王先生：正是由于关联交易使关联者之间在定价过程中具有一定程度的灵活性，公司的控股股东、实际控制人或影响者可能利用关联交易转移利益。因此，全面规范关联交易及其信息披露便成为保障关联交易公平与公正的关键。关联交易信息披露的根本目的在于使之具备相同于无关联交易的公开与公平性质，确保关联者没有获得在无关联状态下无法获得的不当利益，以确保该项交易对公司及股东是公平和合理的。同时为投资者对该项交易行使表决权提供信息基础，使投资者在了解关联交易真实内容的基础上作出投资决策，增强对证券市场透明度的信心。

上市公司关联交易披露规则的核心是界定关联交易和关联人的范围，将可能利用关联关系实现在无关联者之间不可能发生的交易活动的人士都包括在内，以维护公平交易秩序。我国沪深证券交易所《上市规则》规定，上市公司的关联交易是指上市公司或其控股子公司与上市公司关联人之间发生的转移资源和义务的事项。关联人包括关联法人和关联自然人，在《上市规则》中对关联法人和关联自然人的范围给予了明确定义。同时，规定了潜在关联人的条件，即因与上市公司的关联人签署协议或作出安排，在协议生效或安排生效后，或在未来12个月内具有前述关联法人或关联自然人的规定情形之一的；以及过去12个月内，曾经具有前述关联法人或关联自然人的规定情形之一的，都被视为潜在关联人。《上市规则》还规定，中国证监会、交易所或上市公司根据实质重于形式的原则，可以认定其他与上市公司有特殊关系，可能造成上市公司对其利益倾斜的自然人和法人为关联人，从而应履行相应的关联交易决策和披露程序。

《上市规则》对关联交易须及时披露的数额、计算标准和披露内容都进行了详细的规定。

陈先生:比较复杂了。

王先生:上面所说的主要是关于关联交易及其披露的一些规定。作为投资人,重点要分析的是母公司有无通过其他应收款科目来恶意侵占上市公司的资金,使上市公司成为母公司在股市上圈钱的工具。

如果其他应收款科目中母公司欠款数额巨大,占用时间较长,而且没有利息或者利率极低,就可以认定母公司有恶意侵占行为。这样的公司是不值得投资的。

陈先生:为什么呢?

王先生:通常母公司与上市公司之间的经营往来是非常多的,不仅仅在资金方面。如果母公司有恶意侵占上市公司资金的行为,就证明上市公司在经营及管理上的独立性是受到影响的。母公司不仅会恶意侵占上市公司资金,还会在其他方面侵蚀上市公司的利益。比如,如果上市公司租用母公司的资产,或者上市公司的原材料是从母公司购买的,或者上市公司的产品由母公司代销等。这些环节母公司都会做手脚,以达到侵占上市公司利益的目的。

陈先生:这种情况在中国A股市场上时有发生。

王先生:是的。我们以前投资过一个T公司,是做建筑材料的。当时T公司的经营还是很好的,和其他同类型的上市公司相比,效益还是不错的,但是T公司的母公司经营效益一般。T公司在得到了我们的投资后准备上市。后来由于国家创业板的政策发生了变化,T公司无法上市了。一年以后,T公司就把我们投资的资金转给了它的母公司,而且没有利息。这就使得我们的投资变得无效了。

陈先生:这就是T公司不守诚信了。

王先生:我们还碰到了另一个公司,它是做保健品的K公司。K公司找到我们要求投资。我们审计了他的财务报表,发现他的其他应收款账上金额比较大,查明细账,发现主要是它的股东欠款。经过询问公司管理者和查阅董事会文件,我们发现这些资金实际上是分配给股东的利润。

陈先生:分配给股东的利润永远是要不回来的,它不应该列到这个科目上。

王先生:是的。分配给股东的利润应该减少公司资产规模。K公司这样做主要是为了在减少股东分红时,不减少公司的资产规模,为引入投资时可以提出更多的条件,但是这种做法是错误的。

陈先生:是这样。

王先生:在流动资产中,我们在做投资财务分析时,还要关注企业的存货。

陈先生:为什么呢?

王先生:先说存货的定义。存货是指企业或商家在日常活动中持有以备出售的原料或产品、处在生产过程中的在产品、在生产过程或提供劳务过程中耗用的材料、物料等,销售存仓等。存货区别于固定资产等非流动资产的最基本的特征是,企业持有存货的最终的目的是为了出售,不论是可供直接销售,如企业的产成品、商品等;还是需经过进一步加工后才能出售,如原材料等。

具体有以下几种。

1. 原材料指企业在生产过程中经加工改变其形态或性质并构成产品、主要实体的各种原料及主要材料、辅助材料、外购半成品(外购件)、修理用备件(备品备件)、包装材料、燃料等。

2. 在产品指企业正在制造尚未完工的产品,包括正在各个生产工序加工的产品和已加工完毕但尚未检验或已检验但尚未办理入库手续的产品。

3. 半成品指经过一定生产过程并已检验合格交付半成品仓库保管,但尚未制造完工成为产成品,仍需进一步加工的中间产品。半成品不包括从一个生产车间转给另一个生产车间待继续加工的在产品以及不能单独计算成本的在产品。

4. 产成品指工业企业已经完成全部生产过程并验收入库,可以按照合同规定的条件送交订货单位或者可以作为商品对外销售的产品。企业接受外来原材料加工制造的代制品和为外单位加工修理的代修品,制造和修理完成验收入库后,应视同企业的产成品。

5. 商品指商品流通企业外购或委托加工完成验收入库,用于销售的各种商品。

6. 周转材料指企业能够多次使用,但不符合固定资产定义的材料,如为了包装公司商品而储备的各种包装物,各种工具、管理用具、玻璃器皿、劳动保护用品以及在经营过程中周转使用的容器等低值易耗品和建造承包商的钢模板、木模板、脚手架等其他周转材料。

7. 委托加工物资指小企业委托外单位加工的各种材料、商品等物资。

8. 消耗性生物资产是指小企业(农、林、牧、渔业)生长中的大田作物、蔬菜、用材林以及存栏待售的牲畜等(消耗性生物资产不属于存货,按照生物资产进行披露)。

陈先生:对于投资分析人员来说,要关注存货什么方面的问题呢?

王先生:我认为应关注两方面的问题。第一是存货的真实性;第二是存货的周转情况。

陈先生:请详细说明。

王先生:所谓存货的真实性是指企业到底有没有这些存货,或者这些存货的数量、价值是否和会计报表所列的数字相符。对于上市公司来说,存货的真实性问题要少一些。因为上市公司每年都要进行审计,会计师事务所会对公司的存货进行实地盘点,可以确保存货的真实存在。而对于非上市公司来说,这里面就会有很大的风险了。

陈先生:为什么呢?

王先生:就像前面举的例子,可能管理层有重大的舞弊行为,企业存货根本就不存在。还有的就是企业存货管理存在严重的漏洞,存货被偷窃等。

陈先生:有这种情况?

王先生:是的。举个例子。上世纪90年代我在石化集团工作,集团下属企业中有一个化工厂,生产乙烯产品。在当时,乙烯属于非常紧缺的产品,它的出厂价格是5000元/吨,而市场价格是15000元/吨。如果有谁能搞到出厂价格的1吨乙烯,卖到市场上去,就可以赚10000元,立刻成为万元户。

陈先生:真是赚钱啊。

王先生:由于市场紧俏,国家对乙烯产品实行计划管理,其实是控制管理。化工厂生产出来的乙烯要按一定的比例以8000元/吨的计划价格卖给指定的企业。企业只能将剩余的产品以15000元/吨的价格卖到市场。这样就形成了一个矛盾。

陈先生:什么矛盾?

王先生:就是化工厂为了自己多盈利,就会争取更多的乙烯以15000元/吨的价格卖给市场。而国家的比例是不能变的。所以化工厂就想出了一个办法来多搞些乙烯。

陈先生:什么办法呢?

王先生:就是化工厂将一部分存货不入账,偷偷地从仓库中转移出去。

陈先生:这实际上是盗窃行为。

王先生:是的。他们共盗窃存货达3000万元。后来石化集团要上市进行审计时,被会计师事务所发现了。上报到了市纪委,市纪委派人来查,情况属实,最后将以化工厂副厂长为首的犯罪分子抓了起来。

陈先生:真是胆大妄为。

王先生:是的。对企业来说,存货就是钱,只不过它是以实物形态存在的。所以,投资分析人员在进行企业财务分析时,一定要对企业的存货进行实地的观察,判断存货的真实性。通过观察,还可以判断出企业的管理水平和管理人员的道德水平。这是非常重要的一项工作。

陈先生:真是这样。投资企业也就是投资企业的经营管理。

王先生:投资分析人员要关注的存货第二个方面是存货周转率。

存货周转率(次数)是指一定时期内企业销售成本与存货平均资金占用额的比率,是衡量和评价企业购入存货、投入生产、销售收回等各环节管理效率的综合性指标,其意义可以理解为一个财务周期内,存货周转的次数。

存货周转率(次数)=销货成本÷平均存货余额

其中:平均存货余额=(期初存货+期末存货)÷2

存货周转天数=计算期天数÷存货周转率(次数)=计算期天数×平均存货余额÷销货成本

一般来讲,存货周转速度越快(即存货周转率或存货周转次数越大、存货周转天数越短),存货占用水平越低,流动性越强,存货转化为现金或应收账款的速度就越快，这样会增强企业的短期偿债能力及获利能力。通过存货周转速度分析，有利于找出存货管理中存在的问题，尽可能降低资金占用水平。

存货周转率反映了企业销售效率和存货使用效率。在正常情况下，如果企业经营顺利，存货周转率越高，说明企业存货周转得越快，企业的销售能力越强，营运资金占用在存货上的金额也会越少。

陈先生：也就是说，企业存货量越小，存货周转次数就越大，存货所占用的资金越小。

王先生：是的。如果是评价上市公司，这个指标要与同类型的企业相比较。如果是评价非上市公司，这个指标要同上市公司进行对比。通过对比，就能得出企业产品是否适销的结论。

陈先生：一般企业都希望自己的产品能尽快卖出去，这样资金周转就快了，赚的钱就多。有谁愿意自己的产品积压在仓库中吗？

王先生：肯定是没有人希望自己的产品积压卖不出去。但是产品能不能实现销售，不是凭人们的意愿，而是凭产品能不能被市场接受。比如，我们投资过的一个做保健品的公司——康保公司，就遇到了这种情况。

陈先生：说来听听。

王先生：康保公司生产的保健品是一种护腰垫。有腰椎间盘突出的人，在病情发作时，腰会非常疼痛。垫上护腰垫可以减轻病人的疼痛。

陈先生：是个好产品，很实用，市场销售一定会好的。

王先生：是的，开始时我们也是这样认为的。康保公司的创始人姓高，我们叫他高老板。高老板不到40岁，是河北省秦皇岛市人。他说自己是北京大学物理学系毕业的，但是从他的言谈举止和学术素养来看，我们都认为他不是北京大学毕业的，甚至我们认为他不是本科毕业，也就是大专的水平。

陈先生：英雄莫问出处。

王先生：是的，高老板在找我们投资时，向我们出示了国家专利局颁发的专利证书，所以我们就不太计较学历的事了。只要项目能赚钱，什么学历并不太重要。

陈先生：是的，许多成功的企业家，学历并不太高。

王先生：我们投资了300万元给康保公司，将它从河北省保定市迁到了北京一个科技园里。

陈先生：可以申请高新技术企业了，享受国家对高新技术企业的扶持政策。

王先生：是的，我们甚至打算，如果康保公司经营得好，将给它推上创业板。

陈先生：结果怎么样呢？

王先生：做好一个企业哪有那么容易啊。在得到我们的投资后，高老板就开始了企业运作。他租了生产场地，招聘了大量的员工，主要是从事服装制作的人员。购置了大量的原材料，包括木材、布和磁铁。

陈先生：有些像开家具厂的感觉。

王先生：是的，和制作家具有点像。生产了半年，我到康保公司实地参观过，仓库里都是大的包装箱，里面全是康保公司生产的护腰垫。

陈先生：这些就是存货啊。

王先生：是的，这些存货就是用300万元现金变成的。一年以后，300万元资金用完了，企业没有形成销售，没有资金的回笼，公司没有钱了。

陈先年：护腰垫没有市场吗？

王先生：是的，市场不接受康保公司的产品。在超市、医院、药店，康保公司都进行了促销，但是基本上没有形成销售。

陈先生：这下就麻烦了。

王先生：是的，这种状态康保公司持续了一年，员工的工资也没有保证，还拖欠了原材料厂家的货款。大家都向高老板要债，每天他的办公室里都是要钱的人。

陈先生：公司完了。

王先生：是的，我们最后清算了这家公司，损失了300万元的投资。

陈先生：在进行投资财务分析时，确实应当对各个项目进行谨慎的分析。

王先生：是的。这里有两个比率，就是流动比率和速动比率。

陈先生；这是什么指标呢？

王先生：流动比率是最常用的财务指标，它用于测量企业偿还短期债务的能力。

其计算公式为:流动比率=流动资产/流动负债。计算数据来自于资产负债表。一般说来,流动比率越高,企业偿还短期债务的能力越强。一般情况下,营业周期、流动资产中应收账款数额和存货的周转速度是影响流动比率的主要因素。

式中的流动资产包括现金、应收账款、有价证券、存货;流动负债包括应付账款、应付票据、期内到期的长期债务、应付税款及其他应付费用。

计算出来的流动比率,只有和同行业平均流动比率,尤其是优秀的上市公司流动比率、公司历史的流动比率进行比较,才能知道这个比率是高还是低。一般认为,生产企业合理的最低流动比率是2。这是因为流动资产中变现能力最差的存货金额约占流动资产总额的一半,剩下的流动性较强的流动资产至少要等于流动负债,企业的短期偿债能力才会有保证。

在运用流动比率指标进行经营评价状况时,债权人大多认为流动比率越高越好,但从管理的角度来看,该指标应该有一个上限,流动比率过高,有可能表明公司资金的运用效率不高。

陈先生:这个指标为什么能反映企业短期偿债能力的强弱呢?

王先生:因为企业的流动资产是最快能变现的资产,包括银行存款、应收账款、存货等。短期债务包括短期借款、应付账款、预收账款、应交的税费、应付职工薪酬等。这些短期债务是企业日常经营中随时发生的,也是要求随时偿还的。

流动比率就是计算流动资产与流动负债的比。如果流动比率是1,就证明企业短期可变现资产和短期债务相当;如果流动比率是1.5,就证明企业短期可变现资产比短期债务多50%;如果流动比率是2,就证明企业短期可变现资产比短期债务多1倍。

流动比率也可以反映企业资金的充裕程度。经营情况好的企业,资金通常是非常充裕的,这样它的流动比率就高;经营情况差的企业,资金通常是非常紧张的,这样它的流动比率就低。这些企业的财务经理往往整天因为资金的缺乏而发愁。

陈先生:是这样。

王先生:还有一个比率叫速动比率。

陈先生:这个比率怎么计算呢?

王先生:速动比率,又称"酸性试验",反映企业速动资产与流动负债的比率,是衡量企业短期偿债能力的通用比率。其计算公式为:速动资产/流动负债。

速动资产是指企业拥有的现金,由有价证券和应收账款构成,不包括存货。因而速动比率比流动比率更能反映出企业偿还短期债务的能力。一般认为速动比率以1:1为好。比率过低表示企业对偿付短期负债可能有困难。反之,比率过高则表示企业闲置资金过多。考察速动比率仍需视企业的性质、速动资产的构成和运用情况以及其他因素作综合判断。

陈先生:明白了。

王先生:关于流动资产,还有一个指标,就是营运资金。

陈先生:这是什么指标呢?

王先生:广义的营运资金又称总营运资本,是指一个企业投放在流动资产上的资金,具体包括现金、有价证券、应收账款、存货等占用的资金。狭义的营运资金是指某时点内企业的流动资产与流动负债的差额,也就是营运资金=流动资产-流动负债。

可以这样认为,营运资金越多,说明不能偿还的风险越小,因此营运资金的多少可以反映偿还短期债务的能力。但是营运资金是流动资产与流动负债之差,是个绝对数,如果公司之间规模相差很大,绝对数相比的意义很有限。而流动比率是流动资产和流动负债的比值,是个相对数,排除了公司规模不同的影响,更适合公司间以及公司不同历史时期的比较。

因为营运资金是流动资产减去流动负债(短期负债等)后的余额,所以,如果流动资产-流动负债>0,则与此相对应的"净流动资产"是以长期负债和投资人权益的一定份额为资金来源。

如果流动资产-流动负债=0,则占用在流动资产上的资金都是流动负债融资。

如果流动资产－流动负债<0，则流动负债融资，由流动资产和固定资产等长期资产共同占用，偿债能力差。

陈先生：我明白了。

王先生：不知道你是否记得，在《价值投资新工具》里，我提到了如果上市公司资产只是现金，没有其他的负债，则这家上市公司就非常具有投资价值。

陈先生：我记得在书的第六章你提到了两种投资方法。

王先生：其中第一种情况就是流动资产－流动负债>0，且流动负债=0，公司没有其他资产和长期负债。

陈先生：我明白了。

第三章　非流动资产分析

本章主要内容：

1. 长期投资

2. 在建工程

3. 项目盈利预测

4. 无形资产

5. 资产评估

6. 固定资产

7. 资金和盈利平衡

王先生：上面我们讲的主要是流动资产，现在咱们讨论一下企业投资的分析。

陈先生：好的，投资对企业来说是非常重要的。

王先生：是的。涉及企业投资的会计科目有两个，一个是长期股权投资科目，另一个是在建工程科目。

陈先生：这两个科目都核算什么呢？

王先生：长期股权投资，是指投资方对被投资单位实施控制、重大影响的权益性投资，以及对其合营企业的权益性投资。包括：

1. 企业持有的能够对被投资单位实施控制的权益性投资，即对子公司投资。

2. 企业持有的能够与其他合营方一同对被投资单位实施共同控制的权

益性投资,即对合营企业投资。

3. 企业持有的能够对被投资单位施加重大影响的权益性投资,即对联营企业投资。

4. 企业对被投资单位不具有控制、共同控制或重大影响,且在活跃市场中没有报价、公允价值不能可靠计量的权益性投资。

陈先生:什么是控制、共同控制和重大影响?

王先生:控制是指有权决定一个企业的财务和经营政策,并能据以从该企业的经营活动中获取利益。投资企业能够对被投资单位实施控制的,被投资单位为其子公司,投资企业应当将子公司纳入合并财务报表的合并范围。投资企业对被投资单位是否具有实质控制权,可以通过以下一项或若干项情况判定。

1. 通过与其他投资者的协议,投资企业拥有被投资单位50%以上表决权资本的控制权。

2. 根据章程或协议,投资企业有权控制被投资单位的财务和经营政策。

3. 有权任免被投资单位董事会等类似权力机构的多数成员。这种情况是指虽然投资企业拥有被投资单位50%或以下表决权资本,但根据章程、协议等有权任免董事会的董事,以达到实质上控制的目的。

4. 在董事会或类似权力机构会议上有半数以上投票权,能够控制被投资单位董事会等类似权力机构的会议,从而能够控制其财务和经营政策,使其达到实质上的控制。

共同控制是指按照合同约定对某项经济活动所共有的控制,仅在与该项经济活动相关的重要财务和经营决策需要分享控制权的投资方一致同意时存在。投资企业与其他方对被投资单位实施共同控制的,被投资单位为其合营企业。实务中,在确定是否构成共同控制时,一般可以考虑以下情况作为确定基础。

1. 任何一个合营方均不能单独控制合营企业的生产经营活动。

2. 涉及合营企业基本经营活动的决策需要各合营方一致同意。

3. 各合营方可以通过合同或协议的形式任命其中一个合营方对合营企

业的日常活动进行管理，但其必须在各合营方已经一致同意的财务和经营政策范围内行使管理权。

重大影响是指对一个企业的财务和经营政策有参与决策的权力，但并不能够控制或者与其他方一起共同控制这些政策的制定。投资企业能够对被投资单位施加重大影响的，被投资单位为其联营企业。

当投资企业直接拥有或通过子公司间接拥有被投资单位20%以上但低于50%的表决权股份时，一般认为对被投资单位具有重大影响。此外，虽然投资企业拥有被投资单位20%以下的表决权资本，但符合下列情况之一的，也应确认为对被投资单位具有重大影响。

1. 在被投资单位的董事会或类似的权力机构中派有代表。在这种情况下，由于在被投资单位的董事会或类似的权力机构中派有代表，并享有相应的实质性的参与决策权，投资企业可以通过该代表参与被投资单位政策的制定，从而达到对该被投资单位施加重大影响。

2. 参与被投资单位的政策制定过程。在这种情况下，由于可以参与被投资单位的政策制定过程，在制定政策过程中可以为其自身利益提出建议和意见，由此可以对该被投资单位施加重大影响。

3. 与被投资单位之间发生重要交易。有关的交易因对被投资单位的日常经营具有重要性，进而一定程度上可以影响到被投资单位的生产经营决策。

4. 向被投资单位派出管理人员。在这种情况下，通过投资企业对被投资单位派出管理人员，管理人员有权力并负责被投资单位的财务和经营活动，从而能对被投资单位施加重大影响。

5. 向被投资单位提供关键性技术资料。在这种情况下，因为被投资单位的生产经营活动需要依赖投资企业的技术或技术资料，从而表明投资企业对被投资单位具有重大影响。

陈先生：这个定义非常严谨。在建工程核算什么呢？

王先生：在建工程，指企业固定资产的新建、改建、扩建，或技术改造、设备更新和大修理工程等尚未完工的工程支出。在建工程通常有“自营”和“出包”两种方式。自营在建工程指企业自行购买工程用料、自行施工并进行管理的工程;出包在建工程是指企业通过签订合同,由其他工程队或单位承包建造的工程。

陈先生:明白了。

王先生:在《政治经济学》里,一般将企业的生产划分为简单再生产和扩大再生产。企业的日常经营就属于简单再生产,而投资行为就属于扩大再生产。

陈先生:是这样。

王先生:一个企业要发展,就必须进行扩大再生产。以股权形式的对外投资和以工程建设的投资只是投资行为的两种形态,其目的都是为了扩大企业的经营规模,提升企业的经济效益,为股东创造更多的财富。

陈先生:这两种方式有什么不同吗?

王先生:以工程建设的投资比较直接,是由企业自己进行管理。而以股权形式的对外投资比较间接,如果是参股形式的投资管理就更间接了。

陈先生:投资财务分析人员对这两个科目要关注什么呢?

王先生:第一要关注所投资项目与该公司主业经营的关联度;第二要关注所投资项目的盈利能力。

陈先生:为什么要关注所投资项目与该公司主业经营的关联度?

王先生:这也是外国企业战略研究者们经常争论的问题,也就是企业经营多元化问题。企业经营应不应该多元化,有两种截然不同的观点。一种认为企业经营应该多元化,也就是"鸡蛋不应该放到一个篮子里",或者"东方不亮西方亮","不知哪块云彩有雨",如果经营好了,可以提高企业的效益。另一种相反的观点认为企业不应该多元化经营,因为从事不熟悉的业务,容易坠入陷阱,使企业蒙受损失。

陈先生:那么企业到底应该不应该进行多元化经营呢?

王先生:我觉得应当把多元化经营做一个准确的定义。广义的经营多元化是指企业所经营的业务,其性质完全没有关联。比如,一个企业集团,它既经营银行业务,又经营房地产业务,还经营矿产业务和水处理业务等。狭义的多元化经营是企业以主业为核心,其他业务均与主业存在着相互的关联。比如,一个城市燃气供应企业,它的主业是城市的燃气销售,同时还投资上游的燃气开采业务和下游的发电、供热业务。

陈先生：中信集团就是广义的多元化经营集团，它还经营足球俱乐部，是很成功的企业集团。

王先生：是的，中信集团是非常成功的多元化企业集团，但是中信集团是在特殊历史条件下取得的成功。改革开放刚开始时，中信集团成立，以做国际贸易起家，是中国对外贸易的窗口，可以说，什么赚钱从事什么行业。当时国内刚刚开放，物资极度匮乏，从事国际贸易是非常赚钱的。随着国家的发展，外贸专营被打破，国际贸易不再是垄断行业，利润率降低，这时中信集团已转做金融业务，还有实业投资。现在，虽然中信集团从事的业务非常庞大，但是其核心是金融业务，它实际上是一个金融控股集团公司，从表面看中信集团是多元化经营，实际上它的主营业务是金融业。

陈先生：是这样。

王先生：所以我认为，企业的多元化要以主业为核心，围绕主业进行多元化经营。比如美国杜邦公司，它是一个庞大的企业帝国，产品涉及多种行业，包括农业、汽车、工程塑料、化学品、楼宇及建筑、海运、铁路、电子材料、安全与防护、食品与饮料、医疗健康与卫生、能源与公用设施、包装与印刷技术等，但是它的核心业务仍是化工，在这个核心业务下，进行多种的开发、经营。

陈先生：你认可的是狭义的多元化经营。

王先生：是的。现代社会分工越来越细，也越来越专业化，竞争更加激烈。一个企业全身心地从事某一行业，需要大量的人力、物力和财力，才能在异常激烈的竞争中保持不败的地位。如果不专注于一个行业，三心二意地从事其他业务，很难在激烈的竞争中生存。

陈先生：为什么呢？

王先生：一个有巨大市场潜力的产品能够成功，需要人们投入大量的时间、精力、财力来进行研究、试验。这个过程中，要经历许多挫折、困难，甚至失败，这些困难也成为阻止其他人进入这个行业的门槛。所以，如果一个企业从事的核心业务与新产品关联度不大，甚至没有任何关联度的话，那么企业在核心业务经营中积累的管理经验、研究经验、生产经验都不会对新业务产生帮助。面对这些新问题，企业新业务就没有任何竞争优势，在激烈的市场竞争中就很难生存，所以企业四面出击、多线作战，既浪费资源，又不能取得经济效益，长此以往，就会丧失市场竞争力。

相反，如果企业在开展新业务时，紧紧围绕自己的核心业务，那么，在新业务遇到困难时，企业在核心业务经营中积累的管理经验、研究经验、生产经验就会对新业务提供帮助，这样就使企业的新业务具有极强的市场竞争力，使企业在激烈的市场竞争中始终处于有利的位置。

陈先生：确实是这样。

王先生：我在投资公司时就遇到过这么一个案例。

陈先生：说来听听。

王先生：在2006年的时候，中科院一个研究所的郑教授找到我们公司，向我们介绍了LED灯项目。因为北京要在2008年召开奥运会，需要大量的LED灯。中科院研究所在这方面具有很强的实力，其科研水平在全国处于领先地位。在研究所里，郑教授向我们演示了幻灯片，介绍了研究所的LED灯技术。他向我们介绍说，中科院研究所已经与一家上市公司E公司合资成立了一个公司，生产LED灯。E公司出资3000万元，研究所出技术和科技人员。公司已在大兴科技园购置了土地，建设一个生产基地，并从国外采购了一套LED灯生产设备。

陈先生：已经成立了生产企业，郑教授为什么又找到你们投资公司呢？

王先生：生产LED灯需要大量的资金，3000万元的投资肯定是不够的。据郑教授估算，如果进行大批量生产，还需要再投入7000万元。

陈先生：E公司是上市公司，它有资金，为什么它不再投资了呢？

王先生：E公司的核心业务是生产服装，它对LED灯从来没有接触过，不知道项目开展后会遇到什么困难。在项目开始投资时，也没有想到需要1亿元的资金。E公司也无法判断再投资7000万元后，项目的前景如何，什么时候能够盈利，项目投资回收期是多长，所以就不敢再投入了。

陈先生：所以郑教授找到了你们投资公司，要你们入股、接盘。你们最后投资了吗？

王先生：没有。因为我们也无法判断这个项目的前景，就没有投资，后来听说这个项目就一直停在那里。

陈先生：E公司受损失了。

王先生：所以投资一个项目后，你会遇到各种问题。如果你是行家里手，就不会害怕、慌张，会从容应对，帮助企业克服困难，渡过危机。反过来，如果你对投资项目没有任何经验，完全是个新手，当投资项目遇到问题时，就会不知所措了。

陈先生：是这样。

王先生：举个例子。我的一个朋友，他在国内一家上市公司S公司做高管。S公司的核心业务是建设、经营城市污水处理厂。

陈先生：属于环保产业，是国家大力扶持的行业。

王先生：是的。S公司的业务经营得很好，集团净利润达到了5亿元人民币。但是污水处理业务有一个特点，就是投资周期比较长，利润率相对较低。

陈先生：公用事业企业都是这样，但是它们比较稳定，风险比较低，一个污水处理厂建成后，就可以长期经营下去了。

王先生：是这样。当时S公司来了一个新的总经理，他要大幅度提高企业的经营业绩，所以在他的主导下，S公司就投资了一些见效快的其他行业的项目。

陈先生：进行多元化经营了。

王先生：是的。其中就投资了一个通讯软件项目。

陈先生：污水处理和通讯软件相差得也太远了点。

王先生：是的。通讯软件属于电子技术，污水处理属于传统产业，虽然现在污水处理技术已经极大提高，但是和通讯软件相比，污水处理技术还是相差太远了。S公司里没有熟悉通讯软件方面的人才，但是新来的总经理执意要投资通讯软件项目，他认为通讯软件项目属于朝阳产业，代表着未来发展方向，而且国家正在大力扶持这个通讯软件产业，出台了一系列的优惠政策。

陈先生：是的。当时有许多企业投资通讯软件项目，出现了通讯软件热。

王先生：S公司出资3000万元，入资一家通讯软件公司，占该公司股份的

51%。S公司派董事长,通讯软件公司的原股东任总经理,并组织经营班子。

陈先生:是通行的做法。

王先生:企业刚开始时进行得比较顺利,承接了几个大项目,签定了合同,通讯软件公司扩资当年就实现了盈利。但是,在经营到第三年时,通讯软件公司的总经理查出了胃癌,并进行了大部分的切除,不能上班了,这下通讯软件公司的业务陷入了停滞。

陈先生:通讯软件公司可以让副总经理来替代,或者到市场上招聘总经理啊。

王先生:通讯软件项目有一个特点,就是技术独立性强。通讯软件公司的关键技术都在总经理手里,其他人插不上手,从市场上招聘更不可能。而S公司完全没有这方面的人才,已签下来的项目合同由于时间太紧,被耽误了。合作伙伴受到了损失,向通讯软件公司进行了索赔。

陈先生:通讯软件公司乱了。

王先生:是的,发生这种情况,主要是S公司没有这方面的人才,无法及时处理这个危机。

陈先生:后来通讯软件公司怎么样了?

王先生:最后,S公司撤资了。

陈先生:S公司太不走运了。

王先生:所以,企业在进行项目投资时,一定要围绕主业来进行,这样取得成功的概率就会增大。再举一个例子。这是一家国内上市的生产、销售啤酒业务的Y公司,在国内啤酒行业具有很高的知名度,啤酒市场占有率达到了15%,每年实现销售收入100亿元人民币以上,实现净利润达到近7亿元人民币。

陈先生:是一家经营很稳健的公司。

王先生:是的。Y公司的经营的确非常稳健,主要是进行啤酒的生产、销售,而且是面向普通大众的,不走所谓的高端路线。它也生产矿泉水、饮料,这些产品同啤酒业务的关联度极大。

陈先生:是这样。

王先生：2010年Y公司收购了经营不善的广东一家啤酒公司，并且将广东公司原来生产的啤酒商标换成了Y公司的商标。由于广东公司管理中存在着散漫问题，Y公司收购后，向广东公司派出了一套经营班子，包括董事长、总经理和主管经营的副总经理，还派出了一些关键岗位的中层管理人员。

陈先生：等于是Y公司接管了广东公司。

王先生：是的。新的经营班子将在Y公司经营中积累的成功管理经验，全部复制到广东公司。这样做取得了良好的效果，收购两年后，广东公司经营管理彻底实现了改变，啤酒的市场占有率也大幅度提高。现在广东公司已成为Y公司新的利润增长点。

陈先生：这次收购取得了成功。

王先生：是的。

陈先生：第二个需要关注的是，如何判断投资项目的盈利水平呢？

王先生：我认为还是要应用类比法。也就是我们上面所讲到的方法。

陈先生：请详细说明。

王先生：在项目投资前如何控制总投资额前面我们已经讲了，这里就不说了。现在来谈一谈项目的盈利预测。

陈先生：这是一个很关键的问题。

王先生：就像前面讲的，盈利预测要用类比法，就是寻找市场上与新项目相同类型的项目，或者寻找公司原来已建成的同类型的项目，进行对比、测算。

还以前面提到的位于青岛的A楼群和B楼群为例。

在进行了总投资预测后，我们又对项目的盈利情况进行了测算。这时情况有了一些变化，要把一部分办公楼卖给一个香港公司。下面是我们做的盈利预测报告。

一、A楼群盈利预测报告

根据项目的实际情况，我们进行了盈利测算，现将测算情况报告如下。

（一）测算假设

1．基本假设

由于A楼群与B楼群同处青岛科技园区内，经济用途基本相同。因此，我们在做A楼群盈利测算时，主要以B楼群现有数据为依据。

2. 具体情况

在总投资额上，根据建筑总成本估算，我们将总投资额确定为5亿元左右。

在香港公司售楼面积上，我们确定为销售4万平方米。售楼价格和成本上，我们将地下2万平方米部分按比例相应分摊。

在资金来源上，我们假设股东投入17800万元，香港公司按工程进度相应拨付购楼款，剩余部分由银行贷款，利率按4年内4%，第5年以后按6%计息。还款时，按32年等额还款，并付相应的利息。

未出售的办公楼其中1万平方米为公寓楼，租金收入按青岛科技园周边普通住宅100平方米1600/月计算(0.53元/日平方米)。办公楼租金按B楼群现租金水平1.80元/平方米计算。

静态收益测算房屋折旧年限按40年计算，动态收益测算房屋折旧年限按32年计算。

考虑公司自用部分，房屋出租率按95%计算。

房产税原值按未出售部分办公楼投资额计算，营业税按5.4%，所得税按25%计算。

费用标准按B楼群相应比例计算。

房产自然增长收益率按6%复利计算。

房产建成后估计市场价格按B楼群现在可出售价格5500元/平方米计算。

项目收益率按内部收益率加房产自然增长收益率计算而得。

(二)测算模型

测算按两种模型计算，第一种是按静态收益计算模型，主要是计算95%出租状态下的净利润；第二种是按动态收益计算模型，主要是计算至2043年的总利润和内部收益率。

(三)基本结论

根据计算可以看出，总投资在5亿元时，内部收益率为2.52%~2.88%，加上房产自然收益率6%后，动态总收益率为8.52%~8.88%。

按5500元/平方米的价格计算，房产建成后估计市场价值为5.6亿元，投资5亿元时，可实现增值约5000万元；投资4.5亿元时，可实现增值约1亿元。

二、财务数据表

（单位：万元）

投资额（万元）	51004
其中：资本金投入	17800
股东借款	6801
售楼收入	26400
售楼面积（平方米）	40000
售楼收入	26400
售楼净利润	512
总出租面积	40033
租金收入合计	2058
费用总计	1940
经营净利润	7
不计提折旧经营净利润	682
不计提折旧经营投资收益率	3.83%
经营内部收益率	2.52%
房产自然收益率	6.00%
项目收益率	8.52%
每年还款额	556
其中：本金	190
利息	365
房产建成后估计市场价格	5500
房产建成后估计市场总售价	56100
增值额	5099
增值率	10.00%

三、工程投资明细表

（单位：万元）

项目	费用（万元）	占投资比例（%）
一、建筑工程费	34808	68.25%

（续表）

项目	费用（万元）	占投资比例（%）
二、工程建设其他费用	11403	22.36%
土地费用	8240	16.16%
前期费用	1363	2.67%
建设管理费用	1800	3.53%
三、预备费	4792	9.40%
投资合计	51004	100.01%

四、投资进度表

（单位：万元）

项目	总投资额	2008年	2009年	2010年	2011年	2012年
一、建筑工程费	34808	0	12127	17487	4159	1035
其中：建筑工程支出	34097	0	11987	17384	3915	811
利息支出	711	0	140	104	244	224
二、工程建设其他费用	11404	3210	5394	500	2200	100
土地费用	8240	2940	3700	0	1600	
前期费用	1364	70	1194			100
建设管理费用	1800	200	500	500	600	0
三、预备费	4792			2000	2792	
投资合计	51004	3210	17521	19987	9151	1135
四、企业现有资金	15000	11790	–5731	0	0	0
五、资金缺口	36004		–5731	–19987	–9151	–1135

五、资金来源与运用表

（单位：万元）

资金来源	总投资额	2008年	2009年	2010年	2011年	2012年	2014–2043年
资本金投入	17800	15000	2800				
股东借款	6801	0	3640	2694	244	224	
其中:本金	6090		3500	2590			
利息	711		140	104	244	224	
售楼预收款	26400			13200	13200		

（续表）

资金来源	总投资额	2008年	2009年	2010年	2011年	2012年	2014–2043年
小计	51001	15000	6440	15894	13444	224	
归还股东借款计划							
股东借款利息	711	0	140	104	244	224	
归还股东借款本金	6090		0	0	0	500	174.6875
小计	6801	0	140	104	244	724	

六、模拟损益表

（单位：万元）

年份	2011年	2012年	2013年	2014年	2017年	2043年
销售面积（平米）	40000.00					
销售单价（元/每平米）	6600.00					
销售收入（万元）	26400.00					
销售成本（万元）	24000.00					
销售毛利（万元）	2400.00					
出租面积：		40033.00	40033.00	40033.00	40033.00	40033.00
其中：1、办公楼出租面积（平米）		30033	30033	30033	30033	30033
办公楼出租单价（元/米 天）		1.80	1.80	1.80	1.98	2.90
办公楼出租率		30%	50%	80%	85%	95%
办公楼出租收入（万元）		591.95	986.58	1578.53	1844.91	3018.92
2、公寓楼出租面积（平米）		10000.00	10000.00	10000.00	10000.00	10000.00
公寓楼出租单价（元/米 天）		0.53	0.53	0.53	0.58	0.85
公寓楼出租率		30%	50%	80%	85%	95%
公寓楼出租收入（万元）		57.60	96.00	153.60	179.52	293.76
租金收入合计（万元）		649.55	1082.58	1732.13	2024.43	3312.67

（续表）

年份	2011年	2012年	2013年	2014年	2017年	2043年
营业费用（万元）		200.00	220.00	207.86	242.93	397.52
管理费用（万元）		506.87	534.87	573.30	631.76	889.40
房产税（万元）		226.87	226.87	226.87	226.87	226.87
其他管理费用（万元）		280.00	308.00	346.43	404.89	662.53
折旧（万元）		844.01	844.01	844.01	844.01	844.01
利息费用		223.60	216.39	313.76	281.30	0.00
费用合计		1774.48	1815.26	1938.92	2000.00	2130.93
营业税金及附加（万元）	1717.92	35.08	58.46	93.54	109.32	178.88
税前利润（万元）	682.08	−1160.00	−791.14	−300.32	−84.89	1002.86
所得税（万元）(25%)	170.52	0.00	0.00	−75.08	−12.73	150.43
净利润（万元）	511.56	−1160.00	−791.14	−225.24	−72.15	852.43
项目总利润（万元）	12592.62	实际投资成本		17800.00		
项目总投资利润率	70.75%					

七、模拟现金流表

（单位：万元）

年份	2008年	2009年	2010年	2011年	2014年	2043年
一、销售收入			13200.00	13200.00		0.00
出租收入	0.00		0.00	0.00	1732.13	3312.67
二、营业现金流入	0.00	0.00	13200.00	13200.00	1732.13	3312.67
三、经营现金净流出	17800.00	12140.00	12103.60	2132.04	1293.69	1796.56
项目资本金	17800.00	0.00	0.00	0.00		
代建固定资产成本支出	0.00	12000.00	12000.00	0.00		
营业费用				0.00	207.86	397.52
管理费用				0.00	573.30	889.40

（续表）

年份	2008年	2009年	2010年	2011年	2014年	2043年
偿还本金			0.00	0.00	180.32	180.32
利息费用		140.00	103.60	243.60	313.76	0.00
销售房产税			0.00	0.00		
主营业务税金及附加			0.00	1717.92	93.54	178.88
所得税			0.00	170.52	-75.08	150.43
四、现金净流量	-17800.00	-12140.00	1096.40	11067.96	438.44	1516.11
五、累计净现金流量	-17800.00	-29940.00	-28843.60	-17775.64	-18684.57	14819.73
折现系数	0.9259	0.8573	0.7938	0.7350	0.5835	0.0626
净现值	-16481.48	-10408.09	870.36	8135.28	255.83	94.95
NPV	-12289.50					
IRR	2.52%					

陈先生：可以说是一个项目投资盈利预测的范本。

王先生：过讲了。咱们继续往下说，说一说无形资产。

陈先生：好的。

王先生：无形资产指企业拥有或者控制的没有实物形态的可辨认非货币性资产。无形资产具有广义和狭义之分，广义的无形资产包括货币资金、应收账款、金融资产、长期股权投资、专利权、商标权等，因为它们没有物质实体，而是表现为某种法定权利或技术。但是会计上通常将无形资产作狭义的理解，即将专利权、商标权等称为无形资产。

陈先生：是这样。

王先生：具体来说一下。

1. 专利权：是指国家专利主管机关依法授予发明创造专利申请人对其发明创造在法定期限内所享有的专有权利，包括发明专利权、实用新型专利权和外观设计专利权。

2. 非专利技术：也称专有技术，是指不为外界所知，在生产经营活动中应采用了的，不享有法律保护的，可以带来经济效益的各种技术和诀窍。

3．商标权：是指专门在某类指定的商品或产品上使用特定的名称或图案的权利。

4．著作权：制作者对其创作的文学、科学和艺术作品依法享有的某些特殊权利。

5．特许权：又称经营特许权、专营权，指企业在某一地区经营或销售某种特定商品的权利或是一家企业接受另一家企业使用其商标、商号、技术秘密等的权利。

6．土地使用权：指国家准许某企业在一定期间内对国有土地享有开发、利用、经营的权利。

陈先生：主要有这6种无形资产。

王先生：这里要注意，企业自创商誉以及内部产生的品牌、报刊名等，不应确认为无形资产。

陈先生：什么叫商誉呢？

王先生：商誉是指能在未来期间为企业经营带来超额利润的潜在经济价值，或一家企业预期的获利能力超过可辨认资产正常获利能力（如社会平均投资回报率）的资本化价值。商誉是企业整体价值的组成部分。在企业合并时，它是购买企业投资成本超过被合并企业净资产公允价值的差额。

商誉的经济含义是企业收益水平与行业平均收益水平差额的资本化价格。它是由顾客形成的良好声誉、企业管理卓著、经营效率较好、生产技术的垄断以及地理位置的天然优势所产生的。

商誉是一种不可确指的无形项目，它不具可辨认性，故不属于无形资产。它不能独立存在，具有附着性特征，与企业的有形资产和环境紧密相联。它既不能单独转让、出售，也不能以独立的一项资产作为投资，不存在单独的转让价值。它只能依附于企业整体，商誉的价值是通过企业整体收益水平来体现的。

依据商誉的取得方式，可分为外购商誉和自创商誉。外购商誉是指由于企业合并采用购买法进行核算而形成的商誉，其他商誉即是自创商誉或称之为非外购商誉。

陈先生：我明白了。

王先生:有一些企业花费大量资金进行研究与开发,成果出来以后可以确认为无形资产,但是,这方面是有一定条件的。

陈先生:什么条件?

王先生:企业的研究和开发可以分为两个阶段。

1. 研究阶段。

研究阶段是探索性的,为进一步开发活动进行资料及相关方面的准备,已进行的研究活动将来是否会转入开发、开发后是否会形成无形资产等,均具有较大的不确定性。

比如,意在获取知识而进行的活动,研究成果或其他知识的应用研究、评价和最终选择,材料、设备、产品、工序、系统或服务替代品的研究,新的或经改进的材料、设备、产品、工序、系统或服务的可能替代品的配制、设计、评价和最终选择等,均属于研究活动。

2. 开发阶段。

相对于研究阶段而言,开发阶段应当是已完成研究阶段的工作,在很大程度上具备了形成一项新产品或新技术的基本条件。

比如,生产前或使用前的原型和模型的设计、建造和测试,不具有商业性生产经济规模的试生产设施的设计、建造和运营等,均属于开发活动。

陈先生:这样划分有什么目的呢?

王先生:根据规定,企业内部研究开发项目研究阶段的支出,应当于发生时计入当期损益;开发阶段的支出,同时满足下列条件的,才能确认为无形资产。

1. 完成该无形资产以使其能够使用或出售在技术上具有可行性。

判断无形资产的开发在技术上是否具有可行性,应当以目前阶段的成果为基础,并提供相关证据和材料,证明企业进行开发所需的技术条件等已经具备,不存在技术上的障碍或其他不确定性。比如,企业已经完成了全部计划、设计和测试活动,这些活动是使资产能够达到设计规划书中的功能、特征和技术所必需的活动,或经过专家鉴定等。

2. 具有完成该无形资产并使用或出售的意图。企业能够说明其开发无形资产的目的。

3. 无形资产产生经济利益的方式。

无形资产是否能够为企业带来经济利益,应当对运用该无形资产生产产品的市场情况进行可靠预计,以证明所生产的产品存在市场并能够带来经济利益,或能够证明市场上存在对该无形资产的需求。

4. 有足够的技术、财务资源和其他资源支持,以完成该无形资产的开发,并有能力使用或出售该无形资产。

企业能够证明可以取得无形资产开发所需的技术、财务和其他资源,以及获得这些资源的相关计划。企业自有资金不足以提供支持的,应能够证明存在外部其他方面的资金支持,如银行等金融机构声明愿意为该无形资产的开发提供所需资金等。

5. 归属于该无形资产开发阶段的支出能够可靠地计量。

企业对研究开发的支出应当单独核算,比如,直接发生的研发人员工资、材料费,以及相关设备折旧费等。同时从事多项研究开发活动的,所发生的支出应当按照合理的标准在各项研究开发活动之间进行分配;无法合理分配的,应当计入当期损益。

陈先生:明白了。

王先生:而且无形资产还是有寿命的。

陈先生:如何确定无形资产的寿命呢?

王先生:企业确定无形资产的使用寿命,通常应考虑以下因素。

1. 运用该资产生产的产品通常的寿命周期、可获得的类似资产使用寿命的信息。

2. 技术、工艺等方面的现阶段情况及对未来发展趋势的估计。

3. 以该资产生产的产品或提供的服务的市场需求情况。

4. 现在或潜在的竞争者预期将采取的行动。

5. 为维持该资产带来经济利益能力的预期维护支出,以及企业预计支付有关支出的能力。

6. 对该资产控制期限的相关法律规定或类似限制,如特许使用期、租赁期等。

7. 与企业持有的其他资产使用寿命的关联性等。

陈先生：投资分析人员对无形资产应关注哪些方面呢？

王先生：我认为对于企业的无形资产，投资分析人员要关注它的收益性。

陈先生：怎么理解这句话？

王先生：一个项目是不是列为无形资产，可以由这个企业按照国家的相关规定自己决定。但是投资分析人员在分析被投资企业无形资产时，一定要评价这个无形资产能不能为企业带来收益，为企业带来的收益是否远远低于企业投入研发的成本。

如果这项无形资产可以为企业带来巨大的收益，投资分析人员就可以确认它的价值。

如果这项无形资产不能为企业带来巨大的收益，或者带来的收益远远低于企业投入的研发成本，投资分析人员就不能确认它的价值，或者不能完全确认它的价值。

比如，一个企业研究了许多技术，也申请了国家专利，甚至是国外的专利。企业根据所投入的研发费用记入了无形资产。但是，如果这些专利技术不能给企业带来巨额利益，或者所带来的利益远远低于研发投入，那么投资分析人员在分析企业的无形资产时，就应当将这些研发投入费用化，而不应当将这些研发投入记在无形资产上。

陈先生：我明白了。

王先生：当然，对于有些企业，由于它的研究项目确实具有价值，项目研究成功后，可以给企业带来巨大的利益，那么这个项目就可以列为无形资产。比如，我们投资公司投资过的一个医药项目就是这种情况。

陈先生：说来听听。

王先生：这个医药项目是我们和中国军事科学院一起合作的项目。当时该院研究的抗抑郁症新药属于2类新药，已经完成临床试验，处于待生产阶段。

陈先生：什么是2类新药？

王先生：我们国家将化学药品注册分为6类，包括：

1. 未在国内外上市销售的药品：

(1)通过合成或者半合成的方法制得的原料药及其制剂；

(2)天然物质中提取或者通过发酵提取的新的有效单体及其制剂;

(3)用拆分或者合成等方法制得的已知药物中的光学异构体及其制剂;

(4)由已上市销售的多组份药物制备为较少组份的药物;

(5)新的复方制剂。

2. 改变给药途径且尚未在国内外上市销售的制剂。

3. 已在国外上市销售但尚未在国内上市销售的药品:

(1)已在国外上市销售的原料药及其制剂;

(2)已在国外上市销售的复方制剂;

(3)改变给药途径并已在国外上市销售的制剂。

4. 改变已上市销售盐类药物的酸根、碱基(或者金属元素),但不改变其药理作用的原料药及其制剂 。

5. 改变国内已上市销售药品的剂型,但不改变给药途径的制剂。

6. 已有国家药品标准的原料药或者制剂。

陈先生:是级别很高的新药了。

王先生:是的。新药的级别越高,市场价值越大,尤其是在新药上市后,被列入国家医保报销范围内,它的市场价值就非常巨大了。

陈先生:我国新药研究分几阶段呢?

王先生:在我国,一种新药从立项到上市大体分为6个阶段,包括立项→临床前研究→CDE待批临床→临床试验→CDE待批生产→批文生产转移。

陈先生:能具体说一说吗?

王先生:这就涉及到无形资产评估了,简单地说一说吧。

1. 立项。简单地说,在确定开发某品种前,需要进行一系列市场调研工作,通过对市场、流行病学、技术、疗效和安全、知识产权、成品成本、国家政策、企业自身条件等方面的考察,来确定研发品种或治疗某类疾病药物上市后的市场潜力,从而选择适合公司的品种。一般需要几个月时间来立项。立项决定了该品种的将来市场,因此立项至关重要。

2. 临床前研究。

(1)新药临床前研究的内容包括制备工艺(中药制剂包括原药材的来源、

整理加工及炮制)、理化性质、纯度、检验方法、处方筛选、剂型、稳定性、质量标准、药理、毒理、动物药代动力学等研究。

(2)中药材制剂还应包括来源、生态环境、栽培(养殖)技术、采收处理、加工炮制等研究。生物制品还包括菌毒种、细胞株、生物组织等起始材料的质量标准、保存条件、稳定性及免疫学的研究等。

(3)从事新药安全性研究的实验室应符合国家药品监督管理局《药品非临床研究质量管理规范》(GLP)的要求。

一般品种的研发流程如下:小试产品→药效筛选→制备工艺优化数据→质量标准→中试放大→药理毒理→药剂工艺→稳定性实验→资料整理报批由于这个过程需要稳定性试验,即使最简单的品种,一般也需要9个月的研究过程,因此基本都需要12个月到24个月的时间研究。该阶段可能影响时间的关键在于合成原料的工艺摸索或制剂处方摸索是否顺利。临床前研发,一定要研究透彻,不仅利于申报后尽可能少的发补资料甚至不发补,尽快获批,更有利于将来获批后顺利生产上市。

3. CDE待批临床。根据药品注册管理办法相关规定,省局30日内完成资料的形式审查,注册现场核查等,但可能由于补充资料等事宜,往往时间会超过30天。

4. 新药临床试验。药物临床试验是指任何在人体(病人或健康志愿者)进行的药物的系统性研究,以证实或发现试验药物的临床、药理和/或其他药效学方面的作用、不良反应和/或吸收、分布、代谢及排泄,目的是确定试验药物的安全性和有效性。药物临床试验一般分为I、II、III、IV期临床试验和药物生物等效性试验。

5. CDE待批生产。CDE审评结束后,送国家食品药品监督管理局审批,批准生产,获国药准字。

6. 生产批件的转移。主要是试生产,申报物价上市等。

陈先生:很漫长的一个过程。

王先生:是的。一个新药走完所有流程,大概要花7-8年的时间,还要投入巨大的人力财力并面临难以预估的风险,也只有有实力并有战略眼光的企业愿意投入到新药研发上。

陈先生:你们是怎样合作的呢?

王先生:还是我们出资金,军科院出技术。我们出资10000万元,军科院的抗抑郁症新药研制作为无形资产,经过评估,做价3000万元。新公司注册资本13000万元。

陈先生:无形资产怎么进行评估的呢?

王先生:无形资产评估就是根据特定目的,遵循公允、法定标准和规程,运用适当方法,对无形资产进行确认、计价和报告,为资产业务提供价值尺度的行为。

进行无形资产评估要坚持五项原则。

1. 独立性原则:有独立的评估资格,独立进行操作,独立承担民事责任。

2. 客观性原则:从实际出发,认真调查研究,符合企业被估资产的实际选用方法和标准。

3. 科学性原则:用资产评估基本原理指导操作,既符合国家规范,又符合国际惯例。

4. 资产核实原则:对委估资产做到不减评,不漏评。

5. 安全保密性原则:对知悉的技术秘密、经营秘密绝对保密。

陈先生:也就是说无形资产评估要聘请中介机构,也就是资产评估公司来进行操作。

王先生:是的。

陈先生:资产评估机构会用什么方法进行资产评估呢?

王先生:根据国家公布的评估准则要求,无形资产的评估有3种方法,包括成本法、市场价值法、收益法。

陈先生:能不能简单说一说。

王先生:大概来说是这样的。

1. 市场价值法。该法根据市场交易确定无形资产的价值,适用于专利、商标和版权等。

2. 收益法。此法是根据无形资产的经济利益或未来现金流量的现值计算无形资产价值。诸如商誉、特许代理等。

3. 成本法。该法是计算替代或重建某类无形资产所需的成本。适用于那些能被替代的无形资产的价值计算,也可估算因无形资产使生产成本下降,原材料消耗减少或价格降低,浪费减少和更有效利用设备等所带来的经济收益,从而评估出这部分无形资产的价值。

陈先生:和其他资产评估一样,无形资产评估后,资产评估机构最后出具资产评估报告吗?

王先生:是的。下面就是一家公司委托资产评估机构进行资产评估后,出具的无形资产评估报告。

×××研究所

拟投资抗抑郁症新药专有技术项目

资产评估报告摘要

××评报字(2012)第85号

××研究所:

北京××资产评估有限公司接受贵所的委托,根据有关法律、法规和资产评估准则、资产评估公认原则,按照必要的评估程序执行评估业务,采用市场法及收益法,对贵所投资的抗抑郁症新药专有技术在2011年12月31日的市场价值作出了公允反映。现将资产评估情况报告如下。

一、评估目的

××所拟投资抗抑郁症新药专有技术,本次对所涉及的无形资产价值进行评估。

二、评估对象

××所拥有的抗抑郁症新药专有技术。

三、评估范围

委估抗抑郁症新药专有技术的所有权属于××所,目前属于研发状态,预计于2012年12月底完完成临床研究,该药属于国家2类注册药。

四、价值类型

本次评估价值类型为市场价值,即上述专有技术在权属完整、清晰条件下的市场价值。

五、评估基准日

2011年12月31日。

六、评估方法

本次采用市场法及收益法对专有技术价值进行评估。

七、评估结论

在持续研究的前提下,委估抗抑郁症新药专有技术基准日2011年12月31日采用市场法及收益法评估的市场价值为3000万元。

八、有关说明

我们特别强调:本评估意见仅为委托方拟投资专有技术之目的服务,不能作为其他用途的定价依据。

根据委托协议的约定,本报告及其结论仅用于本报告所设定的目的而不能用于其他目的。

根据国家的有关规定,本评估报告使用的有效期限为1年,自评估基准日2011年12月31日起,至2012年12月30日止。

以上内容摘自评估报告正文,欲了解本评估项目的全面情况和合理理解评估结论,请报告使用者在征得评估报告书所有者许可后,认真阅读资产评估报告书全文,并请关注特别事项说明部分的内容。

陈先生:你们就是以评估报告上所列示的金额确定无形资产价格的吗?

王先生:数值是一样的,但是也是经过谈判的。

陈先生:为什么要经过谈判呢?

王先生:对于一项资产,它的价值到底是多少,并没有一个统一的标准,最终还是要靠交易双方谈判来确定。虽然有评估公司出具的资产评估报告,但是这只是提供了一个理论上的价格,可以说是一个参考值。投资人切不可全盘接受,而应该根据自己的判断,提出自己的数值。经过与评估公司和合伙人的沟通、妥协、让步,最终取得双方满意的结果。

陈先生:如何根据自己的判断提出自己的数值呢?

王先生:举一个例子。当时我们投资公司要收购东北某市的燃气公司。投资公司派出了一个由三个小组组成的收购班子,包括技术组、法务组和财务组。我负责财务组,就是带着会计师事务所和评估公司对燃气公司的资产进行审计和评估。技术组由投资公司的工程师组成,主要负责对燃气公司的市场和设备情况进行评估。法务组由律师和人力资源方面的人员组成,主要负责对燃气公司的法律问题和员工的劳动合同、社保等问题进行评估。

陈先生:一个很完备的工作班子。

王先生:是的。我们开展了近两个月的尽职调查,最后形成了一个调查报告。报告由四部分组成,包括市场部分、技术部分、法律部分和财务部分。四部分分头由技术组、法务组和财务组撰写。报告完成后,上报投资公司领导讨论。经过讨论,大家认为从市场、技术和法律来看,收购燃气公司是非常可行的。但是从财务收益来判断,收购燃气公司是不合算的,所以最后投资公司否决了收购购燃气公司这个项目。

陈先生:忙碌了半天,就是因为财务通不过而放弃了。

王先生:是的。从这里可以看出,技术分析是回答项目能不能做,法律分析要回答可不可以做,而财务分析是要回答做不做。可以说,财务问题是影响投资活动的最关键因素。

陈先生:这是肯定的,投资的最终目的是为了赚钱啊。

王先生:回到上面讨论的话题。投资财务分析就是要回答投资一定资金后,回报率到底是多少。比如,在合资制药公司的例子中,无形资产最终确定的价格,是要影响到我们的投资总额的。合作方的无形资产定价越高,我们投入的资金就越多。而将来合资公司的收益水平是一定的,总投资越高,回报率就越低。根据我们的经验,静态回报率小于15%的股权投资项目,风险就很高了。可以说,15%的收益率是一个投资底线。而对上市公司投资来说,回报率低于6.25%的项目,风险也是非常高的。这一点在做最后的投资决策时,不能不慎重地考虑。

陈先生:怎么理解这两个比例率呢?

王先生:比如,一个未上市的企业,它的资本是5000万元,稳定的净利润是

2000万元，这样，企业的每股收益是0.4元/股。如果我们要收购企业30%的股权，那么我们在确认企业的股权价值时，市盈率不要超过6.66倍。这样，企业的股价=0.4元/股×6.66=2.64元/股。

陈先生：为什么是6.66倍市盈率呢？

王先生：因为你以6.66倍市盈率来进行投资，那么你所得到的回报率将达到15%=1/6.66。

还是这个例子，假如这个企业是上市公司，那么我们在确认企业的股权价值时市盈率不要超过16倍。这样，企业的股价=0.4元/股×16=6.4元/股。

这样，你的投资回报率就是6.25%=1/16。

陈先生：为什么投资上市公司和投资未上市公司，要求的投资回报率是不同的？

王先生：因为上市公司的股票流通性是非常强的，如果投资者想变现，非常方便，风险就比较低，要求的回报率就可以低一些。而非上市公司的股权流通性非常差，如果投资者想变现时，就很不方便，风险就很高了，要求的回报率就应当高一些。

陈先生：你们公司投资的这个制药项目最后怎么样了？

王先生：还是非常成功的。四年后，这个新公司到香港创业板上市了。

陈先生：真是很不容易。无形资产已经说的比较多了，资产类项目最后是固定资产。

王先生：先说一说固定资产的定义。固定资产是指同时具有下列特征的有形资产。

1. 为生产商品提供劳务出租或经营管理而持有的；

2. 使用寿命超过一个会计年度。

包括房屋、建筑物、机器、机械、运输工具以及其他与生产经营活动有关的设备、器具、工具等。

陈先生：对于固定资产，你认为投资分析人员应该关注哪些内容呢？

王先生：我觉得要关注四个方面的问题。第一是固定资产占总资产的比重；第二是固定资产的质量，也可以说是新旧程度；第三是固定资产的折旧年限;第四是权属状况。

陈先生:为什么要关注固定资产占总资产的比重呢?

王先生:固定资产占总资产的比重是指固定资产净值除以总资产。关注这个指标的主要目的,是要分析企业的经营主要是依靠什么资产来支撑的。

比如,有些企业的经营主要是靠存货的周转,这种企业主要是以商贸企业为主,企业的资产主要是存货。当然,房地产开发企业由于所建造的房子在未实现销售之前都要归集到存货科目中,所以它的存货量也非常大。

还有的企业,它的无形资产占很大的比重。这种企业以高科技研发为主,属于技术性公司。

还有的企业固定资产占很大的比重。这种企业主要是以传统的工业生产型企业居多。比如化工企业、钢铁企业、汽车制造业、航空业等。这些企业资产投入非常巨大,属于资本密集型企业。

陈先生:为什么要做这样的区分呢?

王先生:从投资人来说,固定资产比重过大的企业,利润率一般是比较低的。巴菲特先生不主张投资这种企业。当然,也不能绝对地这么理解。巴菲特先生投资过传统企业中石油,就大赚了一把。但是一般来说,固定资产过大的企业,都属于周期性企业。对于投资成长股的人来说,应该避免投资周期性的企业股票。

陈先生:为什么成长股的投资人应该避免投资周期性的企业股票呢?

王先生:成长股的投资人是希望企业的经营业绩能有一个持续的增长,这样长期持有后,可以获得巨大的投资回报。而周期性企业,它的业绩是呈现出高—低—高—低的周期性。它的业绩增长潜力已到顶部了,股票价格也会呈现出高—低—高—低的周期性。所以投资人长期持有这种企业的股票,投资回报就像坐过山车一样,起伏剧烈,往往最终又回到了原点。比较典型的是钢铁生产企业和房地产开发企业。

陈先生:房地产开发企业在中国现阶段是效益非常好的企业,为什么不能长期投资呢?

王先生:在中国现阶段,房地产开发企业的效益确实非常好,但是这种情况是不可持续的。房地产行业是典型的周期行业,长期持有房地产开发企业的股票不会得到较高的回报。

如果一些房地产企业经营得非常好,投资人投资这些企业时,最好以价值投资为主要操作方式。就是说,在企业股票价格很低时买入,在企业股票价格很高时卖出,这样既取得了收益,又控制住了风险。

比如金融街这支股票,在开发完西城区的金融街后,金融街这个企业一直试图扩大在全国范围内的开发业务,但是能再找到北京这么大,并且成片的土地开发项目已经不太容易了。当然,不能排除今后这个企业还会有更大的发展,但是对投资人来说,把它列为价值型投资企业,比成长股企业风险会更低一点。

陈先生:不是不能投资金融街,而是应该换一个更合适的方式来投资。

王先生:是的。

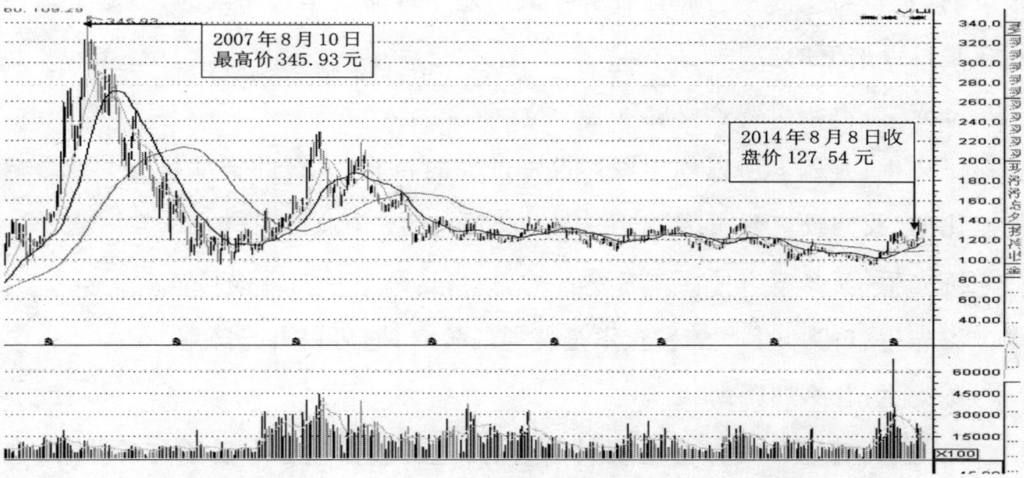

图3-1 金融街2007-2014年股票价格走势周K线图(复权后价格)

陈先生:钢铁生产企业也不能按成长股投资的方式投资吗?

王先生:是的。如果你有兴趣,可以看一下河北钢铁、宝钢股份、鞍钢股份这些企业的股价走势图,就理解我所说的了。

陈先生:汽车制造企业也属于周期性企业吗?

王先生:是的。现阶段,中国的汽车制造业还处于发展阶段,不像钢铁生产企业已处于顶峰。持有经营状况好的汽车制造企业股票会有不错的收益,但是我认为,最安全的方法还是按价值投资型企业来投资,就是当企业4年平均市盈率在7倍以下时买入,当企业4年平均市盈率高于16倍时卖出,而不要长期持有股票。

陈先生:我明白了。

王先生:固定资产占总资产比重过大的企业,将使投资人的资金大部分消耗在了固定资产的购置、维护上。虽然需要大规模购置固定资产这种情况本身,使企业具有了一种垄断性,排除了其他企业的进入,但是这种企业的利润率往往是很低的。比如,有人购买了大量的大型塔吊设备,用于向建筑施工企业出租,这种出租收益只是一种资产租赁收入,同房屋出租本质上是一样的,可以说,比自有房产出租还要差一些。

陈先生:为什么呢?

王先生:因为大型塔吊设备是有使用寿命的,它到一定的期限是要被强制报废的,价值将变为零。而自有房屋虽然使用寿命也是有期限的,但是土地使用权是可以增值的。

陈先生:汽车租赁企业也有这个特点。

王先生:是的。所以固定资产投资过大的企业,投资回报率是会受到影响的。比如,我们投资公司接触过一个生产餐盒的F企业。

陈先生:就是盛方便面或者熟食的餐盒,这种项目能赚钱吗?

王先生:F企业生产的餐盒不是普通的餐盒,它可以自行降解。

陈先生:什么叫降解?

王先生:普通的餐盒是由塑料制成的,这种餐盒被丢弃后不容易分解,会在土地上存留很长时间,很难分解,这样长时间的累积就会形成白色污染。国家为了治理白色污染,就出台了相关政策,鼓励生产可以迅速分解的餐盒,这种可以迅速分解的餐盒就属于环保餐盒。

陈先生:F公司生产的环保餐盒和普通餐盒在材质上有什么不同呢?

王先生:F公司生产的环保餐盒是由纸制成的,用完后可以迅速分解,所以没有污染。

陈先生:明白了。

王先生:F企业的主要生产基地在福建,它想扩大在北方的生产规模,想在北京建新的生产基地,就找到了我们投资公司,商量合作建厂生产的事宜。同F公司接触后,我们来到了它在福建的生产基地,参观了它的生产设备、厂房和生产情况。

陈先生:情况怎么样呢?

王先生:感觉还是很不错的,是一个踏踏实实做实业的企业。F企业是私营企业,老板姓董,50多岁,是福建泉州人,参过军,复员后在家乡搞企业,搞成功了。董老板人很正直,很有责任感,也很努力,一直想把企业做大。F企业的厂房很大,在开发区,环境很好。餐盒生产是压模的方式,就是纸浆注到压模机中,定型,然后经过高温蒸汽加热后成型。是流水线生产,20多秒钟就可以出一个产品。产品出来后,上传送带,进入包装车间包装成箱,再送到仓库里。我们到仓库参观了一下,整箱的餐盒摞得高高的,满满地挤在仓库里。

陈先生:很好的生产方式。后来你们投资了吗?

王先生:没有。

陈先生:为什么?

王先生:在完成实地考察后,我们回到了北京,进行了财务测算,发现这个项目不太适合我们投资公司进行投资。

陈先生:为什么呢?

王先生:我们是这样测算的,该项目需要设备投资3000万元,如果按15年进行折旧,则每年折旧费用是200万元(不计算残值);项目需要生产场地,我们采取租赁的方式,每年租金130万元;进行生产需要水、电等能源支出,每年350万元;需要人工费用支出,每年240万元;纸浆等原料费用,0.02元/个。

我们计算了现金流平衡点和盈亏平衡点。

陈先生:什么是现金流平衡点?

王先生:所谓现金流平衡点是指在保证资金支出的情况下,应生产和销售产品的数量。

陈先生:为什么要计算这个指标呢?

王先生:建设一个项目,一定要知道它在什么情况下能实现资金的平衡,也就是在不提折旧的情况下,可以自己养活自己。

陈先生:你们是如何计算餐盒项目的现金流平衡点的呢?

王先生:我们是这样计算的。

表3-1 现金流平衡表 (单位:万元)

现金支出项目	金额
厂房租金	130
能源支出	350
人工费用	240
支出合计	720
销售单价	0.20元/个
原料单位成本	0.02元/个
单位售价	0.18元/个
资金平衡点销售数量	4000万个

也就是说,达到收支平衡的餐盒销售数量是4000万个/年。

我们又计算了盈亏平衡点。

表3-2 盈亏平衡表 (单位:万元)

现金支出项目	金额
厂房租金	130
能源支出	350
人工费用	240
年折旧额	200
成本合计	920
销售单价	0.20元/个
原料单位成本	0.02元/个
单位售价	0.18元/个
资金平衡点销售数量	5111万个

也就是说,达到盈亏平衡的餐盒销售数量是5111万个/年。

陈先生:销售真是不少啊!

王先生:确实不少。因为固定资产投资过大,为了能达到盈亏平衡点,必须加大产品的销售量。但是当时的市场环境并不利于环保餐盒销售，环保餐盒的价格远高于普通餐盒，虽然国家出台了鼓励环保餐盒的政策，但是对普通餐盒并没有太多的限制，所以环保餐盒无法与普通餐盒竞争。这样公司也就无法保证一年5000万个环保餐盒的销售量，所以我们最后决定不投资这个项目。

陈先生：看来计算平衡点对投资项目来说是一个非常重要的工作。

王先生：是的。计算平衡点可以为投资决策提供有价值的参考。举一个例子，在2005年时，我们投资公司成立了一个GPS调度中心，用于监测出租车汽车，同时给出租车加装GPS系统。

陈先生：出租车为什么要加装GPS系统呢？

王先生：以前出租车为了保障司机的安全，都在驾驶员周围加装铁栏杆。

陈先生：看起来司机像被关起来一样。

王先生：是的，这种方式很不方便。为了规范出租车司机的安全装置，市交通局出台了政策，取消这种安装铁栏杆的方法，改由给出租车加装GPS报警、定位系统，并允许成立调度中心。这样就能时时地监测到出租车的位置，如果发生抢劫出租车的事件，出租车司机就能及时报警，救援人员可以立刻知道被抢出租车的位置，进行援助。

陈先生：很好的一个设备。

王先生：我们成立的调度中心，负责给出租车安装GPS装置，这样出租车就进入到我们调度中心的网络中。调度中心负责时时监控出租车，如果有出租车报警，调度中心会立刻报告110，进行援助。

陈先生：调度中心靠什么运营呢？

王先生：安装了GPS系统的出租车每年要向调度中心上交720元的费用，调度中心就靠这个服务费运营。

陈先生：这些钱够调度中心运营吗？

王先生：在投资前，我们计算过，调度中心一年的运营费用是400万元。如果有6000辆出租车向调度中心上交服务费，调度中心就可以独立运营了。

陈先生：也就是说调度中心的现金流平衡点是加装6000辆出租车。

王先生：是的。当时市场上有6万辆出租车需要安装GPS装置。市交通委对成立调度中心持开放的态度，就是没有授予给某家公司专营权，大家都可以成立调度中心，所以市场上成立了许多GPS调度中心，这些调度中心都要抢出租车加入自己的网络系统。

陈先生：这是一个完全的市场竞争状态。

王先生：是的，决定一个调度中心能否生存下来的关键是它能不能安装6000辆出租车，使其加入到自己的网络中来，每年给自己上交服务费。我们把计算的结果告诉了调度中心，要他们不惜代价，全力争夺出租车的GPS系统安装。调度中心采纳了我们的建议，运用各种方法，增加出租车的入网数量。在不到一年的时间里，就使7000辆出租车安装了我们的GPS系统，并入网到我们的调度中心来，使我们的调度中心监测出租车的规模，达到了全市调度中心前三名的位置。

陈先生：后来怎么样了？

王先生：过了两年，一些小的调度中心由于出租车入网数量达不到6000辆，司机们交的服务费不足以支撑调度中心的运营开支，纷纷关闭了。这部分出租车用户就被前三名的调度中心瓜分了，最后我们的调度中心出租车入网户达到了2.2万户，与另外两家调度中心形成了三足鼎立的局面。

陈先生：这是非常好的一步棋。

王先生：现在咱们说一说第二点应当注意的，也就是固定资产的质量，也可以说是新旧程度。

陈先生：成新率是不是指的这个问题？

王先生：可以这么说。成新率这个词基本上是在资产评估中运用得比较多。

成新率=[设备尚可使用年限/(设备尚可使用年限+设备已使用年限)]×100%；=[(设备总使用年限－设备已使用年限)/设备总使用年限]×100%

比如，一部电梯的设计使用年限是30年，现已运行了8年，则电梯的成新率=(30-8)/30=73%。

这个公式是在计算资产评估值时所用到的成新率。

还有一种是会计方法上讲的固定资产成新率，就是企业当期平均固定资产净值与固定资产原值的比率。

固定资产成新率=当期平均固定资产净值/固定资产原值

比如，一个企业年初固定资产净值是35亿元，年末固定资产净值是40亿元，固定资产原值是60亿元。

则固定资产成新率=（40+35）/2/60=62.5%

这个比率反映了企业所拥有的固定资产的新旧程度。

陈先生：投资分析人员在进行固定资产分析时，到底要用哪个公式呢？

王先生：都可以用。在评价单项固定资产时，可以用成新率这个公式，包括房屋建筑物、设备、车辆等。

在评价企业总的固定资产成新率时，可以用第二个公式，这样就知道企业固定资产的总的新旧状况。

陈先生：为什么要评价企业固定资产的新旧状况呢？

王先生：主要目的是了解企业固定资产的新旧情况，以此来判断企业固定资产的维护成本和固定资产更新费用。

大家知道，如果一个企业的固定资产是新购置的，那么它的维护成本就很低；如果一个企业的固定资产是已经使用很长时间了，那么它的维护成本就会很高；如果一个企业的固定资产已接近报废年限了，那么你在预测总投资额时，就必须考虑设备的更新成本。

陈先生：是这样。

王先生：重要的是，一个投资分析人员在进行企业调查时，必须对该企业的设备进行实地观察，有一个感性的认识。

设备是全新的企业，或者设备管理非常好的企业，总是给人以生机勃勃的感觉。相反，设备是非常老旧的企业，或者设备管理非常差的企业，给人的感觉是毫无生气的。

一个企业管理得是否到位，其中设备管理是很重要的一个方面。设备很干净、整洁，运行很平稳，这都说明企业经营是正常的，也是很安全的。

相反，一个企业生产场地非常混乱，设备陈旧，这种企业在管理上肯定存在问题，甚至于生产安全都得不到保证，总有一天会出事故。投资这样的企业,是要受到损失的。

陈先生:是这样。投资人不能仅仅看企业的报表,或者听管理层的汇报,而是应该到企业现场进行实地的考察,以判断企业实际的经营情况和管理水平。

王先生:我在石化集团工作时,集团一个下属化工厂的刘厂长,他每天上班的第一件事就是到各车间走一走,到各种生产装置上看一看,与技术人员、工人、车间干部聊一聊。9点半后,回到办公室开会。他了解的情况比一般人都多,这样管理企业,就不会乱,有生产或者安全上的问题,就能及时、准确地进行处理,所以大家都非常敬佩他。

陈先生:是一个优秀的管理者。

王先生:现在市场上有许多管理大师的著作,教人们如何进行企业的战略管理,也不知道这些大师们有多少是亲身在企业工作过的。其实企业管理的实质很简单,就是四个字"知已知彼"。

陈先生:怎么跟打仗一样啊?

王先生:《孙子兵法》是一部伟大的军事著作,它教人们如何打赢战争,其最核心的思想就是"知已知彼,百战不殆",至于"上兵伐谋"、"不战而屈人之兵"等,都是原则而已。如果想打胜仗,还是要靠"知已知彼"。

"知已"就是对自己部队的装备情况、人员情况、分布情况有充分的掌握和了解;"知彼"是对对手的装备情况、人员情况、分布情况有充分的掌握和了解。一个军事指挥员的功夫就在这里。

企业管理也是一样。"知彼"就是对市场情况、对手的情况、环境情况的了解;"知已"就是对自己企业的设备情况、人员情况、生产情况的了解。

打仗时,做到了"知已知彼",你就会找出克敌至胜的方法。在企业经营中,做到了"知已知彼",你就会使企业处于不败之地。

陈先生:说得有道理。咱们现在说第三个问题,固定资产的折旧年限。据我所知,国家对固定资产的折旧期限是有规定的。

王先生:是的。根据《中华人民共和国企业所得税法实施条例》第六十条的规定,"除国务院财政、税务主管部门另有规定外,固定资产计算折旧的最低年限如下:

（一）房屋、建筑物，为20年；

（二）飞机、火车、轮船、机器、机械和其他生产设备，为10年；

（三）与生产经营活动有关的器具、工具、家具等，为5年；

（四）飞机、火车、轮船以外的运输工具，为4年；

（五）电子设备，为3年。”

陈先生：规定了最低期限，而没有规定最长期限。

王先生：是的。企业在计提固定资产折旧时，不能低于这个期限。

陈先生：为什么这么规定的呢？

王先生：主要是为了保证国家税收的需要，因为固定资产年折旧=固定资产净值/使用年限=（原值－残值）/使用年限。

使用年限越短，折旧额越大，这样计入的成本就越高，利润就越小，缴纳的所得税就越少；相反，使用年限越长，折旧额越小，这样计入的成本就越低，利润就越大，缴纳的所得税就越多。

国家为了保证能从企业征得所得税，规定了折旧的最低期限。

陈先生：既然国家有明确的规定，投资分析人员还要注意些什么呢？

王先生：效益好的企业，为了能尽快收回投资，愿意将折旧期限尽量缩短。而效益不好的企业，为了找到投资人投资，他们会将折旧期限尽量延长，这样企业的利润就会高一些。

比如，一个企业的固定资产原值20000万元，残值按5%计算是1000万元，净值是19000万元。

如果按10年期限计算年折旧额=19000/10=1900万元；

如果按20年期限计算年折旧额=19000/20=950万元。

陈先生：相差一倍。

王先生：是的，见下表。

表3-3 （单位：万元）

项目	折旧年限10年	折旧年限20年
一、销售收入	5000	5000
二、成本	2000	2000

（续表）

项目	折旧年限10年	折旧年限20年
三、折旧	1900	950
四、管理费用	800	800
五、销售费用	500	500
六、利润总额	-200	750
七、所得税(25%)	-50	188
八、净利润	-200	563

同样是销售5000万元，成本、管理费用、销售费用都相同，只是因为折旧年限的不同，按10年计提折旧的，净利润是200万元亏损；按20年计提折旧的，净利润是563万元盈利。

陈先生：确实不一样。

王先生：所以，投资分析人员在分析企业固定资产折旧时，要考虑折旧年限是否合理。如果不合理，就要重新调整折旧年限，重新计算企业的利润。

陈先生：是这样。现在说第四个问题——权属问题。

王先生：这个问题虽然放在最后讲，但并不意味着它不重要。正相反，资产的权属问题是非常重要的，只是由于这属于法律问题，放在最后讲。

陈先生：投资分析人员对权属问题主要关注什么呢？

王先生：主要是要关注企业固定资产的所有权是否完整，有无已被抵押的情况，被抵押的资产是否为别的企业进行贷款担保。

陈先生：请详细说一说。

王先生：现在如果要想取得银行贷款，企业必须找到担保。根据国家《担保法》的规定，担保方式分为保证、抵押、质押、留置和定金。而企业往往将固定资产，包括房产、设备或者车辆进行抵押，来取得银行的贷款，所以企业的固定资产往往是已被抵押了。如果企业用自己的资产为其他企业提供担保，情况就更复杂了。

陈先生：什么是抵押呢？

王先生：抵押是指债务人或者第三人不转移财产的占有，将该财产作为债权的担保。债务人不履行债务时，债权人有权依照规定以该财产折价或者以拍卖、变卖该财产的价款优先受偿。

债务人或者第三人为抵押人，债权人为抵押权人，提供担保的财产为抵押物。

陈先生：什么财产可以抵押呢？

王先生：下列财产可以抵押：

（一）抵押人所有的房屋和其他地上定着物；

（二）抵押人所有的机器、交通运输工具和其他财产；

（三）抵押人依法有权处分的国有的土地使用权、房屋和其他地上定着物；

（四）抵押人依法有权处分的国有的机器、交通运输工具和其他财产；

（五）抵押人依法承包并经发包方同意抵押的荒山、荒沟、荒丘、荒滩等荒地的土地使用权；

（六）依法可以抵押的其他财产。

抵押人可以将前款所列财产一并抵押。

而且《担保法》还规定，以依法取得的国有土地上的房屋抵押的，该房屋占用范围内的国有土地使用权同时抵押。

以出让方式取得的国有土地使用权抵押的，应当将抵押时该国有土地上的房屋同时抵押。

乡（镇）、村企业的土地使用权不得单独抵押。以乡（镇）、村企业的厂房等建筑物抵押的，其占用范围内的土地使用权同时抵押。

陈先生：什么财产不能抵押呢？

王先生：下列财产不得抵押：

（一）土地所有权；

（二）耕地、宅基地、自留地、自留山等集体所有的土地使用权；

（三）学校、幼儿园、医院等以公益为目的的事业单位、社会团体的教育设施、医疗卫生设施和其他社会公益设施；

（四）所有权、使用权不明或者有争议的财产；

（五）依法被查封、扣押、监管的财产；

（六）依法不得抵押的其他财产。

陈先生：抵押要签定合同吗？

王先生：抵押人和抵押权人应当以书面形式订立抵押合同。抵押合同应当包括以下内容：

（一）被担保的主债权种类、数额；

（二）债务人履行债务的期限；

（三）抵押物的名称、数量、质量、状况、所在地、所有权权属或者使用权权属；

（四）抵押担保的范围；

（五）当事人认为需要约定的其他事项。

抵押合同不完全具备前款规定内容的，可以补正。

陈先生：抵押资产需要办理什么手续呢？

王先生：当事人财产抵押，应当办理抵押物登记，抵押合同自登记之日起生效。

办理抵押物登记的部门如下：

（一）以无地上定着物的土地使用权抵押的，为核发土地使用权证书的土地管理部门；

（二）以城市房地产或者乡（镇）、村企业的厂房等建筑物抵押的，为县级以上地方人民政府规定的部门；

（三）以林木抵押的，为县级以上林木主管部门；

（四）以航空器、船舶、车辆抵押的，为运输工具的登记部门；

（五）以企业的设备和其他动产抵押的，为财产所在地的工商行政管理部门。

除上述财产进行抵押的，可以自愿办理抵押物登记，抵押合同自签订之日起生效。

陈先生：必须办理抵押登记吗？

王先生：当事人未办理抵押物登记的，不得对抗第三人。当事人办理抵押物登记的，登记部门为抵押人所在地的公证部门。

陈先生:办理抵押物登记应当交什么材料呢?

王先生:办理抵押物登记,应当向登记部门提供下列文件或者其复印件:

(一)主合同和抵押合同;

(二)抵押物的所有权或者使用权证书。

陈先生:抵押的范围是什么呢?

王先生:抵押担保的范围包括主债权及利息、违约金、损害赔偿金和实现抵押权的费用。抵押合同另有约定的,按照约定。

债务履行期届满,债务人不履行债务致使抵押物被人民法院依法扣押的,自扣押之日起抵押权人有权收取由抵押物分离的天然孳息以及抵押人就抵押物可以收取的法定孳息。抵押权人未将扣押抵押物的事实通知应当清偿法定孳息的义务人的,抵押权的效力不及于该孳息。

前款孳息应当先充抵收取孳息的费用。

陈先生:债权人如果实施抵押权?

王先生:债务履行期届满抵押权人未受清偿的,可以与抵押人协议以抵押物折价或者以拍卖、变卖该抵押物所得的价款受偿;协议不成的,抵押权人可以向人民法院提起诉讼。

抵押物折价或者拍卖、变卖后,其价款超过债权数额的部分归抵押人所有,不足部分由债务人清偿。

陈先生:一个财产多个抵押的怎么办呢?

王先生:同一财产向两个以上债权人抵押的,拍卖、变卖抵押物所得的价款按照以下规定清偿:

(一)抵押合同已登记生效的,按照抵押物登记的先后顺序清偿;顺序相同的,按照债权比例清偿;

(二)抵押合同自签订之日起生效的,该抵押物已登记的,按照本条第(一)项规定清偿;未登记的,按照合同生效时间的先后顺序清偿,顺序相同的,按照债权比例清偿。抵押物已登记的先于未登记的受偿。

对于特殊的抵押事项,《担保法》还作了规定,比如,城市房地产抵押合同签订后,土地上新增的房屋不属于抵押物。需要拍卖该抵押的房地产时,可以依法将该土地上新增的房屋与抵押物一同拍卖，但对拍卖新增房屋所得，抵押权人无权优先受偿。

以承包的荒地的土地使用权抵押的，或者以乡（镇）、村企业的厂房等建筑物占用范围内的土地使用权抵押的，在实现抵押权后，未经法定程序不得改变土地集体所有和土地用途。

拍卖划拨的国有土地使用权所得的价款，在依法缴纳相当于应缴纳的土地使用权出让金的款额后，抵押权人有优先受偿权。

为债务人抵押担保的第三人，在抵押权人实现抵押权后，有权向债务人追偿。

抵押权因抵押物灭失而消灭。因灭失所得的赔偿金，应当作为抵押财产。

陈先生：这是很严格的规定。在投资活动中，这种情况会遇到吗？

王先生：这种情况在现实生活中经常发生。举一个例子。当时我们投资公司和一个民营企业合资成立了一个房地产开发公司，对开发区的一块土地进行开发。我们公司出资6000万元，民营企业段老板以土地使用权评估做价8000万元出资，合资成立了G公司，建设4万平方米的办公楼。G公司董事长由段老板担任，我们公司派财务总监和副总经理。

陈先生：你们是小股东了。

王先生：是的。主要是我们出资占比较小，所以G公司的法定代表人由段老板担任，这也为日后的经营埋下了隐患。

陈先生：出了什么事？

王先生：办公楼建设得比较顺利，三年后工程就竣工了。G公司边招商出租，边办理房产证。

陈先生：房产证没下来可以出租吗？

王先生：偷着做。因为段老板缺钱，他要急着回收资金。在办理房产证时，段老板做了手脚。

陈先生：他干了什么事？

王先生：因为他是G公司的法定代表人，所以办理房产证的相关法律文件都是由他签署。在办理房产证时，段老板背着我们，授意办事人员将办公楼的所有权人写上了他自己的名字。

陈先生:办公楼是由G公司开发的,而G公司是由你们两家股东出资的,办公楼的所有权应当归你们所有。段老板这么做是违法的行为。

王先生:是的。更过分的是,段老板的另一个企业经营得很困难,需要经营资金,他就用这个办公楼进行抵押,为那一家企业作担保,向银行贷款。

陈先生:你们发现了吗?

王先生:很巧的是,段老板要贷款的银行支行行长是我们派到G公司的财务总监的同学,她向财务总监了解企业情况,说起了办公楼被抵押的事。财务总监感到问题的严重,马上把情况向投资公司进行了报告,这件事终于暴露了。

陈先生:你们怎么办呢?

王先生:我们向段老板摊牌,要求他将办公楼房产证上他的名字换回到G公司来,并且立刻撤销办公楼的抵押,否则我们将向法院报案,控告他贪污。

陈先生:他这样做了吗?

王先生:他只得同意这样做了。

陈先生:真够危险的。那么投资人员如何防范这种情况呢?

王先生:投资人员在进行财务和法律尽职调查时,一定要查看企业的资产证书原件,包括房产证、车辆登记证等,并且要到登记部门进行核实,以确认资产的真正所有者和有无抵押事宜。如有必要,应当让企业股东出具承诺书,保证没有未出示的抵押、担保事项。

当然,这样做并不是禁止企业进行抵押担保贷款。为了正常的企业经营需要,在风险可控的情况下,允许企业进行抵押贷款。投资人员要关注的是高风险的抵押担保,和企业股东故意隐藏的抵押担保,因为这样做会使投资风险处于不可控状态。

第四章　负债权益分析

本章主要内容：

1. 税费
2. 混合销售
3. 软件企业
4. 代价
5. 末尾淘汰制
6. 应付款
7. 借款
8. 毛利
9. 现金流

陈先生：咱们资产方面说了很多了，现在可以说一说负债方面的问题了。

王先生：好，先说一说应交税金这个科目吧。

陈先生：也就是企业所缴的税费，包括哪些方面呢？

王先生：应交税金是指企业应交未交的各项税金，如增值税、消费税、营业税、所得税、资源税、土地增值税、城市维护建设税、个人所得税等。

这些税费按征税对象的不同大体可分为以下5类。

1. 对流转额的征税。

对流转额的征税简称流转税，或商品和劳务税。它是对销售商品或提供劳务的流转额征收的一类税收。我国当前开征的流转税主要有增值税、消费税、营业税和关税。

2. 对所得额的征税。

对所得额的征税简称所得税。我国当前开征的所得税主要有企业所得税、个人所得税。

3. 对资源的征税。

对资源的征税是对开发、利用和占有国有自然资源的单位和个人征收的一类税。我国对资源的征税主要有城镇土地使用税、耕地占用税、资源税、土地增值税。

4. 对财产的征税。

对财产的征税是对纳税人所拥有或属其支配的财产数量或价值额征收的税。我国对财产的征税主要有房产税、契税、车辆购置税、车船使用税。

5. 对行为的征税。

对行为的征税也称行为税,它一般是指以某些特定行为为征税对象征收的一类税收。我国对行为的征税主要有印花税、城市维护建设税。

陈先生:对于企业的税费,投资分析人员应当关注什么问题呢?

王先生:我觉得应当关注企业能否正确、及时地上缴国家各项税费。

陈先生:你的这个观点和一般人有些不同,人们谈论最多的是如何合理避税。

王先生:我认为不存在什么合理避税。

陈先生:为什么呢?

王先生:国家关于税收方面的法律、法规和一些规章已经相当的完备了,在管理上也很成熟了,大的漏洞是没有的。当然,在具体的操作过程中,会有一些中间地带,企业和税务部门的认识可能不一致,但是这基本上是小问题,会找到一些解决的办法。企业该交的税一定要交,不该交的税也会有充分的理由,所以不存在所谓的避税问题。如果不该交的税,企业财务人员交了,只能说明他的业务能力差。该交的税,企业财务人员故意不交,这也不叫合理避税,也不能说财务人员精明。这样做是违法的,甚至是犯罪的,被税务机关查到后是要受到处罚的。

陈先生:据我所知,有的企业老板或者总经理不让财务人员交税,或者故意少交税。

王先生:这种企业是不值得投资的。企业高层连国家都敢欺骗,不怕受处罚,他还会对股东诚实吗?投资者不能把钱交给不诚信的人。

陈先生:是啊,从交税的态度上也可以看出一个人的品质。

王先生:是的。按时交税就是遵纪守法的具体表现。一个正派的企业家是不会故意偷、漏税的。一个企业连税都交不起,这种企业还值得人们去投资吗?企业不交税,不能看做是它的业绩。相反,对于投资人来说,偷、漏的税款,只能是一种负债,将来是要加倍偿还的,而且这种行为不知道将来会引起什么后果。

陈先生:是这样。

王先生:举一个例子。当时我们投资公司投资了一个做蓄电池的科技企业。科技企业的高管层都是外地人,来到北京后,在开发区注册并组建了这个企业。企业经营得还是很不错的,取得了高新技术企业资格。总经理沈总,由于是高科技人才,取得了落户北京的指标。公司人力资源部门抓紧给沈总办理落户手续,准备了很多资料上报到了市人事局。几天后,材料被人事局退了回来,一询问,得到的答复是沈总在北京缴纳的个人所得税不够规定的期限,差两个月。人力资源经理赶紧找到财务部,核对情况。财务部经理说这两个月的所得税确实没有给上,因为沈总为了使到手的钱多一点,不让上个人所得税。人力资源经理问财务部经理能不能补缴这部分税,财务部经理说不可能了,所以只能再等一年落户了。但是如果再等一年,沈总的年龄就超过了北京市落户的年龄限制,最后就错失这个宝贵的机会了。

陈先生:真是就差这两个月了,当初按规定交税就好了。

王先生:是的。财务经理又多次找地税局,将实际情况说明了,最后补缴了税款,沈总的户口终于办下来了。这真是给了沈总一个教训,以后他再不敢不缴税了。

陈先生:真够惊险的。

王先生:还有比这更惊险的。上世纪90年代末,网络经济泡沫非常严重。

我们投资公司也投资了两个软件公司，一个是做通讯软件的D公司，另一个是做地图软件的A公司。这两个公司都是由我们公司出资金，对方出技术。

D公司的管理团队是由美国回国的留学生组成，技术力量非常强，张总经理和技术总监都有自己的专利技术。由于在美国生活了很长时间，他们做事非常规范。在经营公司上，他们也非常遵守中国的法律，尤其是企业财务管理，总经理要求一定要按照国家的规定缴纳税款。

A公司的管理团队是从中关村电子市场打拼出来的。刘总经理不是学计算机专业的，他在大学是学哲学的。大学毕业后没有回家，留在北京，在中关村开了一家公司，倒卖电脑。后来发了财，和几个做软件的朋友一起成立了一家科技公司，做地图软件。由于是从市场竞争拼杀出来的人，刘总经理认为生存是第一位的。他的管理方式非常不规范，尤其是对企业应当交国家的税费，他是能偷就偷，并且认为这是一种本领。为了能多赚钱，他要求公司财务部门虚列员工的名字，为的是平均大家的工资，少交个人所得税。

陈先生：当时有许多企业这么做。

王先生：后来网络经济泡沫破裂，D公司和A公司都没有资金了，面临着生存的困难。

D公司找到一个外国科技公司，要求它收购D公司。外国公司在评估了D公司的技术水平后，请国际著名的会计师事务所对D公司财务进行审计。由于D公司财务管理一直都非常规范，最后外国的科技公司收购了D公司。

陈先生：D公司得救了。

王先生：是的。而A公司也找了许多投资公司来收购，或者对它进行注资。由于A公司的管理，尤其是财务管理非常不规范，所以没有公司敢收购它。最后，A公司关闭了。

陈先生：你们公司没受损失吧？

王先生：没有。我们投资公司在D公司上赚的钱，可以弥补在A公司上的损失。

陈先生：很不错。除个人所得税以外，企业一般在什么情况下会发生税费方面的错误呢？

王先生：一般的税费计算，财务人员不会犯错误，就是在一些模糊的地带，人们就容易出现差错。

比如，一个做DCS控制系统的公司，它既向化工企业销售产品，又要负责进行安装、调试，这就属于安装工程了，所以就属于混合销售行为。

陈先生：什么叫DCS控制系统？

王先生：DCS控制系统以微处理器为基础，采用控制功能分散、显示操作集中、兼顾分而自治和综合协调的设计原则的新一代仪表控制系统。主要应用在化工装置、发电系统等领域。人们通过DCS控制系统实现对生产装置的控制，使生产更加现代化。

DCS控制系统包括硬件和软件。研制、销售该系统的企业一般属于软件企业，适用增值税。软件企业将DCS系统销售给化工厂时，还要负责进行安装、调试，这就属于安装工程了，应适用于营业税。

陈先生：什么叫软件企业？

王先生：根据国家财政部《关于进一步鼓励软件产业和集成电路产业发展企业所得税政策的通知》（财税〔2012〕27号）中的规定，集成电路设计企业或符合条件的软件企业，是指以集成电路设计或软件产品开发为主营业务并同时符合下列条件的企业。

（一）2011年1月1日后依法在中国境内成立并经认定取得集成电路设计企业资质或软件企业资质的法人企业；

（二）签订劳动合同关系且具有大学专科以上学历的职工人数占企业当年月平均职工总人数的比例不低于40%，其中研究开发人员占企业当年月平均职工总数的比例不低于20%；

（三）拥有核心关键技术，并以此为基础开展经营活动，且当年度的研究开发费用总额占企业销售（营业）收入总额的比例不低于6%；其中，企业在中国境内发生的研究开发费用金额占研究开发费用总额的比例不低于60%；

（四）集成电路设计企业的集成电路设计销售（营业）收入占企业收入总额的比例不低于60%，其中集成电路自主设计销售（营业）收入占企业收入总额的比例不低于50%；软件企业的软件产品开发销售（营业）收入占企业收入总额的比例一般不低于50%(嵌入式软件产品和信息系统集成产品开发销售(营业)收入占企业收入总额的比例不低于40%),其中软件产品自主开发销售(营业)收入占企业收入总额的比例一般不低于40%(嵌入式软件产品和信息系统集成产品开发销售(营业)收入占企业收入总额的比例不低于30%);

(五)主营业务拥有自主知识产权,其中软件产品拥有省级软件产业主管部门认可的软件检测机构出具的检测证明材料和软件产业主管部门颁发的《软件产品登记证书》;

(六)具有保证设计产品质量的手段和能力,并建立符合集成电路或软件工程要求的质量管理体系并提供有效运行的过程文档记录;

(七)具有与集成电路设计或者软件开发相适应的生产经营场所、软硬件设施等开发环境(如EDA工具、合法的开发工具等),以及与所提供服务相关的技术支撑环境。

陈先生:软件企业有什么优惠政策吗?

王先生:根据《财政部、国家税务总局关于软件产品增值税政策的通知》(财税〔2011〕100号)和《关于鼓励软件产业和集成电路产业发展有关税收政策问题的通知》(财税〔2000〕25号)的有关规定,自2011年1月1日起对增值税一般纳税人销售其自行开发生产的软件产品,按17%的税率征收增值税后,对其增值税实际税负超过3%的部分实行即征即退政策。就是说:

1. 增值税一般纳税人销售其自行开发生产的软件产品,按17%税率征收增值税后,对其增值税实际税负超过3%的部分实行即征即退政策。

2. 增值税一般纳税人将进口软件产品进行本地化改造后对外销售,其销售的软件产品可享受增值税即征即退政策。本地化改造是指对进口软件产品进行重新设计、改进、转换等,单纯对进口软件产品进行汉字化处理不包括在内。

3. 纳税人受托开发软件产品,著作权属于受托方的征收增值税,著作权属于委托方或属于双方共同拥有的不征收增值税;对经过国家版权局注册登记,纳税人在销售时一并转让著作权、所有权的,不征收增值税。

陈先生:能享受到3%的税收优惠,比营业税5.5%还低啊!

王先生：是啊。但是DCS控制系统的公司属于混合销售行为，所以要进行合理的选择。

陈先生：什么叫混合销售行为？

王先生：一项销售行为如果既涉及货物又涉及非应税劳务（指属于营业税征税范围的劳务活动），即在同一项销售行为中既包括销售货物又包括提供非应税劳务，就是混合销售行为。

根据"增值税条例实施细则"第五条第一款规定，"除本细则第六条的规定外，从事货物的生产、批发或者零售的企业、企业性单位和个体工商户的混合销售行为，视为销售货物，应当缴纳增值税；其他单位和个人的混合销售行为，视为销售非增值税应税劳务，不缴纳增值税。"

根据"营业税条例实施细则"第六条第一款规定，"除本细则第七条的规定外，从事货物的生产、批发或者零售的企业、企业性单位和个体工商户的混合销售行为，视为销售货物，不缴纳营业税。"

所以，DCS企业的混合销售行为应缴纳增值税。

陈先生：这就要求企业财务人员要深入地了解增值税的相关规定。

王先生：是的。还比如，Z企业自有办公楼10万平方米，固定资产原值5亿元，已实现办公楼出租收入4500万元。如何缴纳房产税呢？

陈先生：房产税有两种计算方法，一个是从价计征，按房产原值的70%，乘上税率1.2%计算；另一种是从租计征，按出租收入的12%计算。

王先生：是这样。比如Z企业如果按从价计征来计算，应缴纳房产税额为50000万元×70%×1.2%=420万元；

Z企业如果按从租计征来计算，应缴纳房产税额为4500万元×12%=540万元；

两者相差为540万元－420万元=120万元。

陈先生：差距真是不少啊！

王先生：是啊，所以财务人员在进行税务计算时，一定要非常慎重。平时要多研究国家税务相关的法律、法规，出现新问题要及时向会计师事务所的审计人员咨询，也包括上网查询，和税务人员多交流、沟通。在确定无误后，再进行纳税申报，否则发生了错误，多缴了税款，再想从税务机关要回来，手续就很麻烦了。

陈先生:是这样。一般人不敢多接触税务人员,怕检查。

王先生:税务机关确实有权对企业进行税务检查,包括:

1. 检查纳税人的账簿、记账凭证、报表和有关资料,检查扣缴义务人代扣代缴、代收代缴税款账簿、记账凭证和有关资料;

2. 到纳税人的生产、经营场所和货物存放地检查纳税人应纳税的商品、货物或者其他财产,检查扣缴义务人与代扣代缴、代收代缴税款有关的经营情况;

3. 责成纳税人、扣缴义务人提供与纳税或者代扣代缴、代收代缴税款有关的文件、证明材料和有关资料;

4. 询问纳税人、扣缴义务人与纳税或者代扣代缴、代收代缴税款有关的问题和情况;

5. 到车站、码头、机场、邮政企业及其分支机构检查纳税人托运、邮寄应纳税商品、货物或者其他财产的有关单据、凭证和有关资料;

6. 经县以上税务局(分局)局长批准,凭全国统一格式的检查存款账户许可证明,查询从事生产、经营的纳税人、扣缴义务人在银行或者其他金融机构的存款账户。税务机关在调查税收违法案件时,经设区的市、自治州以上税务局(分局)局长批准,可以查询案件涉嫌人员的储蓄存款。税务机关查询所获得的资料,不得用于税收以外的用途。

而且税务机关对从事生产、经营的纳税人以前纳税期的纳税情况依法进行税务检查时,发现纳税人有逃避纳税义务行为,并有明显的转移、隐匿其应纳税的商品、货物以及其他财产或者应纳税的收入的迹象的,可以按照本法规定的批准权限采取税收保全措施或者强制执行措施。

纳税人、扣缴义务人必须接受税务机关依法进行的税务检查,如实反映情况,提供有关资料,不得拒绝、隐瞒。

税务机关依法进行税务检查时,有权向有关单位和个人调查纳税人、扣缴义务人和其他当事人与纳税或者代扣代缴、代收代缴税款有关的情况,有关单位和个人有义务向税务机关如实提供有关资料及证明材料。

陈先生:权力确实不小。

王先生:税务机关还有处罚权。纳税人有下列行为之一的,由税务机关责令限期改正,可以处两千元以下的罚款;情节严重的,处两千元以上一万元以下的罚款:

1. 未按照规定的期限申报办理税务登记、变更或者注销登记的;

2. 未按照规定设置、保管账簿或者保管记账凭证和有关资料的;

3. 未按照规定将财务、会计制度或者财务、会计处理办法和会计核算软件报送税务机关备查的;

4. 未按照规定将其全部银行账号向税务机关报告的;

5. 未按照规定安装、使用税控装置,或者损毁或者擅自改动税控装置的。

纳税人不办理税务登记的,由税务机关责令限期改正;逾期不改正的,经税务机关提请,由工商行政管理机关吊销其营业执照。

纳税人未按照规定使用税务登记证件,或者转借、涂改、损毁、买卖、伪造税务登记证件的,处两千元以上一万元以下的罚款;情节严重的,处一万元以上五万元以下的罚款。

扣缴义务人未按照规定设置、保管代扣代缴、代收代缴税款账簿或者保管代扣代缴、代收代缴税款记账凭证及有关资料的,由税务机关责令限期改正,可以处两千元以下的罚款;情节严重的,处两千元以上五千元以下的罚款。

纳税人未按照规定的期限办理纳税申报和报送纳税资料的,或者扣缴义务人未按照规定的期限向税务机关报送代扣代缴、代收代缴税款报告表和有关资料的,由税务机关责令限期改正,可以处两千元以下的罚款;情节严重的,可以处两千元以上一万元以下的罚款。

纳税人伪造、变造、隐匿、擅自销毁账簿、记账凭证,或者在账簿上多列支出或者不列、少列收入,或者经税务机关通知申报而拒不申报或者进行虚假的纳税申报,不缴或者少缴应纳税款的,是偷税。对纳税人偷税的,由税务机关追缴其不缴或者少缴的税款、滞纳金,并处不缴或者少缴的税款百分之五十以上五倍以下的罚款;构成犯罪的,依法追究刑事责任。

扣缴义务人采取前款所列手段,不缴或者少缴已扣、已收税款,由税务机关追缴其不缴或者少缴的税款、滞纳金，并处不缴或者少缴的税款百分之五十以上五倍以下的罚款；构成犯罪的，依法追究刑事责任。

纳税人、扣缴义务人编造虚假计税依据的，由税务机关责令限期改正，并处五万元以下的罚款。

纳税人不进行纳税申报，不缴或者少缴应纳税款的，由税务机关追缴其不缴或者少缴的税款、滞纳金，并处不缴或者少缴的税款百分之五十以上五倍以下的罚款。

纳税人欠缴应纳税款，采取转移或者隐匿财产的手段，妨碍税务机关追缴欠缴的税款的，由税务机关追缴欠缴的税款、滞纳金，并处欠缴税款百分之五十以上五倍以下的罚款；构成犯罪的，依法追究刑事责任。

以假报出口或者其他欺骗手段，骗取国家出口退税款的，由税务机关追缴其骗取的退税款，并处骗取税款一倍以上五倍以下的罚款；构成犯罪的，依法追究刑事责任。

对骗取国家出口退税款的，税务机关可以在规定期间内停止为其办理出口退税。

以暴力、威胁方法拒不缴纳税款的，是抗税，除由税务机关追缴其拒缴的税款、滞纳金外，依法追究刑事责任。情节轻微，未构成犯罪的，由税务机关追缴其拒缴的税款、滞纳金，并处拒缴税款一倍以上五倍以下的罚款。

纳税人、扣缴义务人在规定期限内不缴或者少缴应纳或者应解缴的税款，经税务机关责令限期缴纳，逾期仍未缴纳的，税务机关除依照本法第四十条的规定采取强制执行措施追缴其不缴或者少缴的税款外，可以处不缴或者少缴的税款百分之五十以上五倍以下的罚款。

扣缴义务人应扣未扣、应收而不收税款的，由税务机关向纳税人追缴税款，对扣缴义务人处应扣未扣、应收未收税款百分之五十以上三倍以下的罚款。

纳税人、扣缴义务人逃避、拒绝或者以其他方式阻挠税务机关检查的，由税务机关责令改正，可以处一万元以下的罚款；情节严重的，处一万元以上五万元以下的罚款。

违反本法第二十二条规定，非法印制发票的，由税务机关销毁非法印制的发票，没收违法所得和作案工具，并处一万元以上五万元以下的罚款；构成犯罪的，依法追究刑事责任。

从事生产、经营的纳税人、扣缴义务人有本法规定的税收违法行为，拒不接受税务机关处理的，税务机关可以收缴其发票或者停止向其发售发票。

纳税人、扣缴义务人的开户银行或者其他金融机构拒绝接受税务机关依法检查纳税人、扣缴义务人存款账户，或者拒绝执行税务机关作出的冻结存款或者扣缴税款的决定，或者在接到税务机关的书面通知后帮助纳税人、扣缴义务人转移存款，造成税款流失的，由税务机关处十万元以上五十万元以下的罚款，对直接负责的主管人员和其他直接责任人员处一千元以上一万元以下的罚款。

纳税人、扣缴义务人有违返税法第六十三条、第六十五条、第六十六条、第六十七条、第七十一条规定的行为涉嫌犯罪的，税务机关应当依法移交司法机关追究刑事责任。

税务人员徇私舞弊，对依法应当移交司法机关追究刑事责任的不移交，情节严重的，依法追究刑事责任。

税务人员与纳税人、扣缴义务人勾结，唆使或者协助纳税人、扣缴义务人有税法第六十三条、第六十五条、第六十六条规定的行为，构成犯罪的，依法追究刑事责任；尚不构成犯罪的，依法给予行政处分。

税务人员利用职务上的便利，收受或者索取纳税人、扣缴义务人财物或者谋取其他不正当利益，构成犯罪的，依法追究刑事责任；尚不构成犯罪的，依法给予行政处分。

违反税收法律、行政法规应当给予行政处罚的行为，在五年内未被发现的，不再给予行政处罚。

未按照本法规定为纳税人、扣缴义务人、检举人保密的，对直接负责的主管人员和其他直接责任人员，由所在单位或者有关单位依法给予行政处分。

纳税人、扣缴义务人、纳税担保人同税务机关在纳税上发生争议时，必须先依照税务机关的纳税决定缴纳或者解缴税款及滞纳金或者提供相应的担保，然后可以依法申请行政复议；对行政复议决定不服的，可以依法向人民法院起诉。

当事人对税务机关的处罚决定、强制执行措施或者税收保全措施不服的，可以依法申请行政复议，也可以依法向人民法院起诉。

当事人对税务机关的处罚决定逾期不申请行政复议也不向人民法院起诉、又不履行的，作出处罚决定的税务机关可以采取税法第四十条规定的强制执行措施，或者申请人民法院强制执行。

陈先生：真够严格的。

王先生：现在咱们谈一谈应付职工薪酬科目。

陈先生：涉及到人工成本了。

王先生：是的。应付职工薪酬核算的是企业根据有关规定应付给职工的各种薪酬。

职工薪酬是指企业为获得职工提供的服务而给予各种形式的报酬以及其他相关支出。

1. 职工工资、奖金、津贴和补贴。

2. 职工福利费。

3. 医疗保险费、养老保险费、失业保险费、工伤保险费和生育保险费等社会保险费。

4. 住房公积金。

5. 工会经费和职工教育经费。

6. 非货币性福利，这是指企业以自产产品或外购商品发放给职工作为福利，将自己拥有的资产或租赁的资产无偿提供给职工使用，为职工无偿提供医疗保健服务，或者向职工提供企业一定补贴的商品或服务等。

7. 因解除与职工的劳动关系给予的补偿。

8. 其他与获得职工提供的服务相关的支出。

从财务核算角度来说，这个科目很简单，就是给职工发工资。但是从投资分析角度来说，就比较复杂了。

陈先生：为什么呢？

王先生：这个科目主要涉及到企业人力资源政策，是企业人力资源政策最直接的体现。

陈先生：是啊。员工到企业来就是来干活、挣钱的啊。投资分析人员对这个科目主要关注什么呢？

王先生：我认为要考虑三个方面，第一是企业职工薪酬管理的正确性；第二是分析企业人工成本的情况；第三是评价企业职工福利水平的高低。

陈先生：请详细说明。

王先生：先说企业职工薪酬管理的正确性。对于这个问题，主要是分析企业薪酬管理中是否存在舞弊行为。我们知道，薪酬支出是企业现金支出的一个重要部分。如果企业管理不善，这个环节是最容易出现舞弊行为的。上面我已举过一个例子，就是企业管理层虚列员工姓名，吃空饷。这是一种常见的舞弊形式。还有一种情况，表面上看很合理，但实际上却是违法行为。

陈先生：是什么情况呢？

王先生：就是高管层自己给自己发奖金的行为。

陈先生：请详细说明。

王先生：《公司法》对董事会的职权做了比较详细的规定，就是董事会对股东会负责，行使下列职权。

1. 召集股东会会议，并向股东会报告工作。

2. 执行股东会的决议。

3. 决定公司的经营计划和投资方案。

4. 制订公司的年度财务预算方案、决算方案。

5. 制订公司的利润分配方案和弥补亏损方案。

6. 制订公司增加或者减少注册资本以及发行公司债券的方案。

7. 制订公司合并、分立、解散或者变更公司形式的方案。

8. 决定公司内部管理机构的设置。

9. 决定聘任或者解聘公司经理及其报酬事项，并根据经理的提名决定聘任或者解聘公司副经理、财务负责人及其报酬事项。

10. 制定公司的基本管理制度。

11. 公司章程规定的其他职权。

也就是说,总经理、副总经理和财务负责人的报酬由公司董事会来决定,报酬里包括了奖金。从这里可以看出,公司高管层(总经理、副总经理和财务负责人)的报酬是多少,不能由总经理或者总经理办公会来决定,只能由公司董事会来决定。

陈先生:据我所知,中国许多企业的总经理也是董事长,或者是董事,甚至就是企业的大股东。这种情况下,也不能自己决定报酬事项吗?

王先生:不能。即使总经理是董事长,甚至是企业的大股东,他也不能在经理办公会上,或者自己签字批准决定自己的报酬,必须由公司董事会开会决定,最后形成董事会决议。因为公司股东不是一家,其他股东会选其他董事参加董事会,这些董事不一定会同意大股东这么做。总经理在没有董事会批准的情况下,自己决定报酬数额,就是违反了公司法,是要承担法律责任的。

陈先生:对于非上市公司来说,投资分析人员可以要求它出示董事会决议,来判断公司高管层有无舞弊行为。但是对于上市公司来说,可能就做不到这一点了。

王先生:上市公司每年都要根据国家的规定公布年报,在年报中会列示公司高管层的报酬总额,而上市公司的财务报告是要经过会计师事务所审计的。如果公司高管层在薪酬管理上有舞弊行为,会计师事务所就不会给它出具无保留意见的审计报告。如果会计师事务所出具的审计报告是无保留意见的审计报告,就可以认定上市公司不存在这个问题。

陈先生:为什么要关注这个问题呢?

王先生:因为报酬问题最能反映企业高管层是否诚信。如果一个企业的高管层经常违反规定自发奖金,这个高管层就是不可信任的,这个企业也就不值得投资。

陈先生:是这样。

王先生:现在咱们说第二个问题,人工成本。

这里主要是分析人工成本在经营成本中所占的比重。一般来说,企业的经营成本包括原材料、固定资产折旧、能源费用、人工成本等。人工成本占企业经营成本的比重越大,则企业的固定资产越少。这种企业基本上属于技术密集型企业,典型的如软件企业、设计公司、监理公司、会计师事务所等第三产业。这些企业最重要的资产不是设备、房产,而是人,所以人力资源管理是企业管理的核心。作为人力资源管理的薪酬管理就是重中之重了。

陈先生:是这样。

王先生:记得当时我兼作我们投资的一个软件企业的财务总监时,公司规定,公司的工资单只有总经理、人力资源副总经理和我能看,其他人均不得接触。总经理告诉我,工资单是公司的绝密文件,绝对不能泄露出去。如果工资单被泄露了,有可能导致公司崩溃。

陈先生:真是这样。

王先生:当时我并没有太在意,后来出纳告诉我,公司的许多员工请她吃饭,目的就是想知道别人的工资,这样就可以知道自己在公司的位置了。这引起了我的警觉。我立刻向总经理报告了这一情况。公司马上出台了一个规定,任何员工都不得打听别人的工资水平,更不得向其他人泄露自己的工资水平,如果被发现,立刻开除。

陈先生:真是很有必要。

王先生:软件企业人员流动性比较大,而核心技术人员就是公司的重要资产,所以必须想方设法留住人才。要想留住人才,只靠薪酬是不行的,如果可能的话,还要给核心员工一定的股份,使科技人才与公司紧密地捆绑在一起。

陈先生:第三个问题是评价企业职工福利水平的高低。

王先生:对,主要是评价一个企业职工福利水平和同行业企业的高低。

陈先生:为什么要分析这个呢?

王先生:一个企业的薪酬水平是和它所处的行业相匹配的。比如,金融业、房地产业、软件业、化工业等,行业之间薪酬水平差距很大,但是行业内相同企业之间的薪酬差距不会很大。原因很简单,如果行业内相同企业之间薪酬差距太大,低收入企业的员工就会向高收入企业流动。如果你想拿高薪酬,就要去高薪酬行业里效益好的企业。

陈先生:是这样。

王先生:如果效益好的企业员工薪酬水平很高,问题就不会太大。如果一个企业的薪酬水平与这个行业的同类型企业相比低太多,就会导致员工流失,引起企业的不稳定。

比如,我们投资过一个污水处理企业H公司,这是我们投资公司与湖南某市水务局的下属水务公司合资成立的。我们出资8000万元,占注册资本的80%,水务公司出资2000万元,占注册资本的20%。由于我们投资公司出资比例高,所以H公司的董事长、总经理、财务总监由我们投资公司派人兼任。水务公司派中层管理人员,员工由H公司在当地招聘。由于我们派的高管是在H公司兼职,所以他们的薪酬不在H公司领取,而是在投资公司领取。因此在确定H公司员工的薪酬水平时,没有考虑充分,就定得很低,前半年,公司员工的薪酬水平没有达到上个人所得税的上限。

陈先生:真够低的,员工能同意吗?

王先生:公司刚成立,工作非常多,大家也顾不上这些。等过了半年后,员工们发现公司没动静,工资实在太低了,就纷纷要辞职了,这才引起了我们的注意。我们重新审查了公司的薪酬体系,了解了当地污水处理企业的工资水平,与员工进行了深入的交流,了解了情况。最后,经公司董事会批准,补涨了员工的工资,大家满意了,公司也稳定了。

陈先生:你们的调整还是比较及时的。

王先生:是这样。现在大家都在谈论"以人为本",但是能够真正做到这一点的并不多,这句话往往成了一句口号。企业以人为本,首先是要尊重员工,以诚实的态度对待员工。这些也是费舍先生所认可的成长股应具有的特征。

陈先生:是这样。

王先生:记得我在投资公司工作时,担任一个合资公司的财务总监。合资公司是做软件的,员工基本上都是大学生,而且外地人居多。这些年轻人怀揣梦想,在北京打拼,他们大多数人买不起房,都租房子住。每次发工资后,首要的事就是交房租,或者存钱为交下一季房租。由于新毕业的学生很多,收入都不是很高,往往是还不到月底,工资就花完了,所以必须把钱算得非常仔细,不然在月底的几天没钱了,就不知如何是好了。当时,合资公司规定每月3号发工资。为了保证大家能及时领到工资,我们财务部门都是提前一天把工资打到员工账上。一次,我们提前两天把工资发给了大家,有一个员工非常兴奋,因为她的钱早已用完了,正不知如何是好。现在钱已经到账了,她就不用向同事借钱了,非常高兴。

陈先生:按月发工资看似小事,但是可以反映出企业对待员工的态度,是不是尊重员工的利益。

王先生:是这样。这件事给了我非常深刻的印象。

陈先生:有的公司对员工考核很严格,实行"末位淘汰制",这样做是否可行?

王先生:我认为,"末位淘汰制"这种制度并不合理。

陈先生:为什么呢?

王先生:"末位淘汰制"虽然淘汰的是考核成绩差的员工,但是它对公司员工的打击是普遍的。从本质上说,淘汰对每个员工都是均等的,也就是说,员工都可以被淘汰。这可以说是一种暗示——员工都不被公司认可,都站在悬崖边上,处于危险的境地。虽然这种方式可以促使人们拼命地工作,但是谁也无法保证公司的考核都是公开的、公平的。

陈先生:是这样。

王先生:任何公司或者单位的员工构成都可以分为三类,第一类是有背景、有关系的人,这种关系可以是因为父母的关系,或者是上下级的关系,这些人来公司不是由于工作能力强,或者学识深厚,相反,这些人往往是自己工作能力不强,学识不深厚,竞争力不强,靠关系、背景才能来到这里的。当然,他们多数人都能遵守公司的规章制度,工作也很努力,但是不管他们工作是否努力,有无业绩,公司的考核对他们来说都是不起作用的,因为决定他们是否在这里的关键是他们的关系和背景,与业绩无关。

第二类人是靠自己的努力、打拼应聘来到公司的,这类人工作能力强,有专业知识。他们工作努力,勤勤恳恳,任劳任怨,以此来保住饭碗,挣钱养家,公司的考核对他们形成了很大的压力。但是由于工作出色,肯定可以通过考核。对这些人来说,"末位淘汰制"就是告诉他们,你永远不是公司的人,干得再好也只是保住饭碗而已。所以他们只能把公司当作赚钱的工具,如果有好的前途和机会,他们会立刻离开这个公司。

第三类是普通人员,能力、学识都一般,业绩也一般。没有背景,没有关系,基本上是被淘汰的对象。

陈先生:是这样。

王先生:“末位淘汰制”只会增加这三类人的紧张关系。因为大家都处于可怕的竞争之中,人们没有同情心,因为谁也救不了谁,所以公司员工的关系会变得非常冷漠。这绝不是一个好公司应当有的人事关系。

陈先生:但是有的员工素质很差,通过“末位淘汰制”正好可以淘汰这些人。

王先生:如果一个员工素质很差,工作能力也差,工作业绩不好,通不过考核,公司人力资源部门可以与他沟通、交流,帮助他改正缺点和不足。如果仅仅是冷漠地将他开除,给公司的震动将是巨大的。如果他实在难以改正,也可以采取开除的做法,但这只是一种万不得已的做法,而不是一种常态化的方式。

举一个例子。这是我以前接触到的一个公司,这个公司的总经理是从政府部门出来的,工作很有魄力,但是由于没有在企业工作过,所以不了解企业管理的复杂性。为了树立自己的权威,他在公司实行考核淘汰制(比末位淘汰制好一些),年底通不过考核的员工会被除名。所以每到年底,公司的气氛就非常紧张,人人自危,每年都会有员工因为考核不合格而离开公司。当然,有背景的员工是不会离开的,只有没有背景的人才会离开。但是这也让公司有能力的员工认识到,这家公司不是能够长期发展的地方,所以他们就提前做准备,一有机会就离开公司。结果这个公司开办了四年后,优秀员工都离开了。第五年,由于经营不善,这家公司被上级部门重组了。

陈先生:“末位淘汰制”使人心散了。

王先生:再举一个例子,也是我们投资的公司。这个公司的总经理是搞企业出身,非常理解员工的艰辛,所以公司制定了对员工非常好的人事和福利政策。公司员工很稳定,工作气氛和谐。新来的员工在公司工作一段时间后,都觉得这个公司与其他公司不一样,没有其他公司那么紧张,所以大家都不愿离开公司,公司员工辞职的很少。

陈先生:真是很好的公司。

王先生:所以说,企业的所有者、高管层一定要认识到尊重员工,以诚心对待员工的重要性。这让我想起了毛主席在1934年1月27日所写的文章,《关心群众生活,注意工作方法》。他在文章里写到,真正的铜墙铁壁是什么?是群众,是千百万真心实意地拥护革命的群众。这是真正的铜墙铁壁,什么力量也打不破的,完全打不破的。反革命打不破我们,我们却要打破反革命。在革命政府的周围团结起千百万群众来,发展我们的革命战争,我们就能消灭一切反革命,我们就能夺取全中国。

我也大胆地套用这句话:公司真正的资产是什么,不是价值昂贵的机器设备,或者尖端的技术,而是员工,是真心实意、勤勤恳恳为公司努力工作的员工。有了这些员工,公司才能在激烈的竞争中立于不败之地。

陈先生:说得很好。

王先生:现在咱们再说一说三个应付款科目。

陈先生:哪三个应付款呢?

王先生:是指应付账款、预收账款和其他应付款三个科目。

陈先生:这三个科目为什么在一起说呢?

王先生:主要是这三个科目都是企业对外单位的欠款,但是不是欠银行的贷款。

应付账款是指因购买材料、商品或接受劳务供应等发生的债务,这是买卖双方在购销活动中,由于取得物资与支付货款在时间上不一致产生的负债。

预收账款指企业按照合同规定或交易双方约定,向购买单位或接受劳务的单位在未发出商品或提供劳务时预收的款项。一般包括预收的货款、预收购货定金等。

其他应付款是指企业在商品交易业务以外发生的应付和暂收款项,指企业除应付票据、应付账款、应付工资、应付利润等以外的应付、暂收其他单位或个人的款项。其他应付款包括应付租入固定资产和包装物的租金,存入保证金、职工未按期领取的工资，应付、暂收所属单位、个人的款项等。

陈先生：就是说应付款主要是欠供货商的款项，预收账款是购买方预先支付的款项，其他应付款是欠其他单位或者个人的非经营性款项。

王先生：是的。

陈先生：投资分析人员对这三个科目要关注什么呢？

王先生：虽然都是欠其他单位的款项，但是性质是完全不同的。具体地说，预收账款越大，说明企业产品市场受认可程度高，企业在销售产品时占有有利位置，企业的资金就越宽裕，效益就越好。相反，预收账款越少，则说明企业产品受市场认可程度低，企业在销售产品时越不利，企业的资金就越紧张，效益就越差。

陈先生：为什么这么说呢？

王先生：预收账款是客户预先支付给企业的货款，企业得到后可无偿使用。如果你的产品或者劳务不被市场认可，客户是不会预先支付给你资金的。

预收账款是可以转入销售收入的。

陈先生：明白了。

王先生：第二个是应付账款。这个科目金额越大，说明企业的资金比较困难；这个科目金额越小，说明企业的资金比较宽裕。如果应付账款非常巨大，企业就不得不向银行进行贷款，以归还客户的材料款。

陈先生：是这样。

王先生：第三个是其他应付款。这个科目金额过大就要注意了，因为这种欠款是非经营性的。如果欠股东的资金巨大，往往是企业的经营资金无法保证企业的正常运转，只得向股东借款。如果是这样，在进行投资财务分析时，应将这部分资金调整为股东的出资额。

陈先生：我明白了。

王先生：咱们再讲一下银行借款的问题，这涉及到两个科目，短期借款和长期借款。

短期借款是指企业为维持正常的生产经营所需的资金，或为抵偿某项债务而向银行或其他金融机构等外单位借入的、还款期限在一年以下（含一年）

的各种借款。短期借款主要有经营周转借款、临时借款、结算借款、票据贴现借款、卖方信贷、预购定金借款和专项储备借款等。

长期借款是指企业向银行或其他金融机构借入的期限在一年以上(不含一年)或超过一年的一个营业周期以上的各项借款。除此之外,还包括向财务公司、投资公司等金融企业借入的款项。

陈先生:对于这两个科目主要关注什么呢?

王先生:主要关注企业在向金融机构借款时,能否承担得起利息费用。这里有一个指标,即利息保障倍数。

陈先生:这是一个什么指标呢?

王先生:是指企业生产经营所获得的息税前利润与利息费用的比率,它是衡量企业支付负债利息能力的指标(用以衡量偿付借款利息的能力)。

利息保障倍数 = 息税前利润/利息费用=(利润总额+利息费用)/利息费用。

企业生产经营获得的息税前利润与利息费用相比,倍数越大,说明企业支付利息费用的能力越强。债权人要分析利息保障倍数指标,以此来衡量债权的安全程度。

陈先生:也就是说,这是判断企业偿债能力的一个关键指标。

王先生:是的。当然,运用时要结合企业的具体情况来分析,绝不能只从报表上计算完后就得出结论。

陈先生:是这样。

王先生:咱们再说一说所有者权益下的一个指标,净资产收益率。

陈先生:这是一个比较有名的指标。

王先生:是的,主要是这个指标被巴菲特先生所推崇。净资产收益率又称股东权益报酬率、净值报酬率、权益报酬率、权益利润率、净资产利润率,是衡量上市公司盈利能力的重要指标,是指利润额与平均股东权益的比值。

净资产收益率=净利润/所有者权益平均余额

净资产收益率越高,说明投资带来的收益越高;净资产收益率越低,说明企业所有者权益的获利能力越弱。该指标体现了自有资本获得净收益的能力。如果低于6%,就可以认为企业投资回报率很低,因为所有者的回报率接近于银行贷款利率。如果在12%以上,可以认为企业投资回报率比较高。

比如云南白药2013年净资产收益率为28.94%;民生银行2013年净资产收益率为23.23%;格力电器2013年净资产收益率为35.77%;河北钢铁2013年净资产收益率为0.27%。

陈先生:确实是一个重要的指标,企业是否具有长期投资价值一目了然。

王先生:对于收入、成本和费用指标,我认为还有一个重要的指标,就是毛利率。

毛利率是毛利与销售收入(或营业收入)比值的百分比,其中毛利是收入和与收入相对应的营业成本之间的差额。

毛利率=毛利/营业收入×100%=(主营业务收入－主营业务成本)/主营业务收入×100%

格力电器2013年毛利率为32.23%;云南白药2013年毛利率为29.69%;上汽集团2013年毛利率为12.84%;河北钢铁2013年毛利率为8.49%。

我认为毛利率低于15%的企业,做为成长股投资就很困难了。

陈先生:也就是说,成长性企业的毛利率要高于15%?

王先生:是的。举一个例子,就是我们投资的一个研制、生产和销售DCS系统的科技企业,这个企业的毛利率在12%左右。

陈先生:不是很高。

王先生:是的,毛利率低的主要原因,是这个企业的人工成本很高,公司员工基本上都是计算机专业的大学毕业生,他们的收入水平很高。公司为了能签到大的销售合同,就采取低价的策略与同类型的外国公司竞争,其结果就是公司产品的毛利率太低了。

公司一直想上市,以获得更大的发展,但是由于毛利率很低,企业的利润率就很低,产品销售取得的资金就少,企业资金一直处于紧张状态,上市非常困难。直到我们投资公司退出后,这个企业也没有上市,只是上了三板市场。

陈先生:做企业真是一件很不容易的事。

王先生:最后决定企业生死的就是现金。所以,分析企业现金时有一个指标很关键,就是经营性净现金流量。

陈先生：这是一个什么指标呢？

王先生：经营性净现金流量是指经营性现金流入额减去经营性现金的流出额。这个指标是评价企业获取现金流量能力、偿还能力和支付能力的重要财务指标。

一个企业获得资金有三个方面，第一是经营活动取得的净现金；第二是投资活动取得的净现金；第三是筹资活动取得的净现金。这三个途径中，最关键的是经营活动取得的净现金，这是企业销售商品，或者提供劳务而取得的净现金，是企业生存、发展的根本途径。

经营性净现金流量为正数，说明企业经营活动产生的现金可以支撑企业的经营，企业的经营状况是健康的，可以作为成长股投资。

经营性净现金流量为负数，说明企业经营活动产生的现金不能支撑企业的经营，企业的经营状况是不健康的，不能作为成长股投资。

格力电器2013年经营性净现金流量为129亿元；云南白药2013年经营性净现金流量为3.4亿元；上汽集团2013年经营性净现金流量为206亿元；河北钢铁2013年经营性净现金流量为115亿元。

当然，在评价这一指标时，一定要结合其他指标一起分析，不能仅仅孤立地看待。

陈先生：我明白。

第五章　实战分析

本章主要内容：

1．格力电器

2．同仁堂

3．上海汽车

4．云南白药

王先生：现在运用上面所讲的内容，对一些上市公司进行实际的分析。

陈先生：好，实践是检验真理的唯一方法。先分析哪个上市公司呢？

王先生：先分析一下格力电器。分析采用的资料均来自于该公司历年财务报告、公告等公开资料。

格力电器(000651)

一、公司基本情况

格力电器公司前身为珠海市海利冷气工程股份有限公司，1989 年经珠海市工业委员会、中国人民银行珠海分行批准设立，1994 年经珠海市体改委批准更名为珠海格力电器股份有限公司，1996 年 11 月 18 日经中国证券监督管理委员会证监发字 (1996) 321 号文批准于深圳证券交易所上市，企业法人营业执照注册号 440000000040686，注册资本为 3007865439. 00 元。

公司属家电行业，主要经营业务包括：货物、技术的进出口（法律、行政法规禁止的项目除外；法律、行政法规限制的项目须取得许可后方可经营）；制造、销售：泵、阀门、压缩机及类似机械，风机、包装设备等通用设备，电机，输配电及控制设备，电线、电缆、光缆及电工器材，家用电力器具；批发：机械设备、五金交电及电子产品；零售：家用电器及电子产品。

二、2013年公司经营情况

（一）2013年经营情况

2013年，在国内经济低位趋稳、行业不景气的大环境下，受房地产调控、节能补贴政策退出、气候等因素影响，国内市场增长乏力；海外市场受政局、经济、汇率等因素影响，需求亦较为疲软；公司坚持以市场为导向，围绕重点工作，科学决策，沉着应对，积极开拓，实现营业总收入1200.43亿元，较上年同期增长19.91%；利润总额128.92亿元，较上年同期增长47.12%；实现归属于上市公司股东的净利润108.71亿元，较上年同期增长47.31%，基本每股收益3.61元，较上年增长46.15%，取得了良好的经济效益。

据《暖通空调资讯》统计，2013年公司中央空调国内市场占有率为15.7%，高出第二名4.5个百分点，连续两年排名第一。据《产业在线》统计，公司家用空调产销量连续多年排名第一，其中2013年产量、销量分别高出第二名1199万套（台）、1186.5万套（台），市场份额进一步提高，行业龙头地位进一步巩固。

（二）2013年公司重点工作

公司在企业内部继续推行“公平公正、公开透明、公私分明”的管理方针，要求领导干部有危机感、紧迫感和忧患意识，做到“不以权谋私，不以权谋利，不以权欺人”，全体员工践行“讲真话、干实事；讲原则，办好事；讲奉献，成大事”的行为准则，坚持做到严格按照法律、法规、制度、标准办事，有效地杜绝本位主义、官僚主义在工作中的不良影响，营造公平公正的工作环境，用规则与制度创造公平发展的空间、共建共享的平台，建设一个人人肯努力、人人有机会、人人有希望的企业。

在以上经营思路的指导下，公司完成的主要重点工作概要如下。

1. 公司通过业务模块整合、信息化、集团化管控、联合管理模式等深化管理，将扁平化管理与精细化管理有机结合，有力地提升了公司管理水平。

2. 公司坚持“技术为王、创新至上”的理念，采用行业首创的双级变频压缩技术、集多功能于一身的格力全能王系列空调上市；自主研发的“不用电费的中央空调”——格力光伏直驱变频离心机系统，被专家组一致鉴定为“全球首创、国际领先”；推出系列高品质净水机；推出能有效去除PM2.5的空气净化器。

3. 公司成立了自动化研发、设备制造、管理部门等机构，从设备研发、制造、全生产链自动化改造、员工自动化技能培养等各个方面，大力推进生产机械化、自动化工作。

4. 公司成立了以董事长兼总裁董明珠女士为主任的信息化委员会，利用信息化手段优化业务管理流程，加快公司信息化规划建设及信息化与自动化融合，提高工作效率，降低运营风险，进一步提升企业管理水平。

5. 公司力推渠道升级，除在重点大城市建设旗舰店外，在全国建设升级版形象店，展示品牌形象，打造格力产品群的高端化，强调服务性，提供从选型、设计、安装到维护、保养等全过程的专业、规范、人性化的立体服务。

（三）2013年新掌握了以下核心技术

1. 光伏直驱变频离心机系统。

通过该项目的研制，公司掌握了光伏直驱变频离心机技术、三元换流技术、动态智能负载跟踪MPPT技术、基于PAWM交错调制的大功率永磁同步电机高速驱动技术等核心技术和专利，并实现了光伏发电系统与城市电网在机组中的完美结合，达到了良好的节能效果，同时推动了光伏发电在空调中的应用，对国家环保减排政策起到了促进作用，被鉴定委员会评为国际领先。

2. 磁悬浮变频离心式制冷压缩机及冷水机组。

该项目自主研制了目前国际同行中单机冷量最大的磁悬浮变频离心式制冷压缩机，并成功应用于冷水机组中，达到较高的性能水平。同时打破了国际垄断，推动了空调技术的进步，对国家的节能环保事业具有重大意义，被鉴定委员会评为国际领先。

3. 双极增焓转子式变频压缩机研究及在空调和热泵热水器中的应用。

该项目攻克了多项技术瓶颈，拥有了高效、宽温双级压缩技术、高可靠性技术、高效闪发增焓技术、能效比自动优化技术等多项核心技术及专利，实现了技术在产品中的成功应用，并达到了较高的能效水平，同时拓宽了空调和热泵热水器的使用范围，对节能减排政策具有积极的促进作用，被鉴定委员会评为国际领先。

三、公司未来发展展望

（一）未来发展战略

公司将继续坚持“自我发展，自主创新，自有品牌”的发展思路，坚持走专业化发展道路，加强产业纵深一体化，寻求横向发展相关（制冷暖通设备）多元化，逐步实现专业化中的产品多元化，依靠技术实力、品牌张力和渠道掌控力，力争2014年实现销售收入1400亿元；力求未来年均销售收入增长200亿元，早日实现五年再造一个“格力”的目标。

（二）发展战略实施方案

1. 机制创新实施方案。

（1）明确创新的战略思想。

坚持“创新”的战略思想，以“四个创新”（技术创新、管理创新、渠道创新、人才培养创新）为驱动力，建立创新机制，打造创新平台；通过建立激励机制，营造良好的创新氛围，最大限度地激发人的积极性。

（2）建立创新机制，打造创新平台。

在技术创新方面，进一步强化专业研发团队，发挥2个国家级技术研究中心，4个技术研究院和400多个国际一流的实验室的资源平台，同时打造新的科技平台，为创新提供硬件支持。加大对科技创新研发的投入，不设上限，“按需分配”，需要多少就投入多少；进一步创新格力营销渠道模式，牢牢掌握市场话语权；深入推行既定管理方针，加快完善“选、育、用、留”人才培养体系，创新人才培养机制。

(3)建立激励机制,营造创新氛围。

进一步完善公司激励体系,开展科技进步奖、管理创新奖、合理化建议奖、公司效益奖、年终奖、科技专家、希望之星、先进个人、创新标兵、金牌员工等荣誉评选活动,营造良好的创新氛围,鼓励创新。坚持以人为本,创办技术工程学院,打造学习型组织,让更多员工有机会提升技能,最大限度地激发员工工作的积极性。

2.核心业务发展实施方案。

(1)家用空调。

以市场需求为导向,通过技术创新构建持续竞争优势,构建有竞争力的产品线,继续保持行业龙头地位,着重于产品线布局,研究开发特定市场、特定场合的空调;进一步研究变频节能技术、先进传感器运用、物联网整合,改善人们生活环境;着重空调各项性能指标的研究,通过技术提升、技术创新,提高低温制热量、降低噪音、降低成本等。高端产品采取生产一代,研发一代,储备一代的策略;大众消费中端市场较大,逐年开发细分市场产品。

(2)商用空调。

以“创造精品空调”为目标,以节能减排为己任,大力发展节能环保产品,向专业领域拓展,充分展现格力空调在高端技术领域的研发和生产能力。

a.深化节能环保概念:以融入格力最新的双级压缩技术主打民用市场,以具有尖端技术热回收、地源、水源热泵技术大力开拓节能产品市场。

b.着重发展大型冷水机组:加快研发具有自主知识产权、具备制冷行业尖端技术的冷水机组,进一步提升冷水机组的COP,发挥节能优势。

c.发展特种及深冷行业空调:加大力度推广公司特种空调机组,适时将已储备的各类特种空调产品推向市场。

(3)生活电器产品。

以“自主创新战略”为主及“跟进标杆创新战略”和“合作创新战略”为辅的技术创新战略,全力做好新产品开发和技术革新工作,加大力度开发支柱产品、朝阳产品,有序形成公司生活电器产品群。

3.人力资源实施方案。

提升人力资源的战略地位，为核心业务发展提供充足的人才支持。

(1)人才到位及时率提升计划。

加强人员年度招聘、储备、培养计划工作，提高人才补充能力。加强招聘技术、工具开发，提高面试过程及结果的科学性；进一步拓宽招聘渠道，丰富用工形式，提高中高级人才、稀缺人才的招聘能力及应急招聘能力。

(2)加强技工人才培养。

适应公司自动化发展趋势要求，加大技术工人培养力度，实现培训工作系统化、培训方式实操化、培训内容标准化；成立格力学院，形成独具特色的系统化的技工人才教育培养模式。

(3)完善员工激励体系。

探索建立制度化、与市场挂钩、更科学、更适应企业实际的定薪与调薪机制。建立不同层次、不同群体员工的专项激励机制；建立与员工职业发展通道、技能等级匹配的薪资激励机制。监控薪酬异常，优化完善承包工资二次分配体系；加强加班管理的日常监控，促进用人单位加班管理理念的转变。

(4)完善员工绩效管理体系。绩效管理是确保公司实现战略，促进员工不断改善和提升的重要工具。目前公司已建立起员工绩效管理体系，未来将通过加强绩效宣贯、重点突破改善等方式夯实体系，加强绩效管理对薪酬、培训、晋升、淘汰等模块的应用。

(5)构建员工任职资格管理体系。

以试点探索、稳步推进的方式，全面构建员工任职资格管理体系，着力解决员工发展通道狭窄的问题，突破专业水平提升的瓶颈，同时作为人才成长与培养的标准指引，促进公司与员工的共同成长与持续发展。

4. 科技管理实施方案。

(1) 坚持“科技研发，按需投入，不设上限”的原则，大力开展科技创新活动。

(2)加强空调核心技术的研发，继续把新型高效节能环保家用空调和中央空调产品的开发作为重点研究对象，并在两大领域内开展新技术、新材料、新工艺的基础研究和前沿技术开发；致力空调核心部件压缩机的开发；加强环保制冷剂技术的研究、应用和推广；同时加强共性技术的研究，如智能仿真技术的研发、CFD模拟技术、物联网技术等，带动上下游产业链的发展。

（3）加强企业各大平台的建设和管理工作，实现创新交流、科研技术合作、实验检测平台的从行业—企业—市场的紧密对接。重点配置企业优势实验室资源，积极组建国家重点实验室平台；通过建立产学研用与战略联盟相结合的战略模式，提升产学研合作的深度，加强企业核心竞争力。

（4）加强包括创新投入、创新人才、创新激励、项目创新管理、知识产权保护、标准管理创新的六大机制建设，保障技术创新工作的高效开展。

5. 自动化战略规划实施方案。

分阶段实施，稳步推进，目前已完成自动化规划兼样板实施阶段工作，正在样板验证兼推广实施阶段，下一阶段将是全面推广应用阶段。以自动化程度提升、自动化设备研发制造能力提高、自动化技术研发成果应用增多、整体增效提效为导向，推进自动化战略实施，推进产品设计的标准化、通用化；生产模式、物流模式精益化；零件部件化；模具高精度化；设备保全规范化；做好自动化人才的引进和培育。

6. 标准化、通用化、信息化实施方案。

（1）进一步完善以技术标准为主体及管理和工作标准为配套的标准化体系，积极承担TC/SC秘书处工作，争取国家标准制订权、话语权，努力将相应的国标变成地区、国际标准，提升公司的知名度、品牌效应和市场竞争力，降低技术贸易壁垒的风险。

（2）在国家标准化战略思想指导下，组织开展行业综合标准化和超前标准化活动，建立行业良好性标准化行为，推动实现行业标准化战略管理，共同提升行业各企业技术标准化建设。

（3）在传统的标准化形式（简化、统一、通用化）下，开展产品设计组合化、模块化等新的标准化形式，以及发展标准化的最高形式——产品系列化。

（4）建立公司标准化效果评价体系。结合公司的实际情况，制定公司标准化效果评价方法、方式，真正体现标准化所产生的效益，为公司持续推行标准化工作提供动力,为公司标准化战略提供血液。

(5)强化“通过设计通用化来降低设计、采购、生产成本”的理念,实施模块化设计、部件通用化、平台化设计工程。

(6)对公司主流信息化应用平台及数据库、所有标准、所有物料实施集成化、条目化、参数化的信息化管控。

(三)发展战略保障方案

1. 人才智力保障。

(1)完善多样化的人才激励机制,提高管理技术骨干人才的待遇。

(2)筹建格力工程技术学院,加强骨干员工的培育培养,尤其是自动化、技术研发方面人才的培养。通过建立和完善员工培训体系和任职资格体系,提升员工素质和管理技术能力,重点培育自动化、标准化管理方向及技术方向的带头人,形成骨干为核心的有战斗力的管理项目团队,为公司发展提供可靠的人才保障。

2. 创新机制保障。

(1)不断完善科研平台、交流合作平台及创新机制的建立,构建科研创新体系。

(2)保证科研经费每年按不低于产品销售收入一定比例的投入。

3. 自动化保障。

建立由董事长兼总裁董明珠女士领导的,专门的,有跨单位、跨系统调度权的自动化推进团队、自动化设备制造团队和自动化前沿技术研究团队,建立健全系统推进自动化的相关工作流程,持续提升自动化设备研发和制造能力。

4. 信息化保障。

整合完善现有的信息管理平台,同时创新引进开发先进的信息管理平台,大力推进信息化建设,实现生产全过程、全方位可视化,所有工作行为可视化。为管理效益、效率的提升提供强大的信息资源保障。

四、公司最近三年财务状况

2011年至2013年利润表

单位:珠海格力电器股份有限公司 (单位:元)

项 目	行次	2013年金额	2012年金额	2011年金额
一、营业总收入	1	120043070005.50	100110108848.26	83517252467.96
其中:营业收入	2	118627948208.59	99316196265.19	83155474504.59
其他业务收入	3			
利息收入	4	1414765072.50	793747561.64	361748344.41
已赚保费	5		---	---
手续费及佣金收入	6	356724.41	165021.43	29618.96
二、营业总成本	7	109487926142.16	92310191516.72	79008475464.06
其中:营业成本	8	80385939822.61	73203077425.32	68132115324.93
其他业务成本	9			
利息支出	10	491963953.22	230659033.39	17867453.89
手续费及佣金支出	11	263933.63	273817.71	212624.08
退保金	12		---	---
赔付支出净额	13		---	---
提取保险合同准备金净额	14		---	---
保单红利支出	15		---	---
分保费用	16		---	---
营业税金及附加	17	956169816.52	589953598.68	497908049.44
销售费用	18	22508931701.70	14626228488.10	8050408236.13
管理费用	19	5089572552.73	4055809619.26	2783266091.12
其中:业务招待费	20		0.00	0.00
研究开发支出	21			
财务费用	22	−137308621.87	−461347589.66	−452707594.56
其中:利息支出	23			
利息收入	24		0.00	
汇兑净损失	25			
资产减值损失	26	192392983.62	65537123.92	−20594720.97

（续表）

项　目	行次	2013年金额	2012年金额	2011年金额
加:公允价值变动收益（损失以“–”号填列）	27	990563610.10	246884832.05	–57508666.64
投资收益（损失以“–”号填列）	28	717337242.63	–20494376.82	91094084.92
其中:对联营企业和合营企业的投资收益	29	2855797.81	8732172.23	–4910452.65
汇兑收益（损失以“–”号填列）	30	–34617.14	96.30	–55997.98
三、营业利润（亏损以“–”号填列）	31	12263010098.93	8026307883.07	4542306424.20
加:营业外收入	32	684199623.10	760383226.00	1845785553.25
其中:非流动资产处置利得	33			
非货币性资产交换利得	34			
政府补助	35			
债务重组利得	36			
减:营业外支出	37	55285776.71	23981836.80	59531551.97
其中:非流动资产处置损失	38	3782455.16	14294914.48	7015131.03
非货币性资产交换损失	39			
债务重组损失	40			
四、利润总额（亏损总额以“–”号填列）	41	12891923945.32	8762709272.27	6328560425.48
减:所得税费用	42	1956168768.13	1316781289.57	1031219882.41
五、净利润（净亏损以“–”号填列）*	43	10935755177.19	7445927982.70	5297340543.07
*归属于母公司所有者的净利润	44	10870672842.47	7379666345.09	5236938608.43
*少数股东损益	45	65082334.72	66261637.61	60401934.64
六、每股收益:	46		---	---
（一）基本每股收益	47	3.61	2.47	1.86
（二）稀释每股收益	48	3.61	2.47	1.86

2011年至2013年资产负债表(一)

单位:珠海格力电器股份有限公司 (单位:元)

资 产	行次	2013年金额	2012年金额	2011年金额
流动资产:	1		---	---
货币资金	2	38541684470.83	28943921701.45	16040809751.08
结算备付金	3		---	---
拆出资金	4		---	---
交易性金融资产	5	1246106661.88	263460017.40	16489122.00
应收票据	6	46297242328.98	34292168999.99	33665090026.64
应收账款	7	1849275342.79	1474872971.56	1226793775.32
预付款项	8	1498649670.64	1739713886.10	2315615532.19
待摊费用	9			
应收保费	10		---	---
应收分保账款	11		---	---
应收分保合并准备金	12		---	---
应收股利	13			
应收利息	14	729559642.90	710865583.57	242739720.96
其他应收款	15	346419748.75	290356401.60	634476234.68
买入返售金融资产	16			
存货	17	13122730425.78	17235042562.70	17503107339.56
其中:消耗性生物资产	18		---	---
一年内到期的非流动资产	19			
其他流动资产	20	100853889.36	137242997.76	110488963.00
流动资产合计	21	103732522181.91	85087645122.13	71755610465.43
非流动资产:	22		---	---
发放长期贷款及垫款	23	4565455698.91	2088903434.99	---
可供出售金融资产	24	805932600.00	554912450.00	
持有至到期投资	25			
长期应收款	26			
长期股权投资	27	97568533.30	28159992.30	16876644.41
投资性房地产	28	503056462.68	208009129.76	197630453.93
固定资产	29	14034138414.45	12700394289.32	7709137076.07
在建工程	30	1861677013.76	2304317913.92	2171661,342.21

(续表)

资　产	行次	2013年金额	2012年金额	2011年金额
工程物资	31		0.00	0.00
固定资产清理	32	6294341.99	110093.59	624698.11
生产性生物资产	33		---	---
油气资产	34		---	---
无形资产	35	2370179675.29	1635272965.12	1622164402.29
其中:土地使用权	36		0.00	0.00
开发支出	37			
商誉	38			
长期待摊费用	39	42665255.34	48089330.59	48156578.28
递延所得税资产	40	5682613181.91	2911085198.23	1689732546.57
其他非流动资产	41			
非流动资产合计	42	29969581177.63	22479254797.82	13455983741.87
	43			
	44			
	45			
资产总计	46	133702103359.54	107566899919.95	85211594207.30

2011年至2013年资产负债表(二)

单位:珠海格力电器股份有限公司　　(单位:元)

负债和所有者权益	行次	2013年金额	2012年金额	2011年金额
流动负债:	47		---	---
短期借款	48	3316971153.31	3520642063.91	2739286399.90
向中央银行借款	49	37413972.46	---	---
吸收存款及同业存放	50	542265495.74	81078010.98	51342781.50
拆入资金	51	300000000.00	---	200000000.00
交易性金融负债	52			
应付票据	53	8230208196.99	7983581180.17	10644121238.23
应付账款	54	27434494665.72	22665011613.66	15636363281.52
预收款项	55	11986433741.28	16630113200.83	19752693733.70
预提费用	56			
卖出回购金融资产款	57	186000000.00	350000000.00	---

（续表）

负债和所有者权益	行次	2013年金额	2012年金额	2011年金额
应付手续费及佣金	58		---	---
应付职工薪酬	59	1640155578.39	1357672403.95	729428961.21
应交税费	60	6157486617.37	2522100351.45	-679569415.94
应付利息	61	25480292.28	20199098.55	16594175.22
应付股利	62	707913.60	707913.60	707913.60
其他应付款	63	4793778485.35	5441614890.93	3336435940.10
应付分保账款	64		---	---
保险合同准备金	65		---	---
代理买卖证券款	66		---	---
代理承销证券款	67		---	---
一年内到期的非流动负债	68	923447998.14	2513763694.23	2176615725.96
其他流动负债	69	30916369463.68	15743875054.32	9588994870.56
流动负债合计	70	96491213574.31	78830359476.58	64193015605.56
非流动负债：	71		---	---
长期借款	72	1375348442.79	984463173.32	2582204889.28
应付债券	73			
长期应付款	74			
专项应付款	75			
预计负债	76			
递延所得税负债	77	328943054.49	160405437.91	43167808.12
其他非流动负债	78	39920603.17	11469703.49	16051361.73
非流动负债合计	79	1744212100.45	1156338314.72	2641424059.13
负债合计	80	98235425674.76	79986697791.30	66834439664.69
所有者权益（或股东权益）：	81		---	---
实收资本（或股本）	82	3007865439.00	3007865439.00	2817888750.00
资本公积	83	3176114310.09	3187175872.28	110167026.08
减:库存股	84			
盈余公积	85	2958088564.43	2958088564.43	2501082099.09
一般风险准备	86	47114,066.72	7593539.68	5645388.34
未分配利润	87	25395563880.38	17572277003.95	12155497995.04
外币报表折算差额	88	-1935948.39	10133985.43	16584555.69

（续表）

负债和所有者权益	行次	2013年金额	2012年金额	2011年金额
归属于母公司所有者权益合计	89	34582810312.23	26743134404.77	17606865814.24
*少数股东权益	90	883867372.55	837067723.88	770288728.37
所有者权益合计	91	35466677684.78	27580202128.65	18377154542.61
负债和所有者权益总计	92	133702103359.54	107566899919.95	85211594207.30

2011年至2013年现金流量表

单位：珠海格力电器股份有限公司　　（单位:元）

项目	行次	2013年金额	2012年金额	2011年金额
一、经营活动产生的现金流量：	1		---	---
销售商品、提供劳务收到的现金	2	70211403596.83	70077120666.33	52754640187.86
客户存款和同业存放款项净增加额	3	461187484.76	29735229.48	−388857458.15
向中央银行借款净增加额	4	37413972.46	---	---
向其他金融机构拆入资金净增加额	5	136000000.00	150000000.00	−818000000.00
收到原保险合同保费取得的现金	6			
收到再保险业务现金净额	7			
保户储金及投资款净增加额	8	0.00	0.00	---
处置交易性金融资产净增加额	9		---	---
收取利息、手续费及佣金的现金	10	1284480138.27	765588687.61	393896063.67
拆入资金净增加额	11		---	---
回购业务资金净增加额	12		---	---
收到的税费返还	13	468525066.80	1322558249.72	956970601.37
收到其他与经营活动有关的现金	14	3032456938.53	3206677262.60	3851828770.36
经营活动现金流入小计	15	75631467197.65	75551680095.74	56750478165.11
购买商品、接受劳务支付的现金	16	38588727356.34	40446157770.68	43717025343.93

（续表）

项目	行次	2013年金额	2012年金额	2011年金额
客户贷款及垫款净增加额	17	2562076948.65	2153587920.51	−2936629181.78
存放中央银行和同业款项净增加额	18	1491888457.98	24866758.68	−1595831193.65
支付原保险合同赔付款项的现金	19		---	---
支付利息、手续费及佣金的现金	20	490024872.84	198508959.70	22125694.52
支付保单红利的现金	21		---	---
支付给职工以及为职工支付的现金	22	4963951119.32	4486362315.68	3845593704.56
支付的各项税费	23	8171292438.69	5162515472.32	4194529580.21
支付其他与经营活动有关的现金	24	6393668874.00	4670934626.61	6147504225.19
经营活动现金流出小计	25	62661630067.82	57142933824.18	53394318172.98
经营活动产生的现金流量净额	26	12969837129.83	18408746271.56	3356159992.13
二、投资活动产生的现金流量：	27		---	---
收回投资收到的现金	28	327515300.00	1005567326.03	1323369350.00
取得投资收益收到的现金	29	241352080.54	47292902.09	220221644.48
处置固定资产、无形资产和其他长期资产收回的现金净额	30	1209811.00	469211.04	6185679.20
处置子公司及其他营业单位收到的现金净额	31			
收到其他与投资活动有关的现金	32	434397421.35	6902514.16	771130158.42
投资活动现金流入小计	33	1004474612.89	1060231953.32	2320906832.10
购建固定资产、无形资产和其他长期资产支付的现金	34	2461467222.38	3602409280.98	4777743528.52
投资支付的现金	35	704068043.20	1558356464.32	249100500.00
质押贷款净增加额	36		---	---
取得子公司及其他营业单位支付的现金净额	37			
支付其他与投资活动有关的现金	38	24926702.72	111990174.39	61335311.45
投资活动现金流出小计	39	3190461968.30	5272755919.69	5088179339.97

（续表）

项目	行次	2013年金额	2012年金额	2011年金额
投资活动产生的现金流量净额	40	-2185987355.41	-4212523966.37	-2767272507.87
三、筹资活动产生的现金流量：	41		---	---
吸收投资收到的现金	42		3197870006.87	263879.42
其中：子公司吸收少数股东投资收到的现金	43			
取得借款收到的现金	44	4987907166.99	3763017594.54	4910487165.91
发行债券收到的现金	45		---	---
收到其他与筹资活动有关的现金	46	1996700658.64	1127918464.58	
筹资活动现金流入小计	47	6984607825.63	8088806065.99	4910751045.33
偿还债务支付的现金	48	6233844919.51	5597189502.64	1614612508.16
分配股利、利润或偿付利息支付的现金	49	3174740060.83	1673817103.05	976911571.41
其中：子公司支付给少数股东的股利、利润	50			
支付其他与筹资活动有关的现金	51		2583000.00	3113827673.74
筹资活动现金流出小计	52	9408584980.34	7273589605.69	5705351753.31
筹资活动产生的现金流量净额	53	-2423977154.71	815216460.30	-794600707.98
四、汇率变动对现金及现金等价物的影响	54	-471176247.13	20220164.22	-165974089.59
五、现金及现金等价物净增加额	55	7888696372.58	15031658929.71	-371687313.31
加：期初现金及现金等价物余额	56	21370486691.03	6338827761.32	6710515074.63
六、期末现金及现金等价物余额	57	29259183063.61	21370486691.03	6338827761.32

五、财务分析

(一)财务状况分析

1. 资产负债率分析。格力电器2013年末资产负债率为73%,处于较高的比平。

与同行业其他企业的对比数据见下表。

企业名称	格力电器	TCL集团	海信集团	美的集团
2013年末资产负债率	73%	74%	48%	59%

2. 营运资金分析。格力电器2013年末流动资产为1037亿元,流动负债为964亿元,营运资金为73亿元,数额较高。公司财务状况处于较稳定的状态。

与同行业其他企业的对比数据见下表。

企业名称	格力电器	TCL集团	海信集团	美的集团
2013年营动资金	73亿元	107亿元	77亿元	86亿元

3. 流动资产比率分析。格力电器2013年末流动资产比率为78%。流动资产占总资产的比重,远远大于非流动资产占总资产的比重,说明公司的财务结构很合理。

与同行业其他企业的对比数据见下表。

企业名称	格力电器	TCL集团	海信集团	美的集团
2013年流动资产比率	78%	61%	87%	67%

(二)偿债能力分析

1. 速动资产比率分析。格力电器2013年末速动资产占流动资产的比重为87%,说明公司具有极强的债务偿还能力,资产的流动性极强。

与同行业其他企业的对比数据见下表。

企业名称	格力电器	TCL集团	海信集团	美的集团
2013年速动资产比率	87%	45%	72%	52%

2. 利息保障倍数分析。格力电器2013年末利息保障倍数为95,说明公司的息税前利润远大于利息费用,所以公司完全有能力支付所借金融机构的贷款。

与同行业其他企业的对比数据见下表。

企业名称	格力电器	TCL集团	海信集团	美的集团
2013年利息保障倍数	95	21		18

(三)经营能力分析

1. 毛利率分析。格力电器2013年末的产品毛利率为32%,处于非常高的水平,产品盈利能力非常好。

与同行业其他企业的对比数据见下表。

企业名称	格力电器	TCL集团	海信集团	美的集团
2013年毛利率	32%	17%	17%	23%

2. 销售收入分析。格力电器2011年、2012年、2013年的销售收入分别为835亿元、1001亿元、1200亿元,呈逐年增长的态势。

与同行业其他企业的对比数据见下表。

企业名称	格力电器	TCL集团	海信集团	美的集团
2013年销售收入	1200亿元	853亿元	284亿元	1209亿元

3. 净利润分析。格力电器2011年、2012年、2013年的净利润分别为52亿元、74亿元、109亿元,呈逐年增长的态势。

与同行业其他企业的对比数据见下表。

企业名称	格力电器	TCL集团	海信集团	美的集团
2013年净利润	109亿元	21亿元	15亿元	53亿元

4. 存货周转率分析。格力电器2013年的存货周转次数为5.29,处于良好的水平。

与同行业其他企业的对比数据见下表。

企业名称	格力电器	TCL集团	海信集团	美的集团
2013年存货周转率	5.29	5.83	7.00	6.10

5. 应收账款周转率分析。格力电器2013年的应收账款周转次数为71.37，处于良好的水平。

与同行业其他企业的对比数据见下表。

企业名称	格力电器	TCL集团	海信集团	美的集团
2013年应收帐款周转率	71.37	9.05	21.62	15.26

6. 经营性现金流量分析。格力电器2013年的经营性现金流净额为129亿元，说明企业经营所产生的现金足以保证企业的经营需要。

与同行业其他企业的对比数据见下表。

企业名称	格力电器	TCL集团	海信集团	美的集团
经营性现金流量净额	129亿元	51亿元	13亿元	100亿元

（四）投资回报指标分析

1. 净资产收益率分析。格力电器2013年的净资产收益率为31%，处于较高水平，能为投资者提供良好的回报。

与同行业其他企业的对比数据见下表。

企业名称	格力电器	TCL集团	海信集团	美的集团
2013年净资产收益率	31.00%	15.84%	17.00%	24.87%

2. 每股收益分析。格力电器2011年、2012年、2013年的每股收益分别为1.86元、2.47元、3.61元，呈逐年增长的态势，且收益水平非常高。

与同行业其他企业的对比数据见下表。

企业名称	格力电器	TCL集团	海信集团	美的集团
2013年每股收益	3.61元/股	0.25元/股	1.21元/股	4.33元/股

六、基本结论

通过上述分析可以看出，格力电器公司是一个经营效益良好，财务状况稳健，可以为投资者带来良好回报的公司。

同仁堂(600085)

一、企业基本情况

北京同仁堂股份有限公司(以下简称公司)系经北京市经济体制改革委员会京体改发(1997)11号批复批准，由中国北京同仁堂(集团)有限责任公司独家发起，以募集方式设立的股份有限公司。公司于1997年5月29日发行人民币普通股5000万股，1997年6月18日成立，注册资本200000000.00元，股本200000000股，并于1997年6月25日在上海证券交易所正式挂牌。

根据公司1998年度股东大会决议，公司以1998年末总股本200000000股为基数，向全体股东按每10股送红股2股，共送红股40000000股，送股后股本总额为240000000股。

根据公司1999年度股东大会决议，公司以1999年末总股本240000000股为基数，向全体股东按每10股配股3股，实际配股19800000股，其中：北京同仁堂(集团)有限责任公司实际配股1800000股，社会公众股实际配股18000000股，配股后股本总额为259800000股。

根据公司2000年度股东大会决议，公司以2000年末总股本240000000股为基数，以资本公积向全体股东按每10股转增3股，即以配股后总股本259800000股为基数，每10股实际转增2.77136股，共转增71999933股。转增后股本总额为331799933股。

根据公司2002年度、2003年度股东大会决议，经中国证券监督管理委员会证监发行字[2004]141文核准，公司以2002年末总股本331799933股为基数，向全体股东按每10股配股3股。公司控股股东北京同仁堂(集团)有限责任公司全额放弃本次配股认购权，实际配股29884982股，配股后股本总额361684915股。

根据公司2004年度股东大会决议，公司以2004年末总股本361684915股为基数，以资本公积向全体股东按每10股转增2股，共转增72336983股。转增后股本总额为434021898股。注册资本变更为434021898.00元。

根据2005年11月22日相关股东大会审议通过的《北京同仁堂股份有限公司股权分置改革方案》，并经北京市人民政府国有资产监督管理委员会京国资产权字(2005)118号《关于北京同仁堂股份有限公司股权分置改革有关问题的批复》批复，公司全体流通股股东每持有10股获得非流通股股东支付2.5股股票，流通股股东共获得非流通股股东38850477股股票，股本总额不变。

根据公司2007年度股东大会决议，公司以2007年末总股本434021898股为基数，以资本公积向全体股东按每10股转增2股，共转增86804380股。转增后股本总额为520826278股。注册资本变更为520826278.00元。

根据公司2010年度股东大会决议，公司以2010年末总股本520826278股为基数，每10股送红股5股，增加股本260413139股；以资本公积向全体股东按每10股转增10股，共转增520826278股，送转后，共增加股本781239417 股，总股本为1302065695股。注册资本变更为1302065695.00元。

根据公司《发行可转换公司债券发行公告》，公司可转换公司债券——同仁转债于2013年6月5日起进入转股期。截至2013年12月31日，共有157927000.00元同仁转债转换成公司股票，转股数为9031608股，占可转债转股前公司已发行股份总额的0.69%。转股后，截至2013年12月31日，公司总股本为1311097303股。公司尚未完成工商变更登记手续，注册资本仍为1302065695.00元。

公司建立了股东大会、董事会、监事会等法人治理结构，目前设药材采购部、生产制造部、品质保证部、人力资源部、销售部、进出口业务部、投资管理部、财务部、审计部等部门，拥有北京同仁堂科技发展股份有限公司(以下简称同仁堂科技)、北京同仁堂商业投资集团有限公司(以下简称同仁堂商业)、北京同仁堂天然药物有限公司(以下简称同仁堂天然药物)、北京同仁堂吉林人参有限责任公司(以下简称同仁堂吉林人参)、北京同仁堂陵川党参有限责任公司(以下简称同仁堂陵川党参)、北京同仁堂内蒙古甘草黄芪种植基地有限公司（以下简称同仁堂内蒙黄芪）、北京同仁堂蜂业有限公司（以下简称同仁堂蜂业）等子公司。

公司经营范围：制造、加工中成药制剂、化妆品、酒剂、涂膜剂、软胶囊剂、硬胶囊剂、保健酒、加工鹿乌鸡产品、营养液制造（不含医药作用的营养液）。经营中成药、中药材、西药制剂、生化药品、保健食品、定型包装食品、酒、医疗器械、医疗保健用品。零售中药饮片、保健食品、定型包装食品（含乳冷食品）、图书、百货。中医科、内科专业、外科专业、妇产科专业、儿科专业、皮肤科专业、老年病科专业诊疗。技术咨询、技术服务、技术开发、技术转让、技术培训、劳务服务。药用动植物的饲养、种植；养殖梅花鹿、乌骨鸡、麝、马鹿。中西药广告设计制作。危险货物运输（3类）、普通货运。物业管理和供暖服务。自营和代理各类商品及技术的进出口业务，但国家限定公司经营或禁止进出口的商品及技术除外。

其中北京同仁堂股份有限公司和分公司均可生产经营的项目为：加工、制造中成药，经营中成药、西药制剂，技术咨询、技术服务、技术开发、技术转让、技术培训、劳务服务。零售百货。中西药广告设计制作。普通货运。其中仅限分公司生产经营的项目为：加工制造酒剂、涂膜剂、软胶囊剂、硬胶囊剂、保健酒、加工鹿乌鸡产品、营养液制造（不含医药作用的营养液）。经营中药材、保健食品、定型包装食品、酒、医疗器械、医疗保健用品；零售中药饮片、定型包装食品（含乳冷食品）、图书。中医科、内科专业、外科专业、妇产科专业、儿科专业、皮肤科专业、老年病科专业诊疗。养殖梅花鹿、乌骨鸡、麝、马鹿。危险货物运输（3类）、普通货运。物业管理和供暖服务。

二、2013年公司经营情况

2013年，在中央积极创新的宏观调控下，国内经济获得稳中向好的发展。国家卫生和计划生育委员会成立，机构改革与职能转变并举，更加注重宏观管理与资源的优化配置。医药行业不仅在2013年迎来了医改纵深推进的阶段，也在卫计委的统一部署下，启动了反商业贿赂行动，对于净化市场环境、建立良好的行业秩序起到重要推动作用。

报告期内，公司持续探索以夯实基础保证发展、以管理转型推进发展的经营思路，扎实开展各项工作，在经营中勤于思考敢于尝试，在管理中强化规范提升效率，在生产中严格把关确保质量。2013年，面对政策导向下的市场消费格局调整，高端产品需求下降的不利因素，在公司全员的共同努力下，全年营业收入同比增长15.94%，营业利润同比增长20.42%，实现年度经营目标。

（一）营销情况

2013年，公司依照董事会的战略部署，以落实管理转型为契机，统筹安排，精耕细作，合理调整结构，科学分配资源，深挖品种潜能，积极开拓市场，灵活有序地开展营销工作。适时调整机构，确保执行到位——经营团队在报告期内依托管理转型，及时转变思路，调整组织机构，将销售体系的搭建与销售区域充分融合，目的是促进营销人员和经销商无缝对接，确保营销措施落实到位，并以此为基础设计相匹配的品种运作方案，经品种委员会分析确定后予以落实，打造人员、区域、品种的立体营销体系，并实现三者间的有机结合与动态平衡，同时也有力促进了下沉营销到终端的拓展，为公司产品进一步打开终端市场、提升经营质量与服务质量奠定了基础。

深入分析品种，优化渠道布局——经营队伍继续以市场需求为导向，深入分析品种特性，探索品种梯队与市场区域的最佳结合点，在充分发挥品种群优势的基础上，选择适合长期发展的单品种，制定相应的发展规划目标，以保证销售规模递增；经营单位还与生产、配送单位保持有效沟通，合理制定各品种、各区域的铺货计划，既与生产、配送相匹配，又及时把握好对医疗、终端、渠道等不同层次、不同地域的供货安排，保证了品种供应，进而保障了产品销售上量。

细化考核指标，发掘队伍潜力——经营队伍从解放思想、管理转型的角度出发，进一步探讨考核体系的合理性，对于业务完成情况既考核指标，也关注品种，既考虑市场的拓展情况，也考察经营秩序的维护管理情况，内部强化沟通意识，外部增强服务意识，提升了责权利考核机制的可执行性，有力调动队伍的积极性。

报告期内，公司继续执行现款销售、应收账款季末清零的销售政策不动摇，经营团队通过与经销商加强沟通，增强对渠道掌控力度，以维护渠道良好经营秩序，保证经营质量与资产质量不放松。各类别品种运行情况正常，其中大品种整体销售情况稳定，重点二线品种继续保持两位数增长。营销分公司不断加强经验积累与分析总结，潜心研究与实践潜力品种的市场拓展，并对重点品种如巴戟天寡糖胶囊制定有针对性的营销策略，包括编制临床手册，为产品做好理论支撑，择机开展区域型经销商推广会等，与经销商形成良好互动，为产品的下一步推广提供有力支持。报告期内，巴戟天寡糖胶囊已在11个省市初步实现上市销售，为后续推广积累宝贵经验。

2013年，卫计委正式成立，体现国家对于医药行业实施宏观管控、优化资源配置的意图，而各项医改政策的继续落实，也标志着医改进入深水阶段。公司一方面紧跟政策比对自身优势，密切关注市场变化做好对接，另一方面积极参与多个省市药品的招标与物价备案工作，争取更多医疗市场空间。报告期内，北京社区医疗销售整体稳定，体现了较高的市场认同度。

(二)科研工作情况

2013年，科研部门以公司管理转型的发展思路为指引，继续在新品研发、优化工艺、改进设备等方面，为公司持续发展提供技术支撑。报告期内，六类新药清脑宣窍滴丸二期临床研究工作已顺利完成，并已启动三期临床研究；八类新药坤宝片已结束全部研究工作，目前处于注册申报阶段；六类新药参丹活血胶囊已正式启动四期临床研究工作。濒危动物原材料替代性研究工作也在持续进行中，为公司做好长期品种规划提供保障；科研部门积极配合经营团队，通过开展产品培训、组织专项品种研讨会等形式，提高业务人员对公司产品的认知，并以研讨会专业报告的形式充分展现公司产品的优势与特点，助推营销工作的顺利开展。此外，科研人员对部分自动化生产线控制体系的改进、提取设备的技术改造，做了大量富有成效的工作，为公司提升产品品质和提高质量控制水平提供关键技术支持。

(三)各项管理工作情况

报告期内，公司以科技创新推动产业进步，以管理转型促进思路拓展，实现向科技要效益，以管理促发展。2013年，公司为提高劳动生产率，有效控制人工成本，继续大力推动机械化生产的进程，其中散剂灌装机的成功引入，有力提升了该剂型的机械化生产水平。目前该条生产线已进入试产阶段，为今后实现散剂整体机械化生产奠定良好基础。对于大蜜丸、小蜜丸的机械化包装减少手工程序，公司也取得一定突破。通过借鉴先进经验，公司合作开发针对蜜丸剂型的包装设备，目前均已进入调试阶段，为缓解生产压力、提高产品质量又添助力。

药品质量管理部门通过派出管理人员到各生产基地现场交流，进一步细化质量指标，完善质量考核体系，贯彻落实公司质量目标责任制。工业基地继续加紧做好新版GMP的认证工作，通过修订文件、完善质量手册、落实软硬件改造，为迎接认证做好充分准备。报告期内，公司南分厂口服液车间顺利通过新版GMP认证。针对2013年内的几起质量报道事件，公司药品质量管理部门与生产基地高度重视，积极配合来自药监管理部门的各专项检查、突击检查，所涉及产品、原材料全部符合国家质量标准。此外，公司多个剂型、几十个品种和批次的产品接受药监部门的抽查，合格率100%。

公司在报告期内继续落实对所属子公司的规范化、程序化、常态化管理，对于新成立或纳入控制范围时间尚短的子公司，重点协助其完善内控体系，强化治理制度的确立与品牌使用的规范。公司在2013年加强对子公司的巡视检查，通过召开子公司董事会、股东会规范法人治理结构，加强对子公司的管理，明确子公司经营定位，落实其年度经营目标。报告期内，各子公司整体运营情况良好，继续实现营业收入与利润的双增长。

2013年，公司着力推进品牌保护长效机制的建设。根据控股股东对品牌使用与管理的整体规划，公司制定《商标使用管理办法》，进一步明确与细化商标使用与管理的具体措施；公司将品牌保护与管理向上游延伸，与供应商履行商标授权备案程序，巩固品牌保护的基础。为及时应对冒用公司名义发生的虚假违法广告事件，公司设立专门小组，与各地工商、药监系统和媒体保持有效沟通，保障公司与消费者合法权益免受侵害。报告期内，在工商、公安系统的大力支持下，公司品牌部门与有关单位、部室协调运作，对数宗冒用公司名义的造假案件及时做出处理，有力维护了公司品牌。

报告期内，公司遵照董事会的战略部署，以切实提升经营、资产、产品、服务四个质量为核心，坚持做好夯实基础，稳步推进管理转型，积极倡导开拓思路，紧密团结共促发展，圆满实现各项年度经营目标。2014年，公司将继续以党的十八届三中全会精神为指引，以“规范、创新、突破”为发展手段，解放思想，攻坚克难，扎实推进各项经营管理工作，促进企业的管理转型和思想转型，继续提升综合管控能力、市场驾驭能力、科技创新能力和防御风险能力，实现公司健康、持续发展。

(四)重点项目情况分析

公司2013年实现营业收入87.15亿元，同比增长15.94%。公司经营团队依托管理转型，拓宽思路，融合品种特色与市场需求，发挥品牌品种优势，进一步完善考核体系，激发队伍工作潜能，克服高价产品销售放缓的困难，努力推动产品销售上量；商业零售平台面对高端产品消费动能受到抑制的不利局面，从提升服务质量、开展特色营销入手，应对销售结构性变化带来的影响。2013年，公司从管理转型着手，继续优化经营管理模式，通过对产品架构的合理搭建，对营销手段的有效运用，维护了经营渠道的良好秩序，品种整体运行情况稳定；同时，继续发挥商业平台的优势，及时做好产品结构调整，以应对高端产品销售下降带来的不利影响，确保整体经营持续稳定。

(五)核心竞争力分析

公司是一家以传统中成药生产和销售为主的老字号企业。公司使用的品牌“同仁堂”创建于清康熙八年(1669年)，供奉御药188年。公司恪守“炮制虽繁必不敢省人工，品味虽贵必不敢减物力”的堂训，依靠质量和信誉树立良好的口碑，公司产品以“配方独特、选料上乘、工艺精湛、疗效显著”而闻名海内外，成为中国中药著名品牌，品牌优势十分显著，行业地位突出。

公司历经上市十余年的成长与发展，目前已形成以中成药生产制造为核心，具备中药材种植、中药材贸易、现代医药物流配送、药品销售的较为完善的产业链条。公司业务向上游种植基地延伸以及下游的药品零售平台延展，不仅充分运用了品牌优势，持续扩大公司的影响力，也在各个重要环节为公司的生产经营严格把关。公司生产工艺成熟，并注重新技术的研发和创新；近年来公司自主研发的生产线，不仅帮助公司有效节约了成本，提高劳动生产率，也加快了机械化生产的步伐，助推公司在现代制药的道路上更进一步。

公司药品剂型齐备，品种丰富，拥有丸剂、片剂、酒剂、散剂等28个剂型800余种药品注册名号。其中公司的名牌产品例如安宫牛黄丸、同仁大活络丸、同仁牛黄清心丸、牛黄解毒片等为大众广泛熟知和认可，品牌、质量优势突出，市场占有率明显。

公司通过“金字塔”人才工程储备人才力量，组建了一支具备高素质、具有专业水平的职工队伍，各类专业人才均活跃在公司关键经营管理岗位的一线。公司还通过“师承教育”方式，推动中医诊疗技术和中药技术的传承。公司坚持“以义为上，义利共生”的经营理念，在生产经营工作中要求“术业有专攻”；注重品牌的维护与品牌文化的弘扬，持续推动人才队伍建设，充分运用研发来提升工艺水平并开拓新的产品领域，确保公司的核心竞争力持久发展并历久弥新。

三、公司发展战略

公司面临的机遇：报告期内，党的十八届三中全会提出“完善中医药事业发展政策和机制”，再次强调并肯定了中医药在国家发展战略中的地位；近年来，政府和社会各界对中医药事业的扶持力度不断加大，中医药文化普及范围更趋广泛，“治未病”工程让中医惠及更多群众，中医药在提升人民健康事业中的服务能力继续增强，群众对于中医药认可程度不断提高。中医药老字号企业紧跟改革的步伐，在变化的市场环境中积极寻觅发展良机。对于资质良好、基础扎实、资源丰富的优势企业而言，准确研判环境变化，充分发挥自身优势，及时把握市场方向，能够赢得更多的发展机会。

公司面临的挑战：报告期内，政府强调继续深化医改，“建立最严格的食品药品安全监管制度”。公司不仅需要紧跟改革的步伐，及时应对行业变革引起的市场需求变化，更需要通过对自身产业链的完善、产品与服务质量标准的提升，强化自身的规范运作，来迎接更为严格的监督管理；加之政策对于药品价格管制仍然持续，因此药品销售仍将在一定程度上受到制约；随着大众对于中医药认可度的提升，群众对中医药提供服务的需求多样化发展，从而进一步提高了对服务质量的要求。

在改革的引领下，公司也将面临新环境、新起点：面对不断深化医改、监管持续严格的市场，公司将详细研读政策、严谨分析行业趋势、深入了解市场需求，继续对营销模式做出有益探索，依托转型持续优化内部管理，加强沟通，合理安排生产经营计划，鼓励技术创新带动产业升级，坚持公司文化建设并不断丰富文化内涵，继续发挥商业终端的品牌效应，稳扎稳打实现公司的健康、持久发展。

四、公司最近三年财务报表

2011年至2013年利润表

单位:北京同仁堂股份有限公司 (单位:元)

项　　目	行次	2013年金额	2012年金额	2011年金额
一、营业总收入	1	8714647401.68	7516760679.82	6108383711.48
其中:营业收入	2	8714647401.68	7516760679.82	6108383711.48
其他业务收入	3			
利息收入	4	0.00	0.00	0.00
已赚保费	5	0.00	0.00	0.00
手续费及佣金收入	6	0.00	0.00	0.00
二、营业总成本	7	7454932602.03	6475168601.36	5331517422.65
其中:营业成本	8	4978569156.44	4217587111.65	3604168841.95
其他业务成本	9			
利息支出	10	0.00	0.00	0.00
手续费及佣金支出	11	0.00	0.00	0.00
退保金	12	---	---	
赔付支出净额	13	---	---	
提取保险合同准备金净额	14	---	---	
保单红利支出	15	---	---	
分保费用	16	---	---	
营业税金及附加	17	86256440.17	75219040.27	58856523.80
销售费用	18	1580392489.76	1404933264.23	1042188880.23
管理费用	19	779988501.98	678659756.04	533123454.88
其中:业务招待费	20	0.00	0.00	

(续表)

项　　目	行次	2013年金额	2012年金额	2011年金额
研究开发支出	21			
财务费用	22	26514357.45	8517384.36	-2714048.85
其中:利息支出	23			
利息收入	24		0.00	
汇兑净损失	25			
资产减值损失	26	3211656.23	90252044.81	95893770.64
加:公允价值变动收益(损失以"-"号填列)	27	0.00	0.00	0.00
投资收益(损失以"-"号填列)	28	3884734.29	7752897.19	12664849.47
其中:对联营企业和合营企业的投资收益	29	0.00	0.00	0.00
汇兑收益(损失以"-"号填列)	30	0.00	0.00	0.00
三、营业利润(亏损以"-"号填列)	31	1263599533.94	1049344975.65	789531138.30
加:营业外收入	32	34774208.09	30159069.59	15793620.14
其中:非流动资产处置利得	33			
非货币性资产交换利得	34			
政府补助	35			
债务重组利得	36			
减:营业外支出	37	2564340.70	3016191.56	3691266.33
其中:非流动资产处置损失	38	0.00	0.00	0.00
非货币性资产交换损失	39			
债务重组损失	40			
四、利润总额(亏损总额以"-"号填列)	41	1295809401.33	1076487853.68	801633492.11
减:所得税费用	42	229108144.29	197856869.88	146982432.62
五、净利润(净亏损以"-"号填列)*	43	1066701257.04	878630983.80	654651059.49
*归属于母公司所有者的净利润	44	656013728.53	570060702.14	438066654.62
*少数股东损益	45	410687528.51	308570281.66	216584404.87
六、每股收益:	46	---	---	

(续表)

项　　目	行次	2013年金额	2012年金额	2011年金额
(一)基本每股收益	47	0.53	0.44	0.34
(二)稀释每股收益	48	0.49	0.44	

2011年至2013年资产负债表(一)

单位:北京同仁堂股份有限公司　　(单位:元)

资　　产	行次	2013年金额	2012年金额	2011年金额
流动资产:	1	---	---	
货币资金	2	4938260983.80	3640928630.98	2078993509.81
结算备付金	3	---	---	
拆出资金	4	---	---	
交易性金融资产	5	0.00	0.00	0.00
应收票据	6	128737836.06	189828146.07	128144985.51
应收账款	7	471142607.90	324198262.07	295387625.88
预付款项	8	130547780.52	106107422.83	220756543.77
待摊费用	9	0.00	0.00	0.00
应收保费	10	0.00	0.00	0.00
应收分保账款	11	0.00	0.00	0.00
应收分保合并准备金	12	0.00	0.00	0.00
应收股利	13	7921.37	0.00	0.00
应收利息	14	0.00	0.00	0.00
其他应收款	15	58877034.81	49838822.66	59939966.01
买入返售金融资产	16	0.00	0.00	0.00
存货	17	4180324076.25	3694973744.64	3166774690.30
其中:消耗性生物资产	18	0.00	0.00	0.00
一年内到期的非流动资产	19	0.00	0.00	0.00
其他流动资产	20	89392847.06	93873304.78	0.00
流动资产合计	21	9997291087.77	8099748334.03	5949997321.28
非流动资产:	22	---	---	
发放长期贷款及垫款	23	0.00	0.00	0.00
可供出售金融资产	24	0.00	0.00	0.00

(续表)

资　产	行次	2013年金额	2012年金额	2011年金额
持有至到期投资	25	0.00	0.00	0.00
长期应收款	26	0.00	0.00	0.00
长期股权投资	27	29577441.49	36713618.54	28694168.31
投资性房地产	28	0.00	0.00	0.00
固定资产	29	1133475994.72	958242563.64	885317581.19
在建工程	30	263516926.08	155184819.83	160213749.24
工程物资	31	0.00	0.00	0.00
固定资产清理	32	0.00	0.00	0.00
生产性生物资产	33	0.00	0.00	0.00
油气资产	34	0.00	0.00	0.00
无形资产	35	292620369.14	294886896.87	196727056.39
其中:土地使用权	36	0.00	0.00	0.00
开发支出	37	0.00	0.00	0.00
商誉	38	0.00	0.00	0.00
长期待摊费用	39	107844785.98	89854792.78	65061275.69
递延所得税资产	40	42348281.50	40225843.59	41888233.43
其他非流动资产	41	45225123.84	13350392.57	2000000.00
非流动资产合计	42	1914608922.75	1588458927.82	1379902064.25
	43			
	44			
	45			
资产总计	46	11911900010.52	9688207261.85	7329899385.53

2011年至2013年资产负债表(二)

单位:北京同仁堂股份有限公司　　(单位:元)

负债和所有者权益	行次	2013年金额	2012年金额	2011年金额
流动负债:	47	---	---	
短期借款	48	261000000.00	231000000.00	231000000.00

负债和所有者权益	行次	2013年金额	2012年金额	2011年金额
向中央银行借款	49	0.00	0.00	0.00
吸收存款及同业存放	50	0.00	0.00	0.00
拆入资金	51	0.00	0.00	0.00
交易性金融负债	52	0.00	0.00	0.00
应付票据	53	0.00	0.00	0.00
应付账款	54	1622773172.38	1501793927.44	1391849568.26
预收款项	55	351224491.93	586176733.04	400410170.47
预提费用	56	0.00	0.00	0.00
卖出回购金融资产款	57	0.00	0.00	0.00
应付手续费及佣金	58	0.00	0.00	0.00
应付职工薪酬	59	126398929.17	107383391.43	60753950.77
应交税费	60	126391922.31	109986905.97	48052836.31
应付利息	61	531925.61	445684.93	0.00
应付股利	62	8492971.39	6530331.11	4899681.45
其他应付款	63	487757467.46	364687943.84	283019762.33
应付分保账款	64	0.00	0.00	0.00
保险合同准备金	65	0.00	0.00	0.00
代理买卖证券款	66	0.00	0.00	0.00
代理承销证券款	67	0.00	8000000.00	0.00
一年内到期的非流动负债	68	0.00	0.00	0.00
其他流动负债	69	0.00	0.00	0.00
流动负债合计	70	2984570880.25	2916004917.76	2419985969.59
非流动负债：	71	---	---	
长期借款	72	39310000.00	0.00	0.00
应付债券	73	908152190.08	1025917223.84	0.00
长期应付款	74	139820.11	177279.51	16330927.69
专项应付款	75	10694800.00	5694800.00	0.00
预计负债	76	0.00	0.00	0.00
递延所得税负债	77	24178036.64	30540910.39	5098789.28
其他非流动负债	78	107452336.24	102415573.10	77424032.45
非流动负债合计	79	1089927183.07	1164745786.84	98853749.42
负债合计	80	4074498063.32	4080750704.60	2518839719.01

(续表)

负债和所有者权益	行次	2013年金额	2012年金额	2011年金额
所有者权益(或股东权益):	81	---	---	
实收资本(或股本)	82	1311097303.00	1302065695.00	1302065695.00
资本公积	83	1084632297.67	380898764.54	253929930.99
减:库存股	84	0.00	0.00	0.00
盈余公积	85	420405953.88	375434910.13	343198934.63
一般风险准备	86	0.00	0.00	0.00
未分配利润	87	2240474948.35	1955091139.32	1612560910.54
外币报表折算差额	88	−38638397.68	−33856380.23	−34905505.36
归属于母公司所有者权益合计	89	5017972105.22	3979634128.76	3476849965.80
*少数股东权益	90	2819429841.98	1627822428.49	1334209700.72
所有者权益合计	91	7837401947.20	5607456557.25	4811059666.52
负债和所有者权益总计	92	11911900010.52	9688207261.85	7329899385.53

2011年至2013年现金流量表

单位:北京同仁堂股份有限公司 (单位:元)

项目	行次	2013年金额	2012年金额	2011年金额
一、经营活动产生的现金流量:	1	---	---	
销售商品、提供劳务收到的现金	2	8852456557.65	7256198219.56	5492243238.83
客户存款和同业存放款项净增加额	3	0.00	0.00	0.00
向中央银行借款净增加额	4	0.00	0.00	0.00
向其他金融机构拆入资金净增加额	5	0.00	0.00	0.00
收到原保险合同保费取得的现金	6	0.00	0.00	0.00
收到再保险业务现金净额	7	0.00	0.00	0.00
保户储金及投资款净增加额	8	0.00	0.00	0.00
处置交易性金融资产净增加额	9	0.00	0.00	0.00
收取利息、手续费及佣金的现金	10	0.00	0.00	0.00
拆入资金净增加额	11	0.00	0.00	0.00
回购业务资金净增加额	12	0.00	0.00	0.00
收到的税费返还	13	2721494.34	3559497.24	2742810.01
收到其他与经营活动有关的现金	14	125314348.89	143434886.03	81834384.84

（续表）

项目	行次	2013年金额	2012年金额	2011年金额
经营活动现金流入小计	15	8980492400.88	7403192602.83	5576820433.68
购买商品、接受劳务支付的现金	16	4852628294.12	3632812913.53	2826260681.96
客户贷款及垫款净增加额	17	0.00	0.00	0.00
存放中央银行和同业款项净增加额	18	0.00	0.00	0.00
支付原保险合同赔付款项的现金	19	0.00	0.00	0.00
支付利息、手续费及佣金的现金	20	0.00	0.00	0.00
支付保单红利的现金	21	0.00	0.00	0.00
支付给职工以及为职工支付的现金	22	1341139700.77	1071341708.08	851216747.75
支付的各项税费	23	917090296.96	759337406.79	600448469.17
支付其他与经营活动有关的现金	24	1193235441.67	1066271402.46	753989214.24
经营活动现金流出小计	25	8304093733.52	6529763430.86	5031915113.12
经营活动产生的现金流量净额	26	676398667.36	873429171.97	544905320.56
二、投资活动产生的现金流量：	27	---	---	
收回投资收到的现金	28	547916.07	0.00	91000000.00
取得投资收益收到的现金	29	2543855.79	200221.18	1709917.58
处置固定资产、无形资产和其他长期资产收回的现金净额	30	2557379.52	306476.05	405577.16
处置子公司及其他营业单位收到的现金净额	31	0.00	0.00	0.00
收到其他与投资活动有关的现金	32	74648788.59	51244982.16	101326995.02
投资活动现金流入小计	33	80297939.97	51751679.39	194442489.76
购建固定资产、无形资产和其他长期资产支付的现金	34	427303375.26	289101284.42	429925209.55
投资支付的现金	35	52082911.12	242860.00	2000000.00
质押贷款净增加额	36	0.00	0.00	0.00
取得子公司及其他营业单位支付的现金净额	37	31111131.22	0.00	0.00
支付其他与投资活动有关的现金	38	1234343.30	0.00	0.00
投资活动现金流出小计	39	511731760.90	289344144.42	431925209.55
投资活动产生的现金流量净额	40	−431433820.93	−237592465.03	−237482719.79
三、筹资活动产生的现金流量：	41	---	---	
吸收投资收到的现金	42	1500302724.83	88950000.00	9358160.73

(续表)

项目	行次	2013年金额	2012年金额	2011年金额
其中:子公司吸收少数股东投资收到的现金	43	1500302724.83	88950000.00	8848160.73
取得借款收到的现金	44	506830000.00	337000000.00	337000000.00
发行债券收到的现金	45	0.00	1180900000.00	0.00
收到其他与筹资活动有关的现金	46	5000000.00	0.00	0.00
筹资活动现金流入小计	47	2012132724.83	1606850000.00	346358160.73
偿还债务支付的现金	48	437000000.00	337000000.00	279850000.00
分配股利、利润或偿付利息支付的现金	49	498025742.27	329608058.07	287225649.65
其中:子公司支付给少数股东的股利、利润	50	151754037.68	120059545.23	94799147.34
支付其他与筹资活动有关的现金	51	42854756.56	12475268.70	11596194.71
筹资活动现金流出小计	52	977880498.83	679083326.77	578671844.36
筹资活动产生的现金流量净额	53	1034252226.00	927766673.23	-232313683.63
四、汇率变动对现金及现金等价物的影响	54	-32084719.61	-3289981.79	-6565691.76
五、现金及现金等价物净增加额	55	1247132352.82	1560313398.38	68543225.38
加:期初现金及现金等价物余额	56	3640928630.98	2080615232.60	2010450284.43
六、期末现金及现金等价物余额	57	4888060983.80	3640928630.98	2078993509.81

五、财务分析

(一)财务状况分析

1. 资产负债率分析。同仁堂2013年末资产负债率为34%,处于极低的水平,财务结构合理,公司具有极强的抗风险能力。

与同行业其他企业的对比数据见下表。

企业名称	同仁堂	华润双鹤	华北制药	复兴药业
2013年末资产负债率	34.00%	17.66%	71.00%	40.00%

2. 营运资金分析。同仁堂2013年末流动资产为99亿元,流动负债为29亿元,营运资金为70亿元,数额较高。公司财务状况处于较稳定的状态。

与同行业其他企业的对比数据见下表。

企业名称	同仁堂	华润双鹤	华北制药	复兴药业
2013年营动资金	70亿元	28亿元	-14亿元	17亿元

3. 流动资产比率分析。同仁堂2013年末流动资产比率为84%。流动资产占总资产的比重，远远大于非流动资产占总资产的比重，说明公司的财务结构很合理。

与同行业其他企业的对比数据见下表。

企业名称	同仁堂	华润双鹤	华北制药	复兴药业
2013年流动资产比率	84.00%	59.88%	38.00%	23.00%

（二）偿债能力分析

1. 速动资产比率分析。同仁堂2013年末速动资产占流动资产的比重为58%。其中，货币资金为49亿元，占流动资产的49%。说明公司资金非常充裕，具有极强的债务偿还能力，资产的流动性极强。

与同行业其他企业的对比数据见下表。

企业名称	同仁堂	华润双鹤	华北制药	复兴药业
2013年速动资产比率	58.00%	51.15%	28.00%	18.00%

2. 利息保障倍数分析。同仁堂2013年末利息保障倍数为50。说明公司的息税前利润远大于利息费用，所以公司完全有能力支付所借金融机构的贷款。

与同行业其他企业的对比数据见下表。

企业名称	同仁堂	华润双鹤	华北制药	复兴药业
2013年利息保障倍数	50倍	89倍	1.11倍	8.57倍

（三）经营能力分析

1. 毛利率分析。同仁堂2013年末的产品毛利率为43%。处于极高的水平，产品盈利能力非常好。

与同行业其他企业的对比数据见下表。

企业名称	同仁堂	华润双鹤	华北制药	复兴药业
2013年毛利率	43.00%	34.00%	10.00%	44.00%

2．销售收入分析。同仁堂2011年、2012年、2013年的销售收入分别为61亿元、75亿元、87亿元，呈逐年增长的态势。

与同行业其他企业的对比数据见下表。

企业名称	同仁堂	华润双鹤	华北制药	复兴药业
2013年销售收入	87亿元	68亿元	124亿元	99亿元

3．净利润分析。同仁堂2011年、2012年、2013年的净利润分别为6亿元、8亿元、10亿元，呈逐年增长的态势。

与同行业其他企业的对比数据见下表。

企业名称	同仁堂	华润双鹤	华北制药	复兴药业
2013年净利润	10亿元	8亿元	0.13亿元	20亿元

4．存货周转率分析。同仁堂2013年的存货周转次数为1.19，周转次数较低。表明存货占用公司资金时间较长，不利于资金的运转，使用效率应提高。

与同行业其他企业的对比数据见下表。

企业名称	同仁堂	华润双鹤	华北制药	复兴药业
2013年存货周转率	1.19	6.64	7.62	3.84

5．应收账款周转率分析。同仁堂2013年的应收账款周转次数为18.5，处于良好的水平。

与同行业其他企业的对比数据见下表。

企业名称	同仁堂	华润双鹤	华北制药	复兴药业
2013年应收帐款周转率	18.50	9.10	8.12	9.08

6．经营性现金流量分析。同仁堂2013年的经营性现金流净额为6亿元，

说明企业经营所产生的现金足以保证企业的经营需要。

与同行业其他企业的对比数据见下表。

企业名称	同仁堂	华润双鹤	华北制药	复兴药业
经营性现金流量净额	6亿元	5亿元	-1.35亿元	10亿元

（四）投资回报指标分析

1. 净资产收益率分析。同仁堂2013年的净资产收益率为13.6%，处于较高水平，能为投资者提供良好的回报。

与同行业其他企业的对比数据见下表。

企业名称	同仁堂	华润双鹤	华北制药	复兴药业
2013年净资产收益率	13.60%	17.56%	0.33%	12.30%

2. 每股收益分析。同仁堂2011年、2012年、2013年的每股收益分别为0.336元、0.438元、0.503元，呈逐年增长的态势，且收益水平较高。

与同行业其他企业的对比数据见下表。

企业名称	同仁堂	华润双鹤	华北制药	复兴药业
2013年每股收益	0.503元/股	1.523元/股	0.01元/股	0.9元/股

六、基本结论

通过上述分析可以看出，同仁堂公司是一个经营效益良好，财务状况稳健，可以为投资者带来良好回报的公司。

上汽集团（600104）

一、公司基本情况

上海汽车集团股份有限公司（以下简称“公司”）是于1997年8月经上海市人民政府以（1997）41号文和上海市证券管理办公室沪证司（1997）104号文批准，由上海汽车工业（集团）总公司（以下简称“上汽总公司”）独家发起设立的股份有限公司。公司领取注册号为310000000000840的企业法人营业执照，经营年限为不约定年限。1997年11月7日，经中国证券监督管理委员会以证监发字(1997)500号文批准，公司向社会公众公开发行境内上市内资股(A股)股票并上市交易，股票代码为600104。公司成立后，股本及股权结构历经多次变更。2011年1月1日，公司的总股本为人民币9242421691.00元，计9242421691股，其中上汽总公司持有6742713768股，占总股份的72.95%，跃进汽车集团公司(以下简称"跃进集团")持有468398580股，占总股份的5.07%，其他社会公众股为2031309343股，占总股份的21.98%。2011年4月1日，公司四届董事会二十六次会议审议通过了《上海汽车集团股份有限公司发行股份购买资产暨关联交易议案》，批准了公司向上汽总公司及上海汽车工业有限公司(以下简称"工业有限")发行股份购买资产的交易。根据公司与上汽总公司和工业有限于2011年4月1日签订的《发行股份购买资产协议》，公司拟向上汽总公司和工业有限发行股份，购买上汽总公司和工业有限所拥有的从事独立供应零部件业务、汽车服务贸易业务、新能源汽车业务相关公司股权及其他相关资产(以下简称"2011年重组")。2011年5月11日，公司四届董事会二十九次会议审议通过了补充和完善的《关于公司发行股份购买资产暨关联交易的议案》以及《关于签署<发行股份购买资产协议之补充协议>的议案》，公司与上汽总公司及工业有限同日签署了《发行股份购买资产协议之补充协议》。2011年5月20日，上海市国有资产监督管理委员会以沪国资委产权[2011]187号文《关于上海汽车集团股份有限公司非公开发行股份有关问题的批复》批准了2011年重组。2011年5月27日，公司2011年第二次临时股东大会批准了《关于公司发行股份购买资产暨关联交易的议案》、《关于签署<发行股份购买资产协议>及<发行股份购买资产协议之补充协议>的议案》。2011年9月9日，中国证券监督管理委员会以《关于核准上海汽车集团股份有限公司向上海汽车工业(集团)总公司等发行股份购买资产的批复》(证监许可[2011]1431号)核准了2011年重组。2011年12月13日，公司与上汽总公司及工业有限签订了《交割备忘录》，并于当日完成了2011年重组的资产交割。2011年12月27日，公司完成了2011年重组的股票发行，共计发行1783144938股股份，其中向上汽总公司发行1448736163股股份，向工业有限发行334408775股股份。2011年12月28日，公司收到中国证券登记结算有限责任公司上海分公司出具的《证券变更登记证明》，上述股份已全部完成股份登记手续。

2011年重组后，公司总股份为11025566629股，股本总额计人民币11025566629.00元，其中上汽总公司持有8191449931股，占总股份的74.30%；跃进集团持有468398580股，占总股份的4.25%；工业有限持有334408775股，占总股份的3.03%；其他社会公众股为2031309343股，占总股份的18.42%。2012年，跃进集团累计减持公司股份计54479439股。2012年12月31日，公司总股份为11025566629股，股本总额计人民币11025566629.00元，其中上汽总公司持有8191449931股，占总股份的74.30%；跃进集团持有413919141股，占总股份的3.75%；工业有限持有334408775股，占总股份的3.03%；其他社会公众股为2085788782股，占总股份的18.92%。2013年度，公司股份未发生变动。

公司经批准的经营范围为汽车、摩托车、拖拉机等各种机动车整车，机械设备、总成及零部件的生产、销售，国内贸易（除专项规定），咨询服务业，经营公司自产产品及技术的出口业务和公司所需的机械设备、零配件、原辅材料及技术的进口业务（但国家限定公司经营或禁止进出口的商品及技术除外），公司包括公司控股的成员企业，汽车租赁及机械设备租赁，实业投资，期刊出版，利用自有媒体发布广告，从事货物及技术进出口业务（涉及许可的凭许可证件经营）。

二、2013年公司经营情况

（一）生产及销售情况

2013年，国内汽车市场走出了过去两年的低迷态势，全年整车销售2223.7万辆，同比增长14.6%。其中，乘用车1699.4万辆，同比增长19.7%；商用车524.3万辆，同比增长0.6%。

公司积极应对市场变化，采取措施努力开拓市场，整车销量在国内大集团中率先跨越500万辆台阶，继续保持了市场领先地位。全年公司国产整车销售510.6万辆，同比增长13.7%。其中，乘用车396.1万辆，同比增长20.1%；商用车114.5万辆，同比下降3.9%。公司商用车销量增速下滑的主要原因是,受细分市场整体萎缩影响,在公司商用车销量结构中占比较高的微型商用车销量同比下降6%,这对公司商用车乃至上汽整车总体销量增速均产生了一定影响。

公司旗下合资整车企业继续发挥龙头作用,上海通用、上海大众整车年销量分别位居全国乘用车企业销量前两位,上汽通用五菱继续保持微车市场领先地位。自主创新全面推进,年内投放的全新荣威550广泛运用了双离合自动变速器、inkanet车联网等先进技术,产品技术能级显著提升;新能源车产业化取得新突破,年内荣威550插电强混轿车投产,综合性能达到国内领先、国际一流的技术水平。在努力开拓市场、扩大销量规模的同时,公司还采取了优化产品销售结构、材料降本等切实措施,不断提高经营质量,取得了积极成果。报告期内,归属于上市公司股东的净利润同比增长近两成。

本报告期公司全年实现营业总收入56580701.16万元,归属于母公司股东的净利润2480362.63万元,每股收益2.25元。2013年末总资产37364074.08万元,归属于母公司股东的净资产13775723.86万元。

(二)核心竞争力分析

公司的核心竞争力主要体现在三个方面:一是产业链整体竞争优势。公司业务基本涵盖了汽车产业链的各环节,有利于充分发挥协同效应,提升整体竞争能力。二是国内市场领先优势。公司整车产销规模多年来保持国内领先,产品门类齐全,销售服务网络点多面广,布局不断优化,有利于公司持续提高市场影响力和对用户需求的快速响应能力。三是持续提升创新能力新优势。公司已初步构建起自主品牌全球研发体系框架;主要合资整车企业的本土化研发实力也在不断提升;新能源汽车产业化进展顺利。报告期内,公司根据未来市场与用户需求变化趋势,正在积极培育新的核心竞争力。一是针对海外新兴市场的较快增长,公司全力开拓出口市场,稳步推进泰国项目,探索布局中东、南美等新兴市场,努力提高海外经营能力。二是针对汽车消费行为日益网络化的趋势,公司正在抓紧建设电子商务平台,努力满足互联网时代消费者的新需求。

三、公司发展战略

公司“十二五”规划提出：以科学发展观为指引，把握国际国内市场机遇，沉着应对环境变化与挑战；突出内涵式增长要求，深入推进自主品牌建设和新能源汽车产业化工作，加快提升核心竞争能力；以市场为导向，不断优化产品和业务结构，提高经营质量，提升经营规模；密切关注行业兼并重组动态；进一步巩固在中国汽车行业的领先地位，并积极推动国际经营实现新突破，为把公司建设成为具有核心竞争能力和国际经营能力的汽车集团打下坚实基础。

四、公司近三年财务报表

2011年至2013年利润表

单位：上海汽车集团股份有限公司 （单位：元）

项　　目	行次	2013年金额	2012年金额	2011年金额
一、营业总收入	1	565807011579.82	480979671654.73	434803949080.55
其中：营业收入	2	563345672365.78	478432576342.83	433095484273.94
其他业务收入	3			
利息收入	4	2364124238.21	2495862499.96	1659646963.42
已赚保费	5	0.00	0.00	0.00
手续费及佣金收入	6	97214975.83	51232811.94	48817843.19
二、营业总成本	7	551085469067.32	457087696760.50	406246596344.05
其中：营业成本	8	490988482076.07	400563596693.58	351870300190.34
其他业务成本	9			
利息支出	10	716512659.62	610656797.24	308857110.78
手续费及佣金支出	11	6580329.31	13810913.47	10287121.53
退保金	12	---	---	
赔付支出净额	13	---	---	
提取保险合同准备金净	14	---	---	
保单红利支出	15	---	---	
分保费用	16	---	---	
营业税金及附加	17	3439459975.60	7975383838.31	11054303145.06
销售费用	18	34730501074.47	27208155102.99	22850791963.07

(续表)

项　　目	行次	2013年金额	2012年金额	2011年金额
管理费用	19	18344614751.99	18534638524.17	19115699860.52
其中:业务招待费	20	0.00	0.00	
研究开发支出	21			
财务费用	22	-254715398.50	-115219782.30	42775595.66
其中:利息支出	23			
利息收入	24		0.00	
汇兑净损失	25			
资产减值损失	26	3114033598.76	2296674673.04	993581357.09
加:公允价值变动收益(损失以"-"号填列)	27	-3215178.20	7141334.76	-325823779.35
投资收益(损失以"-"号填列)	28	25456416827.35	15429341204.19	13451965891.04
其中:对联营企业和合营企业的投资收益	29	22269927243.45	14718050285.84	11930530545.40
汇兑收益(损失以"-"号填列)	30	4370693.79	11132345.15	13994783.99
三、营业利润(亏损以"-"号填列)	31	40179114855.44	39339589778.33	41697489632.18
加:营业外收入	32	2057949943.93	1097265859.02	685402805.63
其中:非流动资产处置利得	33			
非货币性资产交换利得	34			
政府补助	35			
债务重组利得	36			
减:营业外支出	37	744067121.89	280490666.16	354729650.92
其中:非流动资产处置损失	38	87267549.29	61331154.98	192614722.33
非货币性资产交换损失	39			
债务重组损失	40			
四、利润总额(亏损总额以"-"号填列)	41	41492997677.48	40156364971.19	42028162786.89
减:所得税费用	42	5909056164.95	6628111243.43	7038531753.70
五、净利润(净亏损以"-"号填列)*	43	35583941512.53	33528253727.76	34989631033.19
*归属于母公司所有者的净利润	44	24803626272.23	20751763307.97	20221866457.55

(续表)

项　　目	行次	2013年金额	2012年金额	2011年金额
*少数股东损益	45	10780315240.30	12776490419.79	14767764575.64
六、每股收益:	46	---	---	
(一)基本每股收益	47	2.25	1.88	1.83
(二)稀释每股收益	48	不适用	不适用	不适用

2011年至2013年资产负债表(一)

单位:上海汽车集团股份有限公司　　(单位:元)

资　　产	行次	2013年金额	2012年金额	2011年金额
流动资产:	1	---	---	
货币资金	2	89097639504.38	60846425921.76	72158565902.59
结算备付金	3	---	---	
拆出资金	4	---	---	
交易性金融资产	5	17906491.20	42839755.99	759037792.49
应收票据	6	29238845252.60	24942718373.67	40149264950.36
应收账款	7	19244289149.61	15427853242.07	11970414523.06
预付款项	8	32046375065.44	19977601440.37	12747982507.24
待摊费用	9	0.00	0.00	0.00
应收保费	10	0.00	0.00	0.00
应收分保账款	11	0.00	0.00	0.00
应收分保合并准备金	12	0.00	0.00	0.00
应收股利	13	817638611.35	5986377249.15	284205442.47
应收利息	14	234450263.71	52097207.50	50477438.92
其他应收款	15	2493966488.51	3903358709.34	1312578894.68
买入返售金融资产	16	146040000.00	0.00	0.00
存货	17	30914532082.83	24950803086.15	29256881018.66
其中:消耗性生物资产	18	0.00	0.00	0.00
一年内到期的非流动资产	19	13181502475.24	7479430263.52	4769633200.78

（续表）

资　产	行次	2013年金额	2012年金额	2011年金额
其他流动资产	20	14751282638.94	25545149999.46	17773919874.60
流动资产合计	21	232184468023.81	189154655248.98	191232961545.85
非流动资产：	22	---	---	
发放长期贷款及垫款	23	8585851095.28	6596774236.12	4991064063.15
可供出售金融资产	24	14068415778.01	20907581748.67	13971073896.98
持有至到期投资	25	0.00	0.00	0.00
长期应收款	26	1316182094.25	1237939132.17	1493933041.71
长期股权投资	27	56543030177.61	45483194021.66	31253326919.56
投资性房地产	28	2982690192.04	2873077080.29	2917637809.76
固定资产	29	27515791339.38	24792105841.46	36691546772.91
在建工程	30	10614731816.73	8033818659.57	8829598188.54
工程物资	31	0.00	0.00	0.00
固定资产清理	32	0.00	0.00	0.00
生产性生物资产	33	0.00	0.00	0.00
油气资产	34	0.00	0.00	0.00
无形资产	35	5625725268.74	5526670004.45	8192067057.29
其中:土地使用权	36	0.00	0.00	0.00
开发支出	37	40916902.32	649652334.95	591746656.39
商誉	38	84993655.59	84993655.59	610981577.53
长期待摊费用	39	880204499.49	856057596.78	868650265.74
递延所得税资产	40	11692712759.09	8626461184.40	8231601934.06
其他非流动资产	41	1505027199.60	2380018223.02	8756991265.60
非流动资产合计	42	141456272778.13	128048343719.13	127400219449.22
	43			
	44			
	45			
资产总计	46	373640740801.94	317202998968.11	318633180995.07

2011年至2013年资产负债表(二)

单位:上海汽车集团股份有限公司 (单位:元)

负债和所有者权益	行次	2013年金额	2012年金额	2011年金额
流动负债:	47	---	---	
短期借款	48	5251574760.18	5798812190.73	5859252494.44
向中央银行借款	49	---	---	0.00
吸收存款及同业存放	50	42771754977.17	31808381587.96	18424507736.80
拆入资金	51	0.00	0.00	3000000000.00
交易性金融负债	52	7155000.00	0.00	4263656.99
应付票据	53	4393002801.01	3083732165.14	5024404818.28
应付账款	54	61076035671.86	47809876107.19	73210344869.39
预收款项	55	27031992611.61	21911629511.49	17683150343.49
预提费用	56	0.00	0.00	0.00
卖出回购金融资产款	57	0.00	0.00	1164995527.20
应付手续费及佣金	58	0.00	0.00	0.00
应付职工薪酬	59	5937970517.14	4437867936.97	5055127687.75
应交税费	60	3409416661.83	4915632578.72	2826063790.18
应付利息	61	180345203.80	105525826.50	77265024.10
应付股利	62	65411503.89	1098745971.80	6247188138.59
其他应付款	63	28661920266.78	22742269601.58	17596663320.76
应付分保账款	64	0.00	0.00	0.00
保险合同准备金	65	0.00	0.00	0.00
代理买卖证券款	66	0.00	0.00	0.00
代理承销证券款	67	0.00	0.00	0.00
一年内到期的非流动负债	68	5978410643.79	12142257516.08	5690380898.61
其他流动负债	69	1574677902.47	496949396.85	649193934.99
流动负债合计	70	186339668521.53	156351680391.01	162512802241.57
非流动负债:	71	---	---	
长期借款	72	2430221291.15	946778928.20	1863486345.64
应付债券	73	3833983000.00	0.00	5767289001.11
长期应付款	74	0.00	0.00	34714909.22
专项应付款	75	2081571199.17	2649951663.82	2495841706.90
预计负债	76	5296078871.23	3853733529.56	4018687590.91

(续表)

负债和所有者权益	行次	2013年金额	2012年金额	2011年金额
递延所得税负债	77	970554280.97	1039134454.17	1072456595.13
其他非流动负债	78	10956572526.85	7355363450.76	7751585763.85
非流动负债合计	79	25568981169.37	15844962026.51	23004061912.76
负债合计	80	211908649690.90	172196642417.52	185516864154.33
所有者权益(或股东权益):	81	---	---	
实收资本(或股本)	82	11025566629.00	11025566629.00	11025566629.00
资本公积	83	42348637643.17	44866152104.51	42172495420.74
专项储备	84	94184174.87	46320745.65	0.00
盈余公积	85	17788352701.61	14304851717.87	9804048604.86
一般风险准备	86	0.00	0.00	0.00
未分配利润	87	66456983324.88	51978504734.84	39220503321.39
外币报表折算差额	88	43514167.39	115971467.58	139700747.19
归属于母公司所有者权益合计	89	137757238640.92	122337367399.45	102362314723.18
*少数股东权益	90	23974852470.12	22668989151.14	30754002117.56
所有者权益合计	91	161732091111.04	145006356550.59	133116316840.74
负债和所有者权益总计	92	373640740801.94	317202998968.11	318633180995.07

2011 年至 2013 年现金流量表

单位:上海汽车集团股份有限公司　　　　(单位:元)

项目	行次	2013年金额	2012年金额	2011年金额
一、经营活动产生的现金流量:	1	---	---	
销售商品、提供劳务收到的现金	2	672810793621.65	593380185926.99	519397335113.40
客户存款和同业存放款项净增加额	3	10963373389.21	2592701952.73	1137754829.43
向中央银行借款净增加额	4	0.00	0.00	0.00
向其他金融机构拆入资金净增加额	5	0.00	0.00	0.00
收到原保险合同保费取得的现金	6	0.00	0.00	0.00
收到再保险业务现金净额	7	0.00	0.00	0.00

（续表）

项目	行次	2013年金额	2012年金额	2011年金额
保户储金及投资款净增加额	8	0.00	0.00	0.00
处置交易性金融资产净增加额	9	0.00	0.00	0.00
收取利息、手续费及佣金的现金	10	2278986157.83	2545475543.32	1792744709.84
拆入资金净增加额	11	0.00	0.00	570000000.00
回购业务资金净增加额	12	0.00	0.00	1707598358.37
收到的税费返还	13	509243720.57	499715025.28	382355910.49
收到其他与经营活动有关的现金	14	1988935140.70	1891726841.29	1433451790.83
经营活动现金流入小计	15	688551332029.96	600909805289.61	526421240712.36
购买商品、接受劳务支付的现金	16	597515847454.09	506378091609.71	426790017096.22
客户贷款及垫款净增加额	17	9047889365.05	6987137448.20	9500408907.15
存放中央银行和同业款项净增加额	18	265132884.77	2072074556.05	1383607590.12
拆入资金净减少额			3000000000.00	
回购业务资金净减少额	19	146040000.00	1164995527.20	0.00
支付利息、手续费及佣金的现金	20	647481116.63	596206908.31	294147090.95
支付保单红利的现金	21	0.00	0.00	0.00
支付给职工以及为职工支付的现金	22	13536917202.14	13538056744.68	11386063174.22
支付的各项税费	23	26541038224.58	30387292734.56	36787162698.90
支付其他与经营活动有关的现金	24	20248474173.89	17194822136.35	20070490267.69
经营活动现金流出小计	25	667948820421.15	581318677665.06	506211896825.25
经营活动产生的现金流量净额	26	20602511608.81	19591127624.55	20209343887.11
二、投资活动产生的现金流量：	27	---	---	
收回投资收到的现金	28	32831700785.62	16712706469.71	24787299063.78
取得投资收益收到的现金	29	20920322295.03	11469495755.76	8254200164.90
处置固定资产、无形资产和其他长期资产收回的现金净额	30	415084131.35	723756856.38	1218897798.27

（续表）

项目	行次	2013年金额	2012年金额	2011年金额
处置子公司及其他营业单位收到的现金净额	31	0.00	0.00	14137210.20
收到其他与投资活动有关的现金	32	4220125125.03	873348613.79	774172497.56
投资活动现金流入小计	33	58387232337.03	29779307695.64	35048706734.71
购建固定资产、无形资产和其他长期资产支付的现金	34	15659444887.26	16008535080.60	16165173869.15
投资支付的现金	35	19367579532.39	21823438261.65	23717931506.15
质押贷款净增加额	36	0.00	0.00	0.00
取得子公司及其他营业单位支付的现金净额	37	650442011.00	8970681726.82	167470577.22
支付其他与投资活动有关的现金	38	0.00	0.00	0.00
投资活动现金流出小计	39	35677466430.65	46802655069.07	40050575952.52
投资活动产生的现金流量净额	40	22709765906.38	−17023347373.43	−5001869217.81
三、筹资活动产生的现金流量:	41	---	---	
吸收投资收到的现金	42	595060764.84	687825297.18	403677553.00
其中:子公司吸收少数股东投资收到的现金	43	583905624.15	687825297.18	403677553.00
取得借款收到的现金	44	12451813039.54	10069153162.62	11758250087.20
发行债券收到的现金	45	3833983000.00	0.00	0.00
收到其他与筹资活动有关的现金	46	0.00	654800570.44	0.00
筹资活动现金流入小计	47	16880856804.38	11411779030.24	12161927640.2
偿还债务支付的现金	48	18717940151.49	11701058380.86	14609255519.67
分配股利、利润或偿付利息支付的现金	49	13338537954.11	14987633379.72	12576989242.07
其中:子公司支付给少数股东的股利、利润	50	6335371206.10	11182744583.90	10224253268.0

（续表）

项目	行次	2013年金额	2012年金额	2011年金额
支付其他与筹资活动有关的现金	51	506267257.12	188679.25	1101643074.17
筹资活动现金流出小计	52	32562745362.72	26688880439.83	28287887835.91
筹资活动产生的现金流量净额	53	−15681888558.34	−15277101409.59	−16125960195.71
四、汇率变动对现金及现金等价物的影响	54	−150575516.12	−20092807.97	−113991694.87
五、现金及现金等价物净增加额	55	27479813440.73	−12729413966.44	−1032477221.28
加：期初现金及现金等价物余额	56	46797863907.34	59527277873.78	60559755095.06
六、期末现金及现金等价物余额	57	74277677348.07	46797863907.34	59527277873.78

五、财务分析

（一）财务状况分析

1．资产负债率分析。上汽集团2013年末资产负债率为56%，处于较合理的水平。

与同行业其他企业的对比数据见下表。

企业名称	上汽集团	中国重工	一汽轿车	东风汽车
2013年末资产负债率	56.00%	72.00%	58.00%	61.00%

2．营运资金分析。上汽集团2013年末流动资产为2321亿元，流动负债为1863亿元，营运资金为458亿元，数额较高。公司财务状况处于较稳定的状态。

与同行业其他企业的对比数据见下表。

企业名称	上汽集团	中国重工	一汽轿车	东风汽车
2013年营动资金	458亿元	351亿元	−4亿元	27亿元

3．流动资产比率分析。上汽集团2013年末流动资产比率为62%。流动资

产占总资产的比重，大于非流动资产占总资产的比重，说明公司的财务结构很合理。

与同行业其他企业的对比数据见下表。

企业名称	上汽集团	中国重工	一汽轿车	东风汽车
2013年流动资产比率	62.00%	73.00%	54.00%	67.00%

（二）偿债能力分析

1. 速动资产比率分析。上汽集团2013年末速动资产占流动资产的比重为87%。说明公司具有极强的债务偿还能力，资产的流动性极强。

与同行业其他企业的对比数据见下表。

企业名称	上汽集团	中国重工	一汽轿车	东风汽车
2013年速动资产比率	87.00%	57.00%	41.00%	58.00%

2. 利息保障倍数分析。上汽集团2013年末利息保障倍数为164。说明公司的息税前利润远大于利息费用，所以公司完全有能力支付所借金融机构的贷款。

与同行业其他企业的对比数据见下表。

企业名称	上汽集团	中国重工	一汽轿车	东风汽车
2013年利息保障倍数	164倍		13倍	

（三）经营能力分析

1. 毛利率分析。上汽集团2013年末的产品毛利率为12.96%。处于较低的水平，产品盈利能力一般。

与同行业其他企业的对比数据见下表。

企业名称	上汽集团	中国重工	一汽轿车	东风汽车
2013年毛利率	12.96%	14.60%	23.00%	12.00%

2. 销售收入分析。上汽集团2011年、2012年、2013年的销售收入分别为

4348亿元、4809亿元、5658亿元，有递增的态势。

与同行业其他企业的对比数据见下表。

企业名称	上汽集团	中国重工	一汽轿车	东风汽车
2013年销售收入	5658亿元	512亿元	296亿元	193亿元

3. 净利润分析。上汽集团2011年、2012年、2013年的净利润分别为349亿元、337亿元、355亿元，呈起伏状态。

与同行业其他企业的对比数据见下表。

企业名称	上汽集团	中国重工	一汽轿车	东风汽车
2013年净利润	355亿元	29亿元	10亿元	0.51亿元

4. 存货周转率分析。上汽集团2013年的存货周转次数为16.33，处于较好的水平。

与同行业其他企业的对比数据见下表。

企业名称	上汽集团	中国重工	一汽轿车	东风汽车
2013年存货周转率	16.33	1.47	8.93	7.98

5. 应收账款周转率分析。上汽集团2013年的应收账款周转次数为29.63，处于良好的水平。

与同行业其他企业的对比数据见下表。

企业名称	上汽集团	中国重工	一汽轿车	东风汽车
2013年应收帐款周转率	29.63	2.29	352.00	27.00

6. 经营性现金流量分析。上汽集团2013年的经营性现金流净额为206亿元，说明企业经营所产生的现金足以保证企业的经营需要。

与同行业其他企业的对比数据见下表。

企业名称	上汽集团	中国重工	一汽轿车	东风汽车
经营性现金流量净额	206亿元	–13亿元	13亿元	–5亿元

(四)投资回报指标分析

1. 净资产收益率分析。上汽集团2013年的净资产收益率为21.73%,处于较高水平,能为投资者提供良好的回报。

与同行业其他企业的对比数据见下表。

企业名称	上汽集团	中国重工	一汽轿车	东风汽车
2013年净资产收益率	21.73%	6.33%	12.42%	0.84%

2. 每股收益分析。上汽集团2011年、2012年、2013年的每股收益分别为1.834元、1.882元、2.25元,呈上升态势。

与同行业其他企业的对比数据见下表。

企业名称	上汽集团	中国重工	一汽轿车	东风汽车
2013年每股收益	2.25元/股	0.20元/股	0.62元/股	0.03元/股

六、基本结论

通过上述分析可以看出,上汽集团公司是一个经营效益良好,财务状况稳健,可以为投资者带来良好回报的公司。但是由于企业的毛利率较低,并且净利润呈起伏状态,所以不应以成长股的形式投资,可以用价值投资的方式投资。

云南白药(000538)

一、企业基本情况

云南白药集团股份有限公司(以下简称公司)前身为成立于1971年6月的云南白药厂。1993年5月3日经云南省经济体制改革委员会云体(1993)48号文批准,云南白药厂进行现代企业制度改革,成立云南白药实业股份有限公司。经中国证监会证监发审字(1993)55号文批准,公司于1993年11月首次向社会公众发行股票2000万股(含20万内部职工股),定向发行400万股,发行后总股本8000万股。经中国证券监督管理委员会批准,1993年12月15日社会公众股（A股）在深圳证券交易所上市交易，内部职工股于1994年7月11日上市交易。1996年10月经临时股东大会会议讨论，公司更名为云南白药集团股份有限公司。

根据2008年8月11日公司第五届董事会2008年第三次临时会议，2008年8月27日公司2008年第一次临时股东大会审议通过，并经中国证券监督管理委员会证监许可〔2008〕1411号文“关于核准云南白药集团股份有限公司非公开发行股票的批复”核准，公司以非公开方式向中国平安人寿保险股份有限公司发行5000.00万股新股，募集资金1393500000.00元（含发行费用），均为现金认购。实施上述非公开发行后，公司股本由484051138股增至534051138股。

依据2010年5月公司股东大会审议通过的2009年度权益分派方案，以资本公积金向全体股东每10股转增3股，转增前公司股本为534051138股，转增后总股本增至694266479股。

1902年，彝族名医曲焕章先生集中华传统医学与民族医药之大成，创制云南白药。问世百余年来，云南白药不仅拯救了无数大众百姓的生命，而且在北伐、长征、抗日战争、解放战争等关系中国命运的重大历史事件中发挥了极大的作用，享有“伤科圣药”、“药冠南滇”的美誉。历经沧桑、厚积薄发，从2000年开始，公司进入发展的快车道，十年间主要经济指标快速稳定增长。公司业绩突出，盈利能力极强，被媒体和基金经理评为最具发展潜力的公司之一。2013年12月31日公司市值达708.08亿元，稳居医药类上市公司之首。公司是云南省十户重点大型企业，云南省百强企业，也是首批国家创新型企业，云南白药商标被评为中国驰名商标，是公众喜爱的中华老字号品牌。2006年起，公司主要经济指标跃居行业首位。公司被评为“2009年全国国有企业典型”，是历次评选中唯一入选的云南企业和医药行业企业。2010年，公司规模实现了100亿元的跨越。

公司目前涉足中西药原料、制剂、个人护理产品、原生药材、商业流通等领域，药品以云南白药系列和天然药物系列为主，共19个剂型、300余个品种，是拥有两个国家一级中药保护品种（云南白药散剂、云南白药胶囊）、自有产品和技术专利80余项的大型现代化制药集团。

2011年，公司呈贡新区产业园启动运行。公司实施“新白药、大健康”战略，在思维、管理、研发、制造、市场运作等方面与国际水平全面对接，全力打造大健康产业，力争尽快进入中国医药行业第一集团军，再续云南白药新的辉煌。

公司注册地址为云南省昆明市呈贡区云南白药街3686号。法定代表人为王明辉。经营范围为化学原料药、化学药制剂、中成药、中药材、生物制品、保健食品、化妆品及饮料的研制、生产及销售；糖、茶，建筑材料，装饰材料的批发、零售、代购代销；科技及经济技术咨询服务，物业经营管理，医疗器械（二类、医用敷料类、一次性使用医疗卫生用品），日化用品，户外用品。

公司下属现有云南白药集团大理药业有限责任公司、云南白药集团文山七花有限责任公司、云南白药集团丽江药业有限公司、云南白药集团医药电子商务有限公司、云南省医药有限公司、云南白药集团中药资源有限公司、云南白药集团中药材优质种源繁育有限责任公司、云南白药集团无锡药业有限公司、云南白药集团兴中制药有限公司、云南白药集团健康产品有限公司、云南紫云生物科技有限公司、云南白药集团（澳大利亚）有限公司及云南白药集团西双版纳制药有限公司、云南省药物研究所等14户子企业。

截至2013年12月31日，公司总股本为694266479股；云南白药控股有限公司持有公司股份288284398股，占公司总股本的41.52%，为公司第一大股东，公司实际控制人为云南省国有资产监督管理委员会。

二、2013年公司经营情况

2013年，国内经济变化多端，人民币升值、行业竞争加剧等诸多不利因素给公司带来了持续挑战，面对纷繁复杂的经济形势，在云南白药第七届董事会的引领下，公司管理层及全体员工围绕2013年年会提出的“专业铸就品质，健康成就未来”这一年度发展主旨，努力克服困难，增强市场形势的预见与判断能力，以客户需求为中心，以提升经济效益为目标，持续变革和不断创新，推行全面质量管理，优化资源聚合平台建设，提升风险管理，加大技术创新，积极承担社会责任，打造具有竞争力和“云南白药”特色的管理运营模式，在科学决策与高效管理中确保了公司经营效果的最大化。公司的药品、健康、医药商业、中药资源等四大板块各具特色，围绕“药”这个根本推动大健康产业齐头并进，并举发展，稳步推进传统中药与现代生活的完美融合。

2013年公司实现营业收入158.15亿元，较上年同期的138.15亿元净增20亿元，增幅为14.47%；归属于上市公司股东的净利润23.21亿元，较上年同期的15.83亿元增长7.38亿元，增幅为46.66%；各项主要经营指标全面超额完成预定目标，再创历史新高，公司经营规模、资产运行质量、收益率、市值等指标继续保持健康稳健发展。

2013年是颠覆、挑战与机遇并存的一年，随着大数据时代的演进，各行各业的竞争格局发生了深度变化，医药行业也不例外。为了紧跟时代步伐，公司在坚持实施“新白药，大健康”战略的同时，遵循“以专业铸就品质，以健康成就未来”的发展精义，密切关注行业发展动态，加强对市场的研判与分析，通过把控成本、精益制造、工艺创新、优化管理、强化终端，步步为营推动公司“第二次企业再造”的稳步开展。年内，公司继续搭建并完善集研发创新、制造能力、管理效率、资源聚合为一体的综合服务平台，充分利用该平台完成了公司从销售到生产再到研发的倒逼式变革路径，至此，云南白药的大健康全产业链业已成型，为公司各项工作的扎实推进奠定了坚实基础。

(一)主要工作

1. 完成了药物所全部股权的收购，实现了研发资源的有效整合，解决了公司与控股股东之间存在同业竞争的情形。通过公开挂牌方式转让了云南白药置业有限公司全部股权，实现投资收益6.37亿元，有利于公司更加专注主业，为公司未来实现长期、健康、可持续发展奠定基础。

2. 通过全面预算管理，在保证资金供给充足与安全的前提下，通过理财增加资金的利用效率，实现了资产的保值增值；资金预算电子审批系统不断深入，资金集中管理系统试运行，与银行合作推动电子票据推广，推动金融供应链。

3. 进一步优化、完善全面绩效管理工作。对考核流程制度进行改进，修订、完善了一系列考核标准。着重开展“绩效管理信息系统”建设，并于年内顺利上线双轨试运行。

4. 深化组织结构战略性重组。为推动组织的扁平化、网络化建设，公司在原有事业部制的基础上，明确划分出决策平台、核心业务平台、资源配置平台三大模块，以突显市场的核心地位，业务支持部门的资源配置速度、服务功能快速提升。

5. 在云南省药物研究所基础上成立云南白药集团创新研发中心，确保云南白药的基础研究水平，并进一步提升研发的市场导向性。加快与国内外、省内外一流研究机构的合作，资源配置能力得到加强。

6. 整合文山公司、丽江公司、武定种源公司、中药饮片分公司，成立中药资源事业部，建立从种植到研发、生产、销售等环节的中药资源完整产业链，力求有效克服当前中药资源相对困窘局限的状况，从根本上保证了公司生产原材料的供给。与此同时，依托公司的资源、规模、品牌等相关优势，培育新的增长点。

7. 对采购流程进行全面优化，力求进一步完善采购平台，以实现对上游原辅料成本的控制；上述调整使白药产业链上的每个环节，都有优势经营，改变单一经营制剂的局面，提高企业的经营抗风险能力。

8. 截至2013年12月31日，公司雨花分厂已有片剂、胶囊剂、颗粒剂、散剂、丸剂、气雾剂、酊剂、软膏剂、栓剂、口服液、合剂、糖浆剂、注射剂13个剂型、16个模块通过新版GMP认证；七甸分厂已有原料药（含中药前处理及提取）通过新版GMP认证。

9. 扩大公司信息化管理覆盖范围，不断更新改进现有信息化系统，继续强化对资金预算、生产、采购、行政办公等板块的信息化管理。

10. 进一步推广、完善内控制度，增强全员风险意识，对公司在生产经营中可能涉及到的风险提出警示，为公司经营安全提供保障，全面提升公司预警、识别、防范、计量、评估、检测和缓释风险的能力。

11. 公司在坚持以伤科圣药为根基的同时，积极践行企业社会责任使命，不断拓展“新白药，大健康”战略内涵，通过一系列深度调整，在保持稳健增长的同时，贯彻落实国家产业转型升级的宏观政策要求，在创新研发和可持续发展方面取得了显著成效。公司以个人及社会的健康幸福为最高追求，持续完善企业社会责任管理体系，倾听利益相关方的诉求，在产品品质提升、区域经济发展、绿色生态建设及社区公益帮扶等方面做出了应有的贡献。

（二）获得的荣誉

2013年1月18日，公司所属云南省药物研究所独立完成的“低纬高原地区天然药物资源野外调查与研究开发”项目，荣获2012年度国家科学技术进步奖一等奖，填补了我国中医药行业国家科技进步一等奖近10年的空缺。

2013年1月，《云南白药大事记》以史料翔实、记录完整、编排新颖，在同类研究成果中独树一帜，荣获云南省档案优秀科研成果三等奖。

2013年2月6日，云南白药荣获昆明市2012年度“纳税优秀企业”称号，公司已连续四年被昆明市政府授予此荣誉。

2013年5月23日，“云南白药集团创新工程建设”项目获得2012年度云南省人民政府科学技术进步奖二等奖，这是省政府对公司科技创新的又一次肯定。

2013年6月，云南白药在深圳证券交易所2012年度的信息披露考核工作中继续保持A类评价，这是公司信息披露工作连续七年考核为优秀。

2013年7月17—19日，2013年（第30届）全国医药工业信息年会暨2012年度中国医药工业百强榜单发布在上海举行，云南白药集团股份有限公司位列第22名，较2011年度排名第30名上升了8位。

2013年7月31日，在“2012中国上市公司价值评选”颁奖典礼上，云南白药在此次评选中荣获“2012中国主板上市公司价值百强（前十强）”、“2012中国主板上市公司十佳管理团队”两个奖项。

2013年8月下旬，云南白药入选“第五届中国最具竞争力医药上市公司20强评选暨2013年度最具投资价值医药上市公司10强评选”名单。

2013年8月24日，云南白药入选“央视财经50指数”，名列其中成长样本股第一名。

2013年8月29日，云南白药获得云南地区“2012年度全景最佳互动上市公司”奖项。

2013年9月26日，云南白药作为唯一医药企业上榜《财富》(中文版)2013年“最受赞赏的中国公司”榜单，位列第34名。

2013年10月23日，全球最大品牌咨询机构Interbrand在中国发布了2013最佳中国品牌价值排行榜，云南白药排名25位。

在2013(第六届)中国上市公司最佳董事会价值管理论坛上，云南白药集团股份有限公司董事会获评理财周报2013中国主板上市公司最佳董事会(10强)。

2013年12月，云南白药集团文山七花有限公司被云南省科技厅认定为第一批“云南省科技小巨人企业”。

2013年12月16日，国家质量监督检验检疫总局正式公布首届“中国质量奖”获奖名单，云南白药集团股份有限公司荣获首届中国质量奖提名奖，是云南省首个获得该奖项的企业。

2013年12月，中国证券报第15届(2012年度)上市公司金牛奖揭晓，计137家上市公司入选各榜单，云南白药(000538)入选综合榜2012年度金牛上市公司百强榜。

2013年12月30日，由海外华文传媒合作组织主办的“2013国际华媒大奖”评选在深圳揭晓，云南白药集团荣膺“十大杰出华企”。

(三)收入情况

报告期公司实现营业收入1581479万元，较上年的1381524万元增加199955万元，增长14.47%，其中主营业务收入1577798万元，较上年的1377319万元增加200479万元，增长14.56%，主营业务收入增长原因主要是销售量增加及产品的销售结构变动。

(四)核心竞争力分析

云南白药是中华民族传统医药瑰宝中的金字招牌，自其问世，便因其治淤愈伤、化腐生肌的神奇疗效而广受赞誉。云南白药发展的根基是“药”，云南白药大健康产业是顺应时代步伐，以政策和市场为导向，围绕“药”这个根本进行白药产业链的延伸，为公司突破发展空间，打造大健康产业起到了积极的促进和推动作用。无论是过去、现在、未来，我们都将紧密围绕“药”这个核心不断做大做强，“药”是白药人的基因，是白药人的传承，更是白药安身立命的基石。

公司的核心竞争力和可持续性不仅来自于优秀的品牌、优秀的产品线，更重要的是研发、产品、营销乃至战略的持续创新，以及优秀管理团队和能力的传承。科学完善的治理结构，公司董事会、监事会、管理层各司其职，各尽其责，形成了相互制约、协助、督促的有效机制，确保了公司决策的正确性和精准性。一套具有“白药”特色和流畅逻辑，并能紧密贴合公司实际的清晰战略体系，以“新白药，大健康”为统领，其下分解为多个子战略，指引并推动云南白药大健康产业稳步前进。

同时公司保持了对市场的高度敏感性，密切关注市场动态，紧跟市场步伐，理顺市场演变脉络，钻研市场发展方向，通过实施一系列管理创新、营销创新、产品与技术创新、品牌创新、商业模式创新，实现了与市场同进退。公司围绕核心业务，依托已有的产品、品牌、创新优势，以持续的产品创新不断提高产品质量，最大限度地实现了产品和市场的交互融合。

公司的核心管理团队专业务实，勤勉尽职，带领全体公司员工共同努力，使公司每一个业务环节工作高效、顺畅运行，极大地提高了公司的运营效率。公司在夯实内部管理的同时，强化风险管理和内部控制，不断提升公司的抗风险能力。

三、未来发展展望

近十余年来，云南白药紧跟市场发展浪潮，通过稳健经营、变革创新，保持了业绩的持续增长。2013年，公司药品（包括中央产品、透皮及特色药品系列）、健康、商业物流、中药资源四大板块持续发力，各显其能，取得了不俗佳绩。进入2014年，市场格局将随着医改深化、消费升级、大数据演进等因素发生深度变化。公司基于对变化的研判与分析，科学决策，周密布局，以应对瞬息万变的市场带来的挑战和机遇。公司面对外部环境的影响，将根据有关要求加紧对自身的软硬件配套做好更新升级，持续对各生产要素、资源进行优化与整合，与相关部门做好对接，确保生产经营的正常顺利运行。

药品板块整体调结构，深入挖潜力。2014年，公司将继续以市场为导向，积极响应市场变化，坚持稳老扶新，专注挖掘传统产品潜力，并对药品板块产品结构组成进行循序缓进的调整，持续扩大普药产品的板块比重，以匹配市场需求，同时强化对医疗器械产品的市场开拓，通过不断创新营销模式提升营销能力，以保持核心业务的稳健发展。

健康板块强化突中央，重点破两翼。发展大健康已成为医药产业打破发展桎梏，开拓市场疆界的主流趋势。公司将充分利用品牌优势、渠道优势、产品优势，在确保云南白药牙膏系列产品稳步增长的情况下，通过开展消费者教育、持续投放广告、加强终端维护、优化线上购物渠道、配合线下优质体验等多种方式，彻底打破白药牙膏一枝独秀的局面，促进健康板块千草堂系列、养元青洗发护发系列、采之汲面膜系列等产品并举发展，百花齐放。

医药商业板块提升因势谋变能力，实现稳中求快。医药商业领域正面临着前所未有的巨大变革和激烈竞争，新形势下的“药房托管”模式带来了医药商业第三次跑马圈地。公司将加强对市场动态的把控，与时俱进，因势利导，顺应形势，转变经营思路，发挥经营优势，强化内外部管理，把握市场主动权，充分发挥医药工业与商业的协同互补效应。

中药资源板块通过聚焦资源，蓄势待发，谋求突破。充分利用云南地道天然植物药材的资源优势，构建涵盖种植、提取、加工、研发、保健品开发及药材贸易在内的原材料资源全产业链，着手切入中药材资源源头，把控原料成本，解决供需问题，打破公司资源瓶颈，为下游药品生产提供切实保障。

创新，才有未来。当前，以互联网为代表的新技术新模式日益深刻地影响经济的发展和人们的日常生活。云南白药作为一个传统企业，只有以创新思维为指引，方能在未来的市场竞争中赢得机遇。2014年，公司将继续专注于完善、优化、提升集研发创新、制造能力、管理效率、资源聚合为一体的综合服务平台，通过构建公开透明、平滑顺畅的供应链体系，提升成本控制能力；通过完善内部绩效评估体系，创新项目管理模式，提高风险防控能力，降低资金成本，强化互联网意识等举措，做透新产品，探索新思路，给百年品牌注入新的血液，塑造一个更加开放协同的云南白药！

四、公司近三年财务报表

2011年至2013年利润表

单位:云南白药股份有限公司 (单位:元)

项　　　目	行次	2013年金额	2012年金额	2011年金额
一、营业总收入	1	15814790880.81	13815242069.46	11312322432.03
其中:营业收入	2	15814790880.81	13815242069.46	11312322432.03
其他业务收入	3	0.00	0.00	0.00
利息收入	4	0.00	0.00	0.00
已赚保费	5	0.00	0.00	0.00
手续费及佣金收入	6	0.00	0.00	0.00
二、营业总成本	7	13860725232.91	12020510901.67	9956426371.45
其中:营业成本	8	11118384924.85	9592546339.86	7921808228.14
其他业务成本	9	0.00	0.00	0.00
利息支出	10	0.00	0.00	0.00
手续费及佣金支出	11	0.00	0.00	0.00
退保金	12	0.00	0.00	0.00
赔付支出净额	13	0.00	0.00	0.00
提取保险合同准备金净额	14	0.00	0.00	0.00
保单红利支出	15	0.00	0.00	0.00
分保费用	16	0.00	0.00	0.00
营业税金及附加	17	76341078.12	71602534.19	61101634.80
销售费用	18	2012574359.11	1960689912.27	1666342484.66
管理费用	19	461893854.45	378873497.06	317805508.35
其中:业务招待费	20	0.00	0.00	0.00
研究开发支出	21	0.00	0.00	0.00
财务费用	22	7862388.75	1068189.41	-19309384.70
其中:利息支出	23	0.00	0.00	0.00
利息收入	24	0.00	0.00	0.00
汇兑净损失	25	0.00	0.00	0.00
资产减值损失	26	183668627.63	15730428.88	8677900.20
加:公允价值变动收益(损失以"-"号填列)	27	0.00	0.00	0.00
投资收益(损失以"-"号填列)	28	684864992.03	669973.47	16825709.87

(续表)

项　　目	行次	2013年金额	2012年金额	2011年金额
其中:对联营企业和合营企业的投资收益	29	−1861432.52	−154371.07	−892846.41
汇兑收益(损失以"−"号填列)	30	0.00	0.00	0.00
三、营业利润(亏损以"−"号填列)	31	2638930639.93	1795401141.26	1372721770.45
加:营业外收入	32	68782104.40	40058517.98	38884562.51
其中:非流动资产处置利得	33	0.00	0.00	0.00
非货币性资产交换利得	34	0.00	0.00	0.00
政府补助	35	0.00	0.00	0.00
债务重组利得	36	0.00	0.00	0.00
减:营业外支出	37	6401721.81	5114333.06	4638600.18
其中:非流动资产处置损失	38	1152072.07	333816.83	1106667.43
非货币性资产交换损失	39	0.00	0.00	0.00
债务重组损失	40	0.00	0.00	0.00
四、利润总额(亏损总额以"−"号填列)	41	2701311022.52	1830345326.18	1406967732.78
减:所得税费用	42	379857235.35	247499621.27	196059925.09
五、净利润(净亏损以"−"号填列)*	43	2321453787.17	1582845704.91	1210907807.69
*归属于母公司所有者的净利润	44	2321453787.17	1582845704.91	1210908666.46
*少数股东损益	45	0.00	0.00	−858.77
六、每股收益:	46	---	---	
(一)基本每股收益	47	3.34	2.28	1.74
(二)稀释每股收益	48	3.34	2.28	1.74

2011年至2013年资产负债表(一)

单位:云南白药股份有限公司　　　　(单位:元)

资　　产	行次	2013年金额	2012年金额	2011年金额
流动资产:	1	---	---	
货币资金	2	2082951549.60	1761064510.34	1142709549.94
结算备付金	3	0.00	0.00	0.00

（续表）

资　产	行次	2013年金额	2012年金额	2011年金额
拆出资金	4	0.00	0.00	0.00
交易性金融资产	5	149758.72	0.00	519683.25
应收票据	6	2664138818.28	1961897579.84	1914223889.73
应收账款	7	536467059.54	479383649.86	413371289.70
预付款项	8	389654315.84	237490902.28	289709208.61
待摊费用	9	0.00	0.00	0.00
应收保费	10	0.00	0.00	0.00
应收分保账款	11	0.00	0.00	0.00
应收分保合并准备金	12	0.00	0.00	0.00
应收股利	13	0.00	0.00	0.00
应收利息	14	1344968.06	1258629.24	5170032.46
其他应收款	15	461752917.87	68037942.40	75243942.78
买入返售金融资产	16	0.00	0.00	0.00
存货	17	4757358043.23	4378481906.18	3535867425.92
其中：消耗性生物资产	18	0.00	0.00	0.00
一年内到期的非流动资产	19	0.00	0.00	0.00
其他流动资产	20	0.00	0.00	0.00
流动资产合计	21	10893817431.14	8887615120.14	7376815022.39
非流动资产：	22	---	---	
发放长期贷款及垫款	23	0.00	0.00	0.00
可供出售金融资产	24	0.00	0.00	0.00
持有至到期投资	25	0.00	0.00	0.00
长期应收款	26	0.00	0.00	0.00
长期股权投资	27	60423567.48	30000000.00	30154371.07
投资性房地产	28	7510225.93	7173850.13	0.00
固定资产	29	1269767136.49	1313592811.77	1033185052.11
在建工程	30	262507902.35	221512865.36	298231339.58
工程物资	31	0.00	0.00	0.00
固定资产清理	32	0.00	0.00	0.00
生产性生物资产	33	0.00	0.00	0.00
油气资产	34	0.00	0.00	0.00

(续表)

资　产	行次	2013年金额	2012年金额	2011年金额
无形资产	35	223165380.31	232000852.63	244338401.04
其中:土地使用权	36	0.00	0.00	0.00
开发支出	37	0.00	0.00	0.00
商誉	38	12843661.62	12843661.62	12843661.62
长期待摊费用	39	10528747.65	10670616.73	17415142.00
递延所得税资产	40	130351622.85	78763019.68	67935387.37
其他非流动资产	41	10000000.00	10000000.00	10000000.00
非流动资产合计	42	1987098244.68	1916557677.92	1714103354.79
	43			
	44			
	45			
资产总计	46	12880915675.82	10804172798.06	9090918377.18

2011 年至 2013 年资产负债表(二)

单位:云南白药股份有限公司　　　　(单位:元)

负债和所有者权益	行次	2013年金额	2012年金额	2011年金额
流动负债:	47	---	---	
短期借款	48	10000000.00	10000000.00	10000000.00
向中央银行借款	49	0.00	0.00	0.00
吸收存款及同业存放	50	0.00	0.00	0.00
拆入资金	51	0.00	0.00	0.00
交易性金融负债	52	0.00	0.00	0.00
应付票据	53	609077745.26	499943324.29	507401715.05
应付账款	54	1825114689.64	1784360517.03	1590135442.07
预收款项	55	406319445.61	356050391.14	343814603.11
预提费用	56	0.00	0.00	0.00
卖出回购金融资产款	57	0.00	0.00	0.00
应付手续费及佣金	58	0.00	0.00	0.00
应付职工薪酬	59	42285484.96	38072215.41	42939641.71
应交税费	60	172130720.06	11982106.27	79070505.32
应付利息	61	312000.00	312000.00	312000.00

（续表）

负债和所有者权益	行次	2013年金额	2012年金额	2011年金额
应付股利	62	9038794.42	843994.42	843994.42
其他应付款	63	585079000.17	771804564.96	767152757.06
应付分保账款	64	0.00	0.00	0.00
保险合同准备金	65	0.00	0.00	0.00
代理买卖证券款	66	0.00	0.00	0.00
代理承销证券款	67	0.00	0.00	0.00
一年内到期的非流动负债	68	0.00	0.00	0.00
其他流动负债	69	0.00	0.00	0.00
流动负债合计	70	3659357880.12	3473369113.52	3341670658.74
非流动负债：	71	---	---	
长期借款	72	6684882.14	6684882.14	6684882.14
应付债券	73	0.00	0.00	0.00
长期应付款	74	4814832.43	4814832.43	4944832.43
专项应付款	75	0.00	0.00	0.00
预计负债	76	0.00	0.00	0.00
递延所得税负债	77	0.00	0.00	0.00
其他非流动负债	78	181267912.23	201106602.29	182336113.15
非流动负债合计	79	192767626.80	212606316.86	193965827.72
负债合计	80	3852125506.92	3685975430.38	3535636486.46
所有者权益（或股东权益）：	81	---	---	
实收资本（或股本）	82	694266479.00	694266479.00	694266479.00
资本公积	83	1247558342.19	1339831942.19	1250599188.94
专项储备	84	0.00	0.00	0.00
盈余公积	85	571587797.53	424897497.87	365700202.26
一般风险准备	86	0.00	0.00	0.00
未分配利润	87	6513609624.19	4651266052.23	3244780784.31
外币报表折算差额	88	1767925.99	-259403.61	-64763.79
归属于母公司所有者权益合计	89	9028790168.90	7110002567.68	5555281890.72
*少数股东权益	90	0.00	8194800.00	0.00
所有者权益合计	91	9028790168.90	7118197367.68	5555281890.72

（续表）

负债和所有者权益	行次	2013年金额	2012年金额	2011年金额
负债和所有者权益总计	92	12880915675.82	10804172798.06	9090918377.18

2011年至2013年现金流量表

单位：云南白药股份有限公司　　（单位:元）

项目	行次	2013年金额	2012年金额	2011年金额
一、经营活动产生的现金流量：	1	---	---	
销售商品、提供劳务收到的现金	2	16663067969.64	15682422092.23	11434064277.24
客户存款和同业存放款项净增加额	3	0.00	0.00	0.00
向中央银行借款净增加额	4	0.00	0.00	0.00
向其他金融机构拆入资金净增加额	5	0.00	0.00	0.00
收到原保险合同保费取得的现金	6	0.00	0.00	0.00
收到再保险业务现金净额	7	0.00	0.00	0.00
保户储金及投资款净增加额	8	0.00	0.00	0.00
处置交易性金融资产净增加额	9	0.00	0.00	0.00
收取利息、手续费及佣金的现金	10	0.00	0.00	0.00
拆入资金净增加额	11	0.00	0.00	0.00
回购业务资金净增加额	12	0.00	0.00	0.00
收到的税费返还	13	0.00	0.00	82379.63
收到其他与经营活动有关的现金	14	116289913.26	82287128.42	100418540.86
经营活动现金流入小计	15	16779357882.90	15764709220.65	11534565197.73
购买商品、接受劳务支付的现金	16	12732537611.98	11509124671.97	9196279479.40
客户贷款及垫款净增加额	17	0.00	0.00	0.00
存放中央银行和同业款项净增加额	18	0.00	0.00	0.00
折入资金净减少额		0.00	0.00	0.00
回购业务资金净减少额	19	0.00	0.00	0.00

（续表）

项目	行次	2013年金额	2012年金额	2011年金额
支付利息、手续费及佣金的现金	20	0.00	0.00	0.00
支付保单红利的现金	21	0.00	0.00	0.00
支付给职工以及为职工支付的现金	22	686460978.18	653112633.76	366921371.81
支付的各项税费	23	1115041466.46	1041918118.18	829580823.60
支付其他与经营活动有关的现金	24	1903676239.39	1771173037.86	1589571630.02
经营活动现金流出小计	25	16437716296.01	14975328461.77	11982353304.83
经营活动产生的现金流量净额	26	341641586.89	789380758.88	−447788107.10
二、投资活动产生的现金流量：	27	---	---	
收回投资收到的现金	28	0.00	155419683.25	106375000.00
取得投资收益收到的现金	29	42254919.29	1551999.71	9100245.56
处置固定资产、无形资产和其他长期资产收回的现金净额	30	103604.68	12012957.69	19265836.31
处置子公司及其他营业单位收到的现金净额	31	641584152.34	138706.44	0.00
收到其他与投资活动有关的现金	32	0.00	6601200.00	0.00
投资活动现金流入小计	33	683942676.31	175724547.09	134741081.87
购建固定资产、无形资产和其他长期资产支付的现金	34	75136080.86	120008797.78	365443613.27
投资支付的现金	35	225885000.00	154900000.00	100968027.45
质押贷款净增加额	36	0.00	0.00	0.00
取得子公司及其他营业单位支付的现金净额	37	92273600.00	0.00	2900870.00
支付其他与投资活动有关的现金	38	0.00	0.00	0.00
投资活动现金流出小计	39	393294680.86	274908797.78	469312510.72
投资活动产生的现金流量净额	40	290647995.45	−99184250.69	−334571428.85
三、筹资活动产生的现金流量：	41	---	---	
吸收投资收到的现金	42	0.00	0.00	0.00
其中：子公司吸收少数股东投资收到的现金	43	0.00	0.00	0.00
取得借款收到的现金	44	10000000.00	10000000.00	10000000.00

(续表)

项目	行次	2013年金额	2012年金额	2011年金额
发行债券收到的现金	45	0.00	0.00	0.00
收到其他与筹资活动有关的现金	46	5387629.40	9053893.98	0.00
筹资活动现金流入小计	47	15387629.40	19053893.98	10000000.00
偿还债务支付的现金	48	10000000.00	10000000.00	10000000.00
分配股利、利润或偿付利息支付的现金	49	313145137.68	111851538.53	70057360.96
其中:子公司支付给少数股东的股利、利润	50	0.00	0.00	0.00
支付其他与筹资活动有关的现金	51	1317308.73	0.00	0.00
筹资活动现金流出小计	52	324462446.41	121851538.53	80057360.96
筹资活动产生的现金流量净额	53	-309074817.01	-102797644.55	-70057360.96
四、汇率变动对现金及现金等价物的影响	54	-1327726.07	-27537.88	165832.50
五、现金及现金等价物净增加额	55	321887039.26	587371325.76	-852251064.41
加:期初现金及现金等价物余额	56	1761064510.34	1173693184.58	1994960614.35
六、期末现金及现金等价物余额	57	2082951549.60	1761064510.34	1142709549.94

五、财务分析

(一)财务状况分析

1. 资产负债率分析。云南白药2013年末资产负债率为29%,处于极低的水平。企业财务结构合理,具有较强的抗风险能力。

与同行业其他企业的对比数据见下表。

企业名称	云南白药	华润三九	东阿阿胶	九芝堂
2013年末资产负债率	29%	37%	14%	18%

2. 营运资金分析。云南白药2013年末流动资产为108亿元,流动负债为

36亿元，营运资金为72亿元，数额较高。公司财务状况处于较稳定的状态。

与同行业其他企业的对比数据见下表。

企业名称	云南白药	华润三九	东阿阿胶	九芝堂
2013年营动资金	72亿元	21亿元	32亿元	7亿元

3．流动资产比率分析。云南白药2013年末流动资产比率为83%。流动资产占总资产的比重，远远大于非常流动资产占总资产的比重，说明公司的财务结构很合理。

与同行业其他企业的对比数据见下表。

企业名称	云南白药	华润三九	东阿阿胶	九芝堂
2013年流动资产比率	83%	50%	68%	56%

（二）偿债能力分析

1．速动资产比率分析。云南白药2013年末速动资产占流动资产的比重为53%，说明公司具有极强的债务偿还能力，资产的流动性极强。

与同行业其他企业的对比数据见下表。

企业名称	云南白药	华润三九	东阿阿胶	九芝堂
2013年速动资产比率	53%	40%	59%	46%

2．利息保障倍数分析。云南白药2013年末利息保障倍数为386。说明公司的息税前利润远大于利息费用，所以公司完全有能力支付所借金融机构的贷款。

（三）经营能力分析

1．毛利率分析。云南白药2013年末的产品毛利率为26%。处于非常高的水平，产品盈利能力非常好。

与同行业其他企业的对比数据见下表。

企业名称	云南白药	华润三九	东阿阿胶	九芝堂
2013年毛利率	26%	60%	63%	55%

2. 销售收入分析。云南白药2011年、2012年、2013年的销售收入分别为113亿元、138亿元、158亿元,销售收入逐年递增。

与同行业其他企业的对比数据见下表。

企业名称	云南白药	华润三九	东阿阿胶	九芝堂
2013年销售收入	158亿元	78亿元	40亿元	12亿元

3. 净利润分析。云南白药2011年、2012年、2013年的净利润分别为12亿元、15亿元、23亿元,增长态势明显。

与同行业其他企业的对比数据见下表。

企业名称	云南白药	华润三九	东阿阿胶	九芝堂
2013年净利润	23亿元	11亿元	12亿元	2亿元

4. 存货周转率分析。云南白药2013年的存货周转次数为2.33,处于良好的水平。

与同行业其他企业的对比数据见下表。

企业名称	云南白药	华润三九	东阿阿胶	九芝堂
2013年存货周转率	2.33	3.37	3.08	2.80

5. 应收账款周转率分析。云南白药2013年的应收账款周转次数为29.50,处于良好的水平。

与同行业其他企业的对比数据见下表。

企业名称	云南白药	华润三九	东阿阿胶	九芝堂
2013年应收帐款周转率	29.50	15.04	28.00	12.00

6. 经营性现金流量分析。云南白药2013年的经营性现金流净额为3.4亿

元，说明企业经营所产生的现金足以保证企业的经营需要。

与同行业其他企业的对比数据见下表。

企业名称	云南白药	华润三九	东阿阿胶	九芝堂
经营性现金流量净额	3.4亿元	14亿元	8亿元	0.28亿元

（四）投资回报指标分析

1. 净资产收益率分析。云南白药2013年的净资产收益率为25.70%，处于较高水平，能为投资者提供良好的回报。

与同行业其他企业的对比数据见下表。

企业名称	云南白药	华润三九	东阿阿胶	九芝堂
2013年净资产收益率	25.70%	20.00%	25.00%	14.90%

2. 每股收益分析。云南白药2011年、2012年、2013年的每股收益分别为1.74元、2.28元、3.34元，收益水平非常高。

与同行业其他企业的对比数据见下表。

企业名称	云南白药	华润三九	东阿阿胶	九芝堂
2013年每股收益	3.34元/股	1.21元/股	1.83元/股	0.76元/股

六、基本结论

通过上述分析可以看出，云南白药公司是一个经营效益良好，财务状况稳健，可作为成长股投资，能为投资者带来良好回报的公司。

第六章 成长股分析

本章主要内容：

1. **人的因素**
2. **责任感**
3. **意志力**
4. **重新认识成长股**
5. **身边的公司**
6. **公式**
7. **最佳购买点**
8. **持股**

陈先生：上面的例子，四个企业效益都很好，但是有的可以作为成长股投资，有的不能作为成长股投资，这是为什么呢？

王先生：只是效益好，并不能作为成长股进行投资，成长股投资要求的是企业效益能持续地增长。成长股投资是一种长期持股的方式，也就是长期投资，不是采用波段投资的方式。长期持股后，企业的效益持续增长，这样积累的收益就会非常巨大，投资者得到的回报也很高。如果企业效益不能持续地增长，净利润有时是正的，有时是负的，或者非常低，这样长期持有后，投资者就无法得到巨大的回报。

陈先生：什么样的企业效益会持续增长呢？

王先生:费舍先生总结了成长股的十五个标准。我把它归纳为四个方面:第一是优秀的管理者;第二是广阔的市场潜力;第三是产品毛利率高;第四是企业具有经营优势。

陈先生:你把人的因素放在了第一位。

王先生:是的。把企业经营好,人的因素是非常重要的。

陈先生:为什么呢?

王先生:随便举一些成功企业的例子,你都会马上联想到它的创立者或者经营者。微软公司—比尔·盖茨,苹果公司—乔布斯,中信集团—荣毅仁,联想公司—柳传志,新希望集团—刘永好,新东方—俞敏洪,搜狐—张朝阳,阿里巴巴—马云,等等。这些优秀的管理者,使企业在竞争激烈的环境中脱颖而出。

陈先生:确实是这样,所谓"时势造英雄"。

王先生:当然,先有时势,才能造英雄。但是英雄的出现使时代更加灿烂。经营企业就像打仗一样,毛主席曾说过,"武器是战争的重要因素,但不是决定的因素,决定的因素是人不是物"。一个企业的成功也是一样,决定因素是人,而不是物。

陈先生:怎么理解呢?

王先生:决定一项事业成功的根本原因是什么,对于这个问题我国古人一直在思考。

《荀子·君道》中有这样一段话:有乱君,无乱国;有治人,无治法。羿之法非亡也,而羿不世中;禹之法犹存,而夏不世王。故法不能独立,类不能自行,得其人则存,失其人则亡。法者,治之端也;君子者,法之原也。故有君子则法虽省,足以遍矣;无君子则法虽具,失先后之施,不能应事之变,足以乱矣。不知法之义而正法之数者,虽博,临事必乱。故明主急得其人,而阇主急得其埶。急得其人,则身佚而国治,功大而名美,上可以王,下可以霸;不急得其人而急得其埶,则身劳而国乱,功废而名辱,社稷必危。故君人者劳于索之,而休于使之。《书》曰:"惟文王敬忌,一人以择。"

这段话的意思就是说,对于国家兴亡,最关键的因素是主要管理者的品德和才能。

一个企业也是一样,主要管理者的品德和才能,决定了这个企业的兴衰。

陈先生:是这样的。

王先生:举一个例子。这是一个市属信托公司下属的一个担保公司发生的事。由于业务都属于金融业,所以信托公司成立了一个担保公司。担保公司的总经理由信托公司委派,姓沈,人们都叫他沈总。沈总大学里学的是英语专业,毕业后分配到了信托公司办公室。由于人很正派,工作努力,在公司很受重视。

工作三年后,信托公司把他派到了日本办事处工作。在日本工作四年后回到了信托公司。正好担保公司成立,所以就派沈总到担保公司担任总经理。沈总干事非常稳当,对于担保项目审查非常严格,所以在担保公司工作了两年,公司没有出现大的坏账和损失,效益很好,公司也非常稳定。由于工作出色,沈总调到信托公司担任总经理助理,离开了担保公司。担保公司总经理由原来的副总经理范总担任。

范总在大学里学的是哲学专业。40多岁,戴一副眼镜,看人总是眯着眼睛。他也是大学毕业后就来信托公司的,分到了公司的人事处。平时没什么爱好,就爱打乒乓球。在人事处工作了几年后,提升为副科长。担保公司成立时,派他到担保公司当副总经理,分管人事、保卫等工作。

陈先生:他没有干过具体的业务,当总经理能行吗?

王先生:范总能言善道,当上总经理后,有权了,他的本性彻底暴露出来了。他在担保公司最大的兴趣就是乱搞两性关系,可以说,公司里的女职员都被他欺辱过,品质极其恶劣。

陈先生:这种人管理公司,公司能好吗?

王先生:肯定是好不了的,他也没有心思管好企业。他曾对人说过:“我得挣钱,和我一样学历、资历的人年薪都是300万元。”

陈先生:他怎么一年挣300万元呢?

王先生:靠工资是达不到这个水平的,只有贪污了。他想尽各种办法进行贪污,除了乱报销费用外,他还到处乱投资,投资什么亏什么。最大的一笔是投资宁夏一个化肥项目,担保公司出资500万元,和一个民营企业家合资成立了一个公司。这个公司开业第二年就亏损了300万元,三年后合资公司倒闭了,担保公司损失了500万元。

陈先生:一定是他把钱转移了。

王先生:是的。范总的做法引起了公司员工的极大不满,人们纷纷向上级部门写信控告他。后来信托公司派人来调查,情况属实,最后将范总移交司法机关,担保公司也解散了。

陈先生:同一个公司,不同的总经理来经营,结果是完全不同的。

王先生:是的。所以说,《大学》里面有这样一段话:一家仁,一国兴仁;一家让,一国兴让;一人贪戾,一国作乱。其机如此。此谓一言偾事,一人定国。尧舜率天下以仁,而民从之;桀纣率天下以暴,而民从之。其所令反其所好,而民不从。是故君子有诸己,而后求诸人;无诸己,而后非诸人。所藏乎身不恕,而能喻诸人者,未之有也。故治国在齐其家。

陈先生:真是这样。

王先生:这让我想起了太平天国运动。这场运动开始于清朝咸丰元年(1851年),结束于同治三年(1864年),共13年。由洪秀全、杨秀清、萧朝贵、冯云山、韦昌辉、石达开组成的领导集团从广西金田村率先发起。1864年,太平天国首都天京陷落,标志着运动失败。

陈先生:可谓是轰轰烈烈。

王先生:是的。1853年1月起义军攻下武昌,震动清廷。2月9日,洪秀全等号称率领50万众,船1万余艘,夹江东下,连克九江、安庆、芜湖,势如破竹。3月19日占领江南重镇江宁(南京),定为都城,改称天京。旋派军两支攻占镇江、扬州,与天京形成犄角之势。此时已占据半壁江山。

如此宏大的场面,最后仅仅因为洪秀全和杨秀清两个人的矛盾,就导致了整个太平天国的瓦解。

1856年8月,杨秀清居功自傲,逼洪秀全封他为“万岁”,洪秀全密令韦昌辉、石达开回京相救。9月初,杨秀清及其部属数万人被韦昌辉残杀。不久,韦昌辉又被洪秀全处死。全朝文武迎石达开到京辅政。石达开因遭洪秀全疑忌,于1857年5月负气出走,率数万将士脱离天朝,独立作战。虽继续反清,但远离根据地，于1863年6月在四川大渡河畔覆灭。

经此“内讧”，太平天国受到极大损害，军事形势不断恶化，武汉、九江相继失守，湖北、江西根据地大部丢失，只有安徽战场控制地区略有扩大。从此，太平天国开始衰败！

1864年6月，洪秀全病逝。1864年7月19日，湘军轰塌天京太平门附近城墙10余丈，蜂拥入城，其他方向的湘军也缘梯而入，城内太平军或战死，或自焚，无一降者。

天京的陷落，标志着太平天国农民战争失败。

陈先生：真是可惜。

王先生：当然，最深层次的原因是由于太平天国领导集团的腐败造成的。腐败从根本上动摇了太平天国政权的根基。洪秀全、杨秀清占据南京以后，便以为可以立国，把享受和特权放在首要地位。

洪秀全就把自己和众位大臣隔开了。当年同生死共患难的杨秀清、韦昌辉、石达开等，都不能随意出入天王府。昔日的兄弟、今日的丞相们临朝时，也只好站在朝门外列队，洪秀全俨然已成为皇帝。

杨秀清是一位有战略眼光的军事领袖，在指挥战争和组织政府方面都做出了很多贡献，为太平天国立下了不朽功勋。但是建都南京后，杨秀清的特权恶性膨胀。一到南京，他就建起了高大的王府，三年多的时间，从不出南京城一步，严重脱离群众，作风极度张扬，每次出门都盛陈仪仗，甚至用代“天父下凡”来惩罚洪秀全，最后发展到“逼封万岁”。杨秀清还设立各种酷刑，连韦昌辉、秦日纲、黄玉昆等一些高级将领都被他杖责过。杨秀清的骄横，造成他和诸多朝臣的积怨以及洪秀全的不满，终于酿成了天京事变，杨秀清及其家属、部下和太平军精兵两万多人被韦昌辉滥杀。

虽然后来石达开回到天京，受到天京军民的热烈欢迎，满朝同举石达开提理政务，洪秀全却对石达开大生疑忌。在这种情况下，石达开率20万精兵远离天京。此时太平天国已处于十分困难的境地，虽经陈玉成、李秀成等后期太平天国名将的努力，军事上稍有起色，但终究缺乏回天之力，最后一步一步走向失败。

所以说，几个人的心灵波动，就可能引起外界的巨大震动，良好的局面终究毁于一旦。国事如此，一个企业也是一样。

陈先生：确实是这样。那么在纷繁复杂的环境中，如何使心灵保持平静呢？

王先生：还是《大学》这篇文章给出了答案。

古之欲明明德于天下者，先治其国。欲治其国者，先齐其家。欲齐其家者，先修其身。欲修其身者，先正其心。欲正其心者，先诚其意。欲诚其意者，先致其知。致知在格物。

物格而后知至，知至而后意诚，意诚而后心正，心正而后身修，身修而后家齐，家齐而后国治，国治而后天下平。自天子以至于庶人，一是皆以修身为本。

其本乱而末治者否矣。其所厚者薄，而其所薄者厚，未之有也。此谓知本，此谓知之至也。

所谓诚其意者，毋自欺也。

所谓修身在正其心者，身有所忿懥，则不得其正。有所恐惧，则不得其正。有所好乐，则不得其正。有所忧患，则不得其正。心不在焉，视而不见，听而不闻，食而不知其味。此谓修身在正其心。

是故君子先慎乎德。有德此有人，有人此有土，有土此有财，有财此有用。德者本也，财者末也。外本内末，争民施夺。是故财聚则民散，财散则民聚。是故言悖而出者，亦悖而入；货悖而入者，亦悖而出。

陈先生：能解释一下吗？

王先生：很好理解。只要记住三句话：第一句是"所谓诚其意者，毋自欺也"。第二句是"所谓修身在正其心者，身有所忿懥，则不得其正。有所恐惧，则不得其正。有所好乐，则不得其正。有所忧患，则不得其正。"第三句是"有德此有人，有人此有土，有土此有财，有财此有用。德者本也，财者末也"。

陈先生：如何理解呢？

王先生：第一句话"所谓诚其意者，毋自欺也"，就是告诉人们做人要诚实、诚恳。如何诚实、诚恳呢，就是不自己欺骗自己。

陈先生：要做到这一点确实是很不容易的。

王先生：《贞观政要》卷五诚信第十七中有这么一段记载：贞观初，有上书请去佞臣者,太宗谓曰:“朕之所任,皆以为贤,卿知佞者谁耶?”对曰:“臣居草泽,不的知佞者,请陛下佯怒以试群臣,若能不畏雷霆,直言进谏,则是正人,顺情阿旨,则是佞人。”太宗谓封德彝曰:“流水清浊,在其源也。君者政源,人庶犹水,君自为诈,欲臣下行直,是犹源浊而望水清,理不可得。朕常以魏武帝多诡诈,深鄙其为人,如此,岂可堪为教令?”谓上书人曰:“朕欲使大信行於天下,不欲以诈道训俗,卿言虽善,朕所不取也。”

就是说,有人向李世民上书,劝他以欺诈的手段来测试群臣,以区分谁是正直的人,谁是小人。李世民断然拒绝。他认为如果皇帝诡诈,他的群臣就不可能正直。李世民举了曹操的例子,认为曹操诡诈,所以天下不安。

陈先生:真是这样。

王先生:李世民以诚待人,所以平定天下,被拥为“天子汗”;而魏武帝多诡诈,所以只能三分天下。可以说人心决定世界。

陈先生:说得有道理。

王先生:经营企业也是一样,以诚待客,客满天下,企业长久;以诈欺客,门可罗雀,企业关门。我举一个例子。

我们公司参股过一个奶制品企业S公司。因为原奶不容易取得,成本很高,所以S公司的效益不是很好。一次开公司董事会,一个董事问总经理:“为什么我们公司的奶制品口感不如其他公司好,销售也不如它们?”

总经理憨厚地一笑说道:“你知道这些企业都往牛奶里加了什么吗?如果我告诉你,你肯定不会再买他们的牛奶了。”

一些董事说:“既然大家都这么做,可以扩大销售量,我们也可以这么做啊!”

总经理说道:“伤天害理的事不能做。”

S公司还是按照以前的方法进行生产,没有改变牛奶的成分。2008年突然发生三聚氰胺事件。许多奶企遭受调查,查出了三聚氰胺,使国人不敢再购买国产奶粉和牛奶。该事件亦重创中国制造商品信誉,多个国家禁止中国乳制品进口。许多奶企遭受打击,有的被迫关闭了。而S公司的奶制品没有发现含有三聚氰胺,所以生产、经营和销售都没受到影响。其他企业被关闭后,S公司趁机收购了这些企业的奶源基地，发展了自己。

所以说，诚信经营可以使企业发展、壮大；不诚信经营可以使企业毁灭。能不能诚信经营，全在管理者的一念之中。

陈先生：是这样。

王先生：同仁堂是乐显扬创建于清朝康熙八年（1669年）的一家药店。历经数代，经营了300多年，之所以能传世这么久，就是因为两句话：炮制虽繁必不敢省人工，品味虽贵必不敢减物力；修合无人见，存心有天知。

陈先生：浓缩成两个字就是诚信。

王先生：诚信是契约社会的基石。

陈先生：修心这个词现在经常被人们提及，可以说是很时髦的词了。人们如何修心呢？

王先生：其实修心就是使心总是处于平静状态。当然，说起来容易，做起来实在不容易。

陈先生：是不是所谓的“喜怒不形于色”？

王先生：从表面上看是这样。但是真正有修养的人是不被外界所打扰，而不是心中有忿恨故意装出无事的样子，或者极力掩饰自己的真实想法，这是虚伪。

陈先生：平常人能做到这一点吗？

王先生：一般人是做不到的。如果能做到心灵平静，这个人就会有极高的成就。比如，三国时的刘备就是一个“喜怒不形于色”的人，人们认为他有些虚伪，但是我觉得他是个英雄。

陈先生：为什么呢？

王先生：刘备教导过他的儿子，要“不以善小而不为，不以恶小而为之”，有这么高觉悟的人，不可能是个虚伪的人。

清朝时的禁烟英雄林则徐，在给儿子的家信中说：“为父做官三十年，未尝以疾言遽色加人，儿随父久，当亦目睹之也。”官至钦差大臣，能三十年未向人发过怒气，实在是一代伟人。

相反，如果一个人动辄对人发怒，随意辱骂下属，这种人是不会长久的。

做企业也是一样。一个总经理天天辱骂员工，就会使员工人人自危，怨声载道，企业的凝聚力下降，优秀的员工就会离开公司，使企业陷入困境。这种企业是不值得长期投资的。

陈先生：古人认为有德者有财，这怎么理解呢？

王先生：看一看山西巨富乔致庸的经历，就明白这个道理了。

陈先生：明白了。一个成功的企业家，除了要有较高的道德修养外，你认为还应该具有什么样的品质呢？

王先生：我认为一个成功的企业家，应该具有高度的责任感。

陈先生：为什么呢？

王先生：具有高度责任感，才能使人的潜力充分发挥出来。这让我想起在中国抗战时的西南联合大学，虽然当时条件非常艰苦，但是西南联合大学是公认的中国历史上办得最好的大学，人才备出，学术水平和同时期的牛津、剑桥不相上下，出现了陈省身、华罗庚、李政道等一批科技巨匠。

陈先生：真是个奇迹。

王先生：看一看西南联大的校歌就能找到答案。

《满江红》

词：罗庸、冯友兰

万里长征，辞却了五朝宫阙，暂驻足衡山湘水，又成离别。绝徼移栽桢干质，九州遍洒黎元血。尽笳吹弦诵在山城，情弥切。

千秋耻，终当雪；中兴业，须人杰。便“一成三户”，壮怀难折。多难殷忧新国运，动心忍性希前哲。待驱除仇寇复神京，还燕碣。

其中“千秋耻，终当雪；中兴业，须人杰。便‘一成三户’，壮怀难折”，就是说，即使战斗到只剩几里土地，几户人家，也要中兴复国。

这些学子们以复兴中华为已任，这种高度的责任感使得人们的潜能得到了巨大的发扬光大。

陈先先：真是这样。

王先生：搞企业也是一样，责任感是非常重要的，甚至会决定一个企业的生死。我举一个例子。

在我工作过的石化集团的一个化工厂，有一个李师傅，个子不高，非常健壮，40多岁，是工农兵大学毕业的。因为在恢复高考后的测试中考试不及格，所以没有得到国家的认可，只能当工人了。李师傅工作非常认真。一次下大雨，他穿着雨衣到20米高的化工生产装置上巡检，突然感觉到一阵颤动，一看仪表，发现反应塔的安全阀被爆开。他知道，氧化工段是整个装置中唯一有化学反应的工段，由于生产苯的环境是高温、高压，易燃、易爆，安全阀爆开意味着反应塔里出现了异常反应，随时会发生爆炸。这时化工生产装置的中控室已经发现了这一异常现象，工段长用广播通知李师傅尽快撤离装置区，以免发生危险事故。但是李师傅没有立刻下来，他果断地关闭了安全阀，消除安全隐患，防止了重大事故的发生。后来车间和厂领导高度赞扬了他这种不怕危险、认真负责的工作态度。

如果没有责任感，也许李师傅早就跑了，那么化工生产装置就可能爆炸，后果无法想象。

陈先生：确实很可怕。

王先生：我再举一个例子，也是在石化集团工作时发生的事。集团有个下属公司叫石化二厂，是生产乙烯原料的。乙烯原料有很多品种，有的是做塑料制品的。当时，由于全国化工企业还很少，生产出的原材料无法满足市场需要，所以产品销售价格比较高，几乎是成本价的3倍，利润非常高。大家没有在意市场情况，都在加紧生产。石化二厂也生产这种塑料制品的乙烯原料，产量在全国处于第一位，效益也非常好。这个厂的张厂长是学化学专业的大学生，对科研很重视，组建了技术水平比较高的科研所，专门研究各种乙烯原料。

通过科技人员的研究，他们发现市场上洗衣机的产量在上升，制造洗衣机桶用的乙烯原料需求量很大，而生产这种乙烯原料的企业很少，国内几乎没有。国内著名的洗衣机生产厂家，都是从国外进口洗衣机桶用的乙烯原料，价格非常高。国内生产塑料制品原料的企业在大幅增加，供应量大增，市场价格有大幅下降的趋势。通过与科技人员交流，张厂长决定，加大洗衣机桶用乙烯原料的研究，争取在两年内大批量生产。

市场真是瞬息万变，正当人们还沉迷在塑料制品原料的生产时，市场已经进入饱和状态，销售价格快速下跌，完全出人意料。两年后，塑料制品原料的价格已接近成本，生产企业已经不能盈利了。这时石化二厂开始大批量生产洗衣机桶用的乙烯原料，并源源不断地供应市场，使该厂一直保持很好的效益。

陈先生：这个例子你在《价值投资新工具》中提到过。

王先生：是的，在那本书里只是一笔带过，当时说石化二厂效益大增，其实事情本身远没有这么简单。

当时生产洗衣机的国内厂家都使用国外的原料，从日本或者韩国进口，他们不认可国内化工厂的产品质量。张厂长带着自己的销售人员到江苏的洗衣机厂推销产品，洗衣机厂的采购人员对他们说："我们的生产安排得非常紧凑，没有时间对每个批次的原料进行检验，只能是抽查。如果你们的产品质量不稳定，时好时坏，这一批合格，下一批不合格，就会影响到我们洗衣机的质量，这样我们的洗衣机就没办法卖了，这个损失我们可承担不起。"

张厂长向洗衣机厂保证，石化二厂的产品质量绝对有保证，不会给洗衣机厂带来麻烦。洗衣机厂的采购人员还是不相信。张厂长就带人往返北京、江苏好多次，提供样品，供洗衣机厂随时检测。最后洗衣机厂答应先采购石化二厂一批产品试一下，如果质量好，就可以大量采购。

张厂长非常高兴，特意在酒店里摆下一桌酒席宴请洗衣机厂的领导。洗衣机厂的厂长没有来，只来了个管采购的副厂长。在酒桌上，采购副厂长指着张厂长说："你来喝酒，喝下一杯我们采购你们厂一吨原料。"都是56度的烈性酒，为了能让洗衣机厂多用石化二厂的产品，张厂长一连喝下15杯烈性酒。喝完后，张厂长大吐不止。在厕所里，他想到自己也是一家4000人国有企业的一厂之长，副局级干部，被甲方欺压成这样，真是太委屈了，禁不住嚎啕大哭。但是为了厂里的效益，张厂长只能忍受。

陈先生：这就是责任感。

王先生：除了责任感，一个成功的企业家还要有坚韧不拔的毅力。

陈先生:这些都是可贵的品质。

王先生:俞敏洪曾经说过,在绝望中看到希望,人生必定辉煌。这就是坚韧不拨的品质。

讲一讲我自己的故事,虽然我没有成功,但是我体会到了什么是成功。

陈先生:说来听听,我很感兴趣。

王先生:当时我三十六岁,在一个大的国有投资公司工作,干得还不错,准备升职。这时国家正在经受着非典疫情的打击,人人自危。一天,公司领导找我谈话,告诉我公司决定派我到上海,担任一个上市公司的财务负责人。

陈先生:这是一个很好的机会啊。

王先生:是的。但是对于我来说就比较困难了,当时我的女儿太小,才上小学三年级。在北京只有我和爱人两个人带孩子,我的父母和我爱人的父母都在外地,帮不上忙。如果我去上海,只有我爱人一个人带孩子,太困难了,所以我没有去上海任职,并且离开了投资公司。

陈先生:有些可惜了。

王先生:是的,当时并没有觉得可惜,认为自己还可以在北京再找一家公司。可是,当我真的辞职后找工作时,才知道自己犯了严重的错误,不应该如此草率地离职。

陈先生:后悔了吧?

王先生:是的。机不可失,过了这个村就没有这个店了。我一家一家单位地找,参加了许多次招聘会,面试了很多公司,都没有找到满意的工作。时间一晃三个月就过去了,我一直处于失业状态,这下我真的慌了,自信心也受到了极大的打击。每次面试失败后,我都非常沮丧,不停地问自己:“我真的不行了吗?”

陈先生:信心真的动摇了。

王先生:是的。一次面试后,感觉不理想,心情非常郁闷,不想坐公共汽车,就一个人沿着长安街走,从西单一直走到东三环。一边走一边想着事,不知不觉中来到了一家书店,心想反正时间还早,就进去看书。

陈先生:在这种情况下你还有心情看书?

王先生：太郁闷了，心口堵得慌。在一个旧书架上，我发现了一本旧的《陈毅诗词选辑》，翻了几页，发现了陈毅元帅写的《梅岭三章》。诗是这样写的：

《梅岭三章》

一九三六年冬，梅山被困。余伤病伏丛莽间二十余日，虑不得脱，得诗三首留衣底。旋围解。

〔一〕

断头今日意如何？
创业艰难百战多。
此去泉台招旧部 ，
旌旗十万斩阎罗。

〔二〕

南国烽烟正十年，
此头须向国门悬。
后死诸君多努力，
捷报飞来当纸钱。

〔三〕

投身革命即为家，
血雨腥风应有涯。
取义成仁今日事，
人间遍种自由花。

陈先生：这是陈毅元帅在人生最困难的时候写的。

王先生：看了这首诗，我立刻感觉到一股力量传遍全身。我完全理解了这首诗的含义，并被陈毅元帅面对极端困难仍然持有的积极乐观的态度感染。对比陈毅元帅，我现在的这点困难算得了什么呢？！

我马上买了这本书，又发现书店还有毛主席的诗集，就一并买下，回到家里读了起来。

陈先生:如获至宝。

王先生:是的。以前不理解的诗,现在全读明白了。比如,毛主席写的《七律·长征》。

《七律·长征》

红军不怕远征难,万水千山只等闲。
五岭逶迤腾细浪,乌蒙磅礴走泥丸。
金沙水拍云崖暖,大渡桥横铁索寒。
更喜岷山千里雪,三军过后尽开颜。

我觉得第一句“红军不怕远征难”非常有力量。

还有毛主席写的《忆秦娥·娄山关》。

《忆秦娥·娄山关》

西风烈,
长空雁叫霜晨月。
霜晨月,
马蹄声碎,喇叭声咽;
雄关漫道真如铁,而今迈步从头越。
从头越,
苍山如海,残阳如血。

这一句“雄关漫道真如铁,而今迈步从头越”,非常豪迈。

陈先生:所以说毛主席和陈毅元帅都是一代伟人,他们永远不会被困难吓倒。

王先生:是的。从此以后,我的态度完全变了,以更加积极的态度来面对困难。我爱人说:“感觉你像变了一个人,有一股坚韧的劲儿。”

陈先生:受激励了。

王先生:是的。没过多久,我就接到了一家大公司的入职通知书。

陈先生:你没有被困难击败。

王先生:后来,我迷上了中国古典哲学著作,读了诸子百家的书,明白了许多道理,尤其是对愚公移山有了新的认识。

陈先生:什么认识? 说来听听。

王先生:愚公移山是《列子·汤问》中的一篇。全文如下。

太行,王屋二山,方七百里,高万仞。本在冀州之南,河阳之北。

北山愚公者,年且九十,面山而居。惩山北之塞,出入之迂也。聚室而谋曰:"吾与汝毕力平险,指通豫南,达于汉阴,可乎?"杂然相许。其妻献疑曰:"以君之力,曾不能损魁父之丘,如太行、王屋何? 且焉置土石?"杂曰:"投诸渤海之尾,隐土之北。"遂率子孙荷担者三夫,叩石垦壤,箕畚运于渤海之尾。邻人京城氏之孀妻有遗男,始龀,跳往助之。寒暑易节,始一反焉。

河曲智叟笑而止之曰:"甚矣,汝之不惠。以残年余力,曾不能毁山之一毛,其如土石何?"北山愚公长息曰:"汝心之固,固不可彻,曾不若孀妻弱子。虽我之死,有子存焉;子又生孙,孙又生子;子又有子,子又有孙;子子孙孙无穷匮也,而山不加增,何苦而不平?"河曲智叟亡以应。

操蛇之神闻之,惧其不已也,告之于帝。帝感其诚,命夸娥氏二子负二山,一厝朔东,一厝雍南。自此,冀之南,汉之阴,无陇断焉。

这篇文章就是说,一个人的恒心是非常重要的。有恒心的人,天就会帮助他,他就可以战胜任何困难。

陈先生:这是一种新的理解。

王先生:孟子在《告子下》中也表达了这种观点。原文是这样的:

孟子曰:"舜发于畎亩之中,傅说举于版筑之间,胶鬲举于鱼盐之中,管夷吾举于士,孙叔敖举于海,百里奚举于市。故天将降大任于是人也,必先苦其心志,劳其筋骨,饿其体肤,空乏其身,行拂乱其所为,所以动心忍性,曾益其所不能。人恒过,然后能改;困于心,衡于虑,而后作;征于色,发于声,而后喻。入则无法家拂士,出则无敌国外患者,国恒亡。然后知生于忧患,而死于安乐也。"

就是说,在你受到挫折时,一定要坚持住,因为这是老天在考验你。如果你能经受住考验，后面必有大任降临到你头上。

陈先生：这里我有个疑问，如果是民营企业，主要管理者一般是企业的股东，他的品质确实可以左右企业的命运。这种情况好判断。但是国有企业，由于是国家的，公司的董事长或者总经理都是国家委派的，而且都是有任期的，60岁必须退休，这样的话怎么用这个指标来判断呢？

王先生：确实，国有企业情况就复杂了一些，但也是可以判断的。

陈先生：怎么判断呢？大家都说上市公司中国有企业数量并不少，效益好的企业也不少。

王先生：主要分析这个企业在当地政府所有的企业中是否处于核心地位。处于核心地位的企业，董事长或者总经理退休，或者调走后，国资委会重新委派优秀的干部到公司任职，这样企业还会继续发展。如果企业不是核心企业，而是处于边缘化的企业。这类企业的干部往往是不太优秀的，所以企业总是处于边缘状态。这种企业不适合长期持有。

陈先生：我明白了。咱们说了很多人的因素，现在说一说第二个方面，企业拥有巨大的市场潜力。

王先生：只有拥有广阔的市场和巨大的潜力，企业才能有大的发展。比如，空调产品在中国具有广阔的市场，先是在南方，后来到北方，空调慢慢走入了寻常百姓家。这也成就了格力电器股份公司，使其业绩有了巨大的增长。商业地产的巨大需求，使金融街股份有限公司业绩大涨。还有汽车行业、医药行业等，都涌现出了像上海汽车、云南白药等高成长的公司。

当然，市场总是有饱和的时候，在投资成长股时，一定要注意这方面的问题。

陈先生：你能预测一下下一个高成长的行业是什么吗？

王先生：预测行业发展往往是非常危险的举动，常常会犯错误。但是我认为中国的环保产业，具体地说是城市污水处理和城市固废垃圾处理行业，有可能会涌现出高成长企业。

陈先生：这种行业能盈利吗？

王先生：这种行业是公共事业行业。投资这个行业能否实现盈利，关键是企业能否得到当地政府的特许经营权。如果得到了特许经营权,企业就能实现持续盈利。

陈先生:你在《价值投资新工具》中说过,政府的授权是靠不住的,因为情况的变化,往往使政府调整政策,这样企业的垄断性就会丧失。

王先生:是的,但是城市污水处理和固废处理同高速公路有本质的区别。城市污水处理和固废处理要求有较高的环保条件,由于当地居民的反对,政府在项目选址时就非常困难,这样就使项目建设周期非常长,这也使企业具有了自然垄断性,所以可以作为成长股进行投资。

陈先生:我明白了。第三个方面是产品具有较高的毛利。这个问题咱们已经讲了多次了,不用说了。第四个方面是企业具有经营优势,怎么理解呢?

王先生:企业具有经营优势,就是具有持续的垄断性。这种垄断可以是自然形成的。比如茅台酒,只有贵州茅台镇的地理条件才能产生这种细菌,而这种细菌是酿造茅台酒必不可少的。再比如景德镇的陶土,或者无锡的紫砂土等,都是独一无二的。还有的垄断是专有技术成分,比如云南白药配方,是国家级绝密级配方。还有的垄断是经营中形成的信誉,如同仁堂。这些垄断性使企业产品具有极高的毛利率,企业效益持续增长,适合成长股投资。

陈先生:我明白了。我有一个问题,你是怎么对成长股感兴趣的?在你的《价值投资新工具》中,你是不主张人们投资成长股的。

王先生:是的,我一直认为成长股投资需要更专业的知识,但是成长股投资可以使人们取得巨大的收益,因此人们决不能忽视它。这是我亲身的经历。

陈先生:说来听听。

王先生:在2006年,一个偶然的机会,我参加了新浪网举办的一个模拟炒股大赛。就是给你50万元模拟资金,选择你认为可以大涨的股票,网站每天自动计算出市值。我觉得很有趣,就用50万元全部买了同仁堂股份。后来由于其他原因,我就把这个事忘记了。等到2013年,一个偶然的机会我又想起了这件事,就打开了网站,一看市值已经达到了150万元。

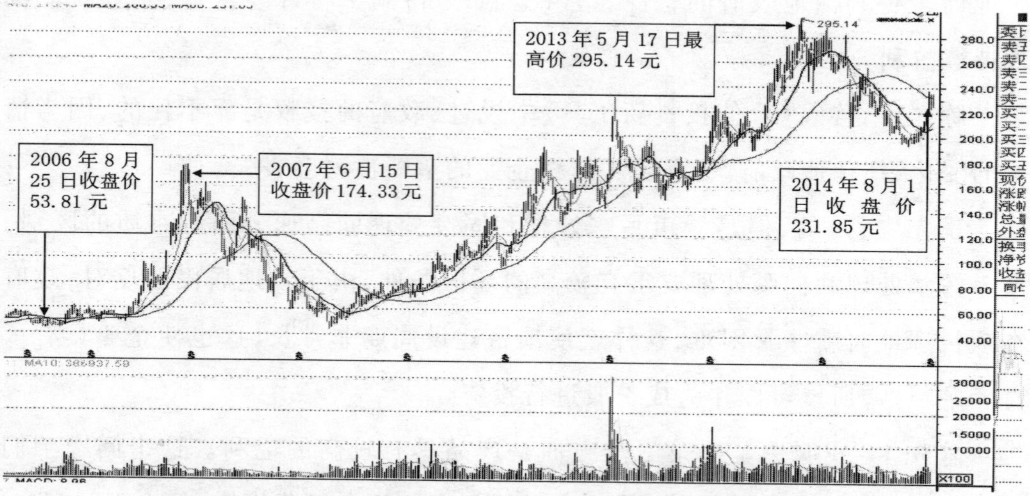

图6-1 同仁堂2006年至2014年股价走势图(复权后)

陈先生:就是说,七年时间投资已经增值了3倍,而且已经超过了2007年综指6124点时的股价。

王先生:是的。这件事给了我非常大的震动,实实在在地体会到了投资成长股的巨大收益。从这时开始,我认真地思考起成长股投资的问题了。

陈先生:有什么体会呢?

王先生:其实,价值投资和成长股投资是股票投资的两个重要组成部分,二者不能偏废。举例来说,虽然格林厄姆一直强调价值投资,但是他却是靠投资成长股发的财。他投资的GEICO股票,持有了很长时间,股价由27美元/股上涨到5.4万美元/股。巴菲特也是靠投资成长股赚的钱,他投资的可口可乐、华盛顿邮报、美国运通等股票,都是持有了很长时间,股价上涨了许多倍。

陈先生:如何解释这种现象呢?

王先生:中国古代兵书《孙子兵法》提出了非常重要的概念——奇正。

凡治众如治寡,分数是也;斗众如斗寡,形名是也;三军之众,可使必受敌而无败者,奇正是也;兵之所加,如以石投卵者,虚实是也。

凡战者,以正合,以奇胜。故善出奇者,无穷如天地,不竭如江海。终而复始,日月是也。死而更生,四时是也。声不过五,五声之变,不可胜听也;色不过五,五色之变,不可胜观也;味不过五,五味之变,不可胜尝也;战势不过奇正，奇正之变，不可胜穷也。奇正相生，如循环之无端，孰能穷之哉！

就是说，打仗是以大部队进行正面接触，而以出奇兵取得胜利，比如曹操和袁绍的关渡之战。

官渡之战是东汉末年“三大战役”之一，也是中国历史上著名的以弱胜强的战例之一。

公元199年六月，袁绍挑选精兵十万，南下进攻许都，官渡之战的序幕由此拉开。消息传到许都，曹操部将多认为袁军强大不可敌。但曹操却认为袁绍志大才疏，胆略不足，于是决定集中数万兵力抗击袁绍的进攻。

八月，袁军主力接近官渡，依沙堆立营，东西宽约数十里，曹操也立营与袁军对峙。九月，曹军一度出击，与袁军交战不利，退回营垒坚守。

同年十月，袁绍又派车运粮，屯积在袁军大营以北约20公里的故市、乌巢。此时，袁绍谋士许攸投奔曹操，建议曹操轻兵奇袭乌巢，烧其辎重，曹操立即付诸实行，留曹洪、荀攸守营垒，亲自率领步骑五千，冒用袁军旗号，利用夜暗走小路偷袭乌巢，到达后立即围攻放火。

袁绍获知曹操袭击乌巢后，一方面派轻骑救援，另一方面命令重兵猛攻曹军大营。可曹营坚固，攻打不下。当曹军急攻乌巢时，袁绍增援的部队已经迫近。曹操励士死战，大破袁军，将其粮草全数烧毁。

袁绍军见乌巢被破，于是投降曹操，内部分裂，大军崩溃。袁绍仓惶带八百骑兵退回河北，曹军先后歼灭和坑杀袁军七八万余人。

官渡之战，经过一年多的对峙，最后以曹操的全面胜利而结束。曹操以两万左右的兵力，出奇制胜，击破袁军十万。公元202年，袁绍因兵败忧郁而死，曹操乘机彻底击灭了袁氏军事集团。公元207年，曹操又征服乌桓，至此北方实现了统一。

陈先生：这和投资股票有什么关系呢？

王先生：我认为在股票投资时，价值投资属于正，而成长股投资属于奇。也就是说，在你的投资组合中，绝大多数股票是价值型股票，而少部分是成长型股票。但是这很少的成长股就是投资盈利的关键部分。

陈先生：就是所谓的“二八”定律。

王先生:是的。

陈先生:那么如何进行成长股投资呢?

王先生:这涉及到三个问题。第一是如何寻找到成长股?第二是以什么价格购买成长股?第三是如何长期持有成长股?

陈先生:这三个问题确实是关键,尤其是第一个问题:在A股市场上如何寻找成长股?

王先生:我认为在A股市场上还是可以发现成长股的。成长股的标准咱们前面已经讲过了,为了更方便地操作,我把它提炼成一句话,就是“寻找有责任感的企业”。

陈先生:“有责任感的企业”,这又是一个新名词。

王先生:也可能这个成长股就在你的身边,只是你没有发现而已。

陈先生:怎么理解这句话?

王先生:你想一想,你身边有没有上市公司?

陈先生:还真有,我所在的公司就是香港上市公司。

王先生:你的亲戚、朋友有没有在上市公司工作的?

陈先生:有,我爱人的父母、姐姐都在云南省的一个A股上市公司工作。我的一位朋友也在A股上市公司工作,这个公司是生产啤酒的,在国内有很高的知名度。

王先生:你投资这些上市公司了吗?

陈先生:没有。

王先生:为什么没有投资?

陈先生:没法判断这些股票的价格高低,总是觉得它们的价格太高了,一直没敢买。

王先生:我们身边有许多上市公司,包括在A股上市的,或者在香港上市的,甚至在美国纽约上市的。以前我所在的石化集团就是在香港和纽约同时上市的公司。

但是,我们很多人往往并不买这些身边的股票,反而是购买自己并不熟悉的其他公司的股票。你对其他公司情况的了解,肯定比不上你身边的公司。

陈先生:也可能是太熟悉身边的上市公司了,反而不敢买,就像诗中所说的,“不识庐山真面目,只缘身在此山中”。

但是也有例外。我有一个朋友老周,他的爱人就在一个A股上市公司工作。这个A股上市公司是做国际航运的,在2007年时,航运公司股价大涨,最高时涨到了68元/股。2007年航运公司股票价格回调到26元/股时,老周就买了航运公司的股票。他还建议周围的同事也买,他觉得自己熟悉这个公司,企业效益不错,股票价格能大涨。可是从那时开始,航运公司股票价格一路向下,最后跌到了2.6元/股,这下老周赔惨了。

王先生:主要是老周没有深入分析这家公司的情况,仅仅凭感觉盲目购买。

陈先生:怎么分析呢?

王先生:就是要分析这家公司是不是一个有责任感的企业。

陈先生:怎么理解这句话呢?

王先生:责任感不是一个抽象的概念。一个有责任感的人是一个可以托付重任的人,一个有责任感的企业是一个可以信赖的企业。比如,同仁堂从来没有卖过假药;云南白药认真扩展产品的品种;我家的一台格力空调到2014年已经用了18年,制冷效果还是非常好。当然,在A股市场上还有很多有潜力的股票,只有这样的公司才值得长期持有。

有责任感的公司,主要管理者一定是有责任感的人。如果是一个边缘化的公司,它的管理者由于前途迷茫,往往极易走入歧途,这样企业也就跟着完了。我举一个在石化集团工作时的例子。

当时石化集团的下属企业很多,有50多家。这50多家企业可以分为三个类型,第一类型是生产企业,包括炼油厂、化工厂等,这些企业是直接生产单位,效益好,集团的利润就靠它们了,所以这些企业的中高级管理人员就处于一个很有发展前途的位置。因为很有希望得到晋升,所以他们工作得非常努力,任劳任怨,勤勤恳恳,非常有责任感和成就感。

第二类型是辅助企业,包括动力厂、仪表厂、建筑公司、运输公司等。这些企业主要是为生产企业服务的,包括给生产企业提供水、电、气,或者提供运输服务、建筑服务等。辅助企业不会产生直接利润,但是生产企业也离不开它们,所以虽然辅助企业的中高级管理人员不像生产企业的中高级管理人员那样意气风发,但也是非常实干的。

第三类型是服务公司,就是生产企业和辅助企业所开办的第三产业。服务公司主要是为前面两类企业服务的,或者是为解决前面两类企业的富余人员而开办的,包括塑料厂、汽车修理厂、餐饮公司等。这些企业在业务上严重依赖生产企业,自己并不产生直接效益。服务公司的许多中高级管理人员,是在生产企业或者辅助企业职位竞争中败下来的,他们在原来的企业中无法安置,就来到了服务公司。

陈先生:遇到了职业生涯的“天花板”。

王先生:是的。他们中的一些人是快要退休的人员,由于年纪大了,在生产单位工作非常辛苦,体力上吃不消,就安排到服务公司来过渡一下。这些老同志工作还是很努力的,发挥最后的余热。

年轻的干部从生产企业转到服务公司就有些不同了,因为职业前途就意味着可能完结了。

陈先生:他们可以离开石化集团,辞职到别处发展。

王先生:当时是计划经济时代,人员流动性不是很大,而且由于学的和干的都是化工等专业,能到其他地方找到合适的单位也是很不容易的事,所以很多人并没有离开石化集团。

陈先生:那就前途渺茫了。

王先生:是的。这种从生产单位转到服务公司的年轻干部往往容易消沉,缺乏责任感,有的甚至脱离了正轨。我的一个朋友郑工就是这种情况。郑工是学仪表自动化专业的,在炼油厂仪表车间当副主任。由于工作失误,造成了一次生产事故,受到了厂里的处分,从炼油厂转到工贸公司当副总经理,主管设备管理。由于职业晋升没有希望,郑工来到工贸公司后心灰意冷,工作不负责任,甚至贪污受贿,最后被开除出了集团。

陈先生:一个人对前途失去希望是非常危险的事。

王先生:所以说,一个缺乏责任感的人是管理不好企业的。从一个现象就可以判断出管理者是否对企业缺乏责任感。

陈先生：什么现象呢？

王先生：从总经理或者董事长办公室装修的豪华程度，就知道这个企业将来的发展情况。也就是说，总经理或者董事长办公室装修的豪华程度和这个企业的发展前途成反比。

陈先生：有意思，怎么理解这个联系？

王先生：还记得前面咱们谈到的日生公司吧？

陈先生：就是你们投资公司在广东和一个民营企业老板赵老板合资的公司。

王先生：是的。日生公司关闭后，我们派人去清算。清算人员发现日生公司总经理和财务总监的办公室极度奢华。总经理的办公桌有一个双人床那么大。在处置办公家具时，由于办公桌太大，无法通过办公室的门，搬不出去，最后只能将办公桌锯断，拆开卖了。

陈先生：真是太大了。

王先生：企业的主要管理者如此奢华，表明他的心思根本就没有放在企业上，没有想着如何把企业搞好。公司对他来说只是满足虚荣心和贪欲的工具而已。这种公司是不会长久的。

陈先生：真是这样。咱们讲了这么多，概括来说，就是说要对身边的公司进行分析、判断，看它是不是一个具有责任感的公司。

王先生：是的。因为是你身边的公司，所以你就会非常方便地对它进行观察、比较，评价这些公司和它们的管理者有无责任感。

陈先生：但是，只注意身边的公司，选择范围就小了。如果这些公司都不符合标准，就不能投资了，那么怎么去寻找其他公司呢？看年报可以吗？

王先生：并不是要你只投资身边的公司，而是说先从身边的公司做起。如果它们不符合条件，就不能投资，再去寻找符合条件的公司。从年报中寻找符合条件的公司也是一种方法，但是我更倾向于从你身边的产品开始寻找成长股。

陈先生：为什么呢？

王先生：这也是我反复强调的，不能仅仅看了财务报表就决定投资或者不投资,因为一个企业的财务报表是历史数据,是静态的,而投资活动是动态的。尤其是成长股投资,最重要的是要判断企业今后的效益是否增长,这些从财务报表上是无法得出结论的。

有人用一个企业过去三年的销售收入增长率,来推断出该企业未来三年的增长率,这是非常不科学的。比如,一个企业新建了一条生产线,从试生产到达到设计能力需要三年时间。这期间企业的销售收入一直在增长。到第三年达到设计能力后,如果产品销售价格不增加,那么这个企业从第四年开始销售收入就不会增长了。所以如果你用前三年的增长率来推断今后三年的增长率,肯定会得出错误的结果。

陈先生:用什么方法来判断企业今后的增长率呢?

王先生:由于成长股投资的持股时间不是一年、两年甚至三年,而是很长时间,所以判断企业效益今后能否增长,要从以下三个方面来判断,第一是产品的市场潜力。比如空调产品,在中国现阶段,空调市场还未达到饱和状态。中药产品也是一样,由于中国老龄化社会的到来,中药的需求量还会增长。还有疫苗产品,由于国产疫苗质量的提高,国产疫苗将扩大市场份额。第二是企业产品毛利率的高低。毛利率高的产品赚钱多,人们就会大量生产。第三是企业的经营优势,也就是企业产品有无竞争力。产品市场很大,但是只有有实力的公司,才能占有更大的市场份额。

比如,同样进行污水处理厂建设的投标,当地政府部门一般会将项目的建设经营权交给有很强建设运营能力的企业。城市燃气项目的招标也是一样。城市燃气关系到千家万户居民的安全,所以当地政府在考虑项目中标单位时,公司的经营实力就起到决定作用,价格因素是次要的。

这些决定企业今后发展的因素,从财务报表中是无法发现的,只能进行实地调查。

陈先生:能不能对上面所讲的三个方面进行量化分析?

王先生:这个很难做到。因为每一个行业是不一样的,不可能有统一的指标,只能凭借投资人员的职业或者经验判断了。之所以说投资是艺术而不是科学,就是这个原因。

陈先生:我明白了。那么如何从身边的产品中寻找成长股呢?

王先生:投资从本质上来讲就是买东西,只不过是购买产品而已。买东西的基本原则是买你熟悉的东西,这样就可以少上当受骗。所以寻找成长股时,第一是先寻找你身边的公司。如果这些公司没有可以长期投资的价值时,就从你身边的产品入手。

比如,如果你是个汽车爱好者,你一定对各种品牌的汽车很了解,知道哪种车好,哪种车不好,这时你就要寻找生产好的汽车的企业。

比如,如果你是一个美食爱好者,你一定知道哪家餐馆的菜好吃,顾客多,哪家餐馆的菜不好吃,顾客少,那么你就要寻找好吃餐馆的企业。

还有很多这种例子。

陈先生:这种投资方法,美国投资家彼得·林奇介绍过。

王先生:是的。寻找到这些企业后,你就要进行调查。

陈先生:怎么调查呢?我可能无法到这些公司里去。

王先生:用费舍先生的闲聊法,就是和这个公司的产品代理销售商、原材料供应商、同行业的其他企业,或者行业研究人员等相关人员进行交流。包括销售这个企业产品的超市、专卖店、4S店里的工作人员,或者产品维修人员等,他们都能提供非常有价值的信息。这些信息包括企业产品的质量情况、市场前景、企业管理水平等。

包括你身边的公司,也要通过在这个公司上班的朋友、亲戚、同学等,了解企业产品的质量情况、市场前景、企业管理水平等情况。

陈先生:明白了。

王先生:其实我们在生活中可以随时接触到这些人,也会听到他们反映出来的有价值的信息,但我们就是没有用专业的态度去分析、判断这些信息。

陈先生:也就是说不会运用这些信息。

王先生:是的。我举一个例子。我家的空调是格力品牌的,1996年购买。2002年我们从效区搬到市区时,这个空调移了一次机,后来又加了两次氟,现在一直正常使用。在一次空调加氟时,维修工人和我聊起了格力空调,他认为这个品牌很好,产品质量不错,这给了我非常深刻的印象。

陈先生:这确实是非常有价值的信息。

王先生:了解了这些情况后,你必须对这个公司三年以上的财务报告进行分析,计算它的产品毛利率、资产负债率、销售收入增长、净利润情况等,以此来进行定量的分析和判断。这些数据还要和同行业企业,尤其是上市公司进行比较。这些工作是必不可少的。

我举一个例子。我穿皮鞋都是穿A牌这个牌子的皮鞋,而且是穿坏一双再买一双。为什么穿A牌皮鞋呢,是因为第一次穿A牌皮鞋时,穿了三年它还没有坏。后来我又买了其他品牌的鞋,有的半年鞋底就断裂了,还有的不到一年就坏了,从此我就穿A牌皮鞋。一次我在网上查A牌,才知道原来它是一家德国品牌,在20世纪50年代被香港商人收购了。香港商人收购后,就在香港生产A牌皮鞋。

改革开放后,香港商人又到广东和其他地方进行生产。香港的一般市民都穿A牌皮鞋,虽然它比不上国际大牌皮鞋,但是因为质量很好,所以很受香港一般职场人士的欢迎。改革开放后,A牌皮鞋在大陆也非常受欢迎,销售量也非常好。

一次,我想A牌皮鞋受欢迎,那么这家公司是不是也非常具有成长性呢,能不能投资呢?我就查了一下生产A牌皮鞋的香港公司股票价格,发现它才1.8港元左右。为什么这么低呢?我又查了它的财务报表,发现它是微利企业。计算了它的产品毛利率,发现毛利率只有10%左右,很低,不适合长期投资,所以就打消了购A牌皮鞋公司股票的想法。

陈先生:明白了。

王先生:完成这些调查、分析、计算后,你才能决定是否进行投资。

陈先生:这是一个完整的尽职调查。我有一个疑问,在决定进行投资时,成长股的股票价格往往是非常高的,比如,同仁堂、格力电器、云南白药等,它们的市盈率在最低时也到不了7倍以下,一般都在15倍以上,甚至是30倍左右。如果按照格林厄姆的安全边际原理,在7~16倍之间购买,可能就无法投资了。

王先生:确实,成长股的价值判断是一件非常困难的事。格林厄姆先生在他的《聪明的投资者》和《证券分析》这两部著作中,都没有给出明确的成长股价值判断方法。《怎样评估成长股的内在价值》一书中提到，格林厄姆先生在《聪明的投资者》第六版中，给出了成长股价值判断的公式，但是在以后的版本中，又把这部分内容给删除了。

陈先生：为什么呢？

王先生：没有人能说出答案。我觉得可能格林厄姆先生确实认为成长股的价值不容易判断，如果判断错误，就极易在高位购买股票，那很可能就是一场灾难。

陈先生：为什么会判断错误？

王先生：判断成长股的价值，主要依据这个企业将来若干年的业绩增长，而能否确定企业将来若干年的业绩增长确实是一件非常困难的事。如果用过去七年或者四年的业绩来推测将来的企业价值，可能又是不可取的。所以格林厄姆先生就没有明确地写出来。

陈先生：费舍先生主要是进行成长股投资的，他有没有给出明确的答案呢？

王先生：应当说没有给出量化的答案。在费舍先生的《怎么选择成长股》这部著作中，只说了买入成长股的几个时点，没有明确说出价格区间。

陈先生：为什么这么做呢？

王先生：费舍先生认为，如果是成长股，它今天的价格并不重要，企业的业绩今后会有持续的增长，将来股票的价格就会比现在高得多，所以不用太计较当时的购买价格。

陈先生：这种观点对吗？

王先生：我想这是费舍先生的做法，而且他的投资是成功的。费舍先生的投资造诣已经达到非常高的境界，他可以这样做。一般的投资者最好还是不要贸然采取这种方法，因为如果没有选准成长股，购买价格又非常高，投资就会受到巨大的损失。

陈先生：是这样。

王先生：股市永远是个出人意料的地方。大家都认为这个企业不行了，没有投资价值了，往往是它要反转的时候。同样，大家都觉得股市有重大利空来了，要崩溃了，往往也是市场要反转的时候。

陈先生:人们的判断往往是错的。

王先生:是这样,我称之为思维的错觉。人们进行判断时,采用的是如下法:因为A和B,所以结果是C。

陈先生:这是基本的逻辑推理方法。

王先生:逻辑推理没有错误,错在选取的变量上。人们只看到了A和B,但是对C起决定作用的是E和F,人们却没有发现E和F,所以最终的结果就不是C了。

举一个例子。A同学在大学时是学校的风云人物,不管是在学习方面,还是学校的社会活动方面,都是优秀的人物。这时人们往往认为A同学将来走上社会后会前途无量,但是结果却相反。毕业后,A同学由于不适应社会上的人际关系,在工作中屡受打击,最后变得非常消沉,事业也变得非常暗淡。这大大出乎人们的意料。

陈先生:这是为什么呢?

王先生:因为条件变了,A同学在大学里的成功因素,到社会上已变得不是决定因素了。A同学还是按照大学里的方法来处理工作中的问题,结果往往是错误的。

陈先生:是这样。

王先生:股市也是一样。一个企业现在效益好,不代表将来它的效益也会好。企业现在的效益很差,并不意味着将来效益也很差。所以进行投资,一定要用动态的、发展的观点来看待问题。

陈先生:明白了。

王先生:咱们现在来看一下格林厄姆先生在《聪明的投资者》第六版中提出的成长股内在价值计算公式:

公司每股内在价值=[8.5+(2×增长率)]×每股收益

以格力电器股份有限公司作为例子来说明。截止到2014年1季度末,格力电器公司四年平均每股收益为2.7325元。按照公式来计算,如果格力电器公司以后年增长率为5%,则:

公司每股内在价值=[8.5+(2×增长率)] ×每股收益

=[8.5+(2×5)] ×2.7325 元

=50.55 元/股

市盈率=50.55/2.7325 元=18.5 倍。

如果格力电器公司以后年增长率为 10%，则：

公司每股内在价值=[8.5+(2×增长率)] ×每股收益

=[8.5+(2×10)] × 2.7325 元

=77.87 元/股

市盈率=77.87/2.7325 元=28.5 倍。

如果格力电器公司以后年增长率为 12%，则：

公司每股内在价值=[8.5+(2×增长率)] ×每股收益

=[8.5+(2×12)] ×2.7325 元

=88.80 元/股

市盈率=88.80/2.7325 元=32.5 倍。

陈先生：格力电器 2014 年 4 月至 2014 年 6 月的股价基本在 29 ~ 31 元之间徘徊，远低于公司的内在价值，可以投资并长期持有。

王先生：是的。

陈先生：那么用这个公式计算成长股的内在价值就很容易了，进行投资也很方便了。

王先生：事情往往没有这么简单，主要是公司今后的成长率能否达到预期的目标。比如，还是这个例子。如果格力电器公司今后的成长率为 0，

那么，公司每股的内在价值=[8.5+(2×增长率)] ×每股收益

=[8.5+(2×0)] ×2.7325 元

=23.22 元/股

市盈率=23.22/2.7325 元=8.5 倍。

这个价格在市场上是很难买到的。所以这个公式是一个非常好的可以定量计算成长股内在价值的公式，非常实用，但是在实际投资中，为了保证投资更安全，还应该辅以其他的方法，包括定性分析的方法。

陈先生：什么方法？

王先生:就是将这个方法同股市温度计结合起来使用。

陈先生:具体怎么做呢?

王先生:当股市温度计达到12.5倍以下时,股市已处于低迷状态,这时成长股的业绩持续增长,而股价却处于低位,在这个点位进行投资。

陈先生:如果股市还要持续下跌怎么办呢?购买的成长股会不会被套住?

王先生:很有可能,因为没有人能预测到大盘的最低点。但是在股市温度计达到12.5倍以下时,购买股票的安全系数就非常大了。

比如,经过我的测算,在2013年6月13日,股市温度计达到了12.32倍时,股市处于可投资的点位。

表6-1

	股票名称	四年平均收益	当日收盘价	市盈率	收益率
1	民生银行	1.152500	9.8800	8.57	
2	工商银行	0.640000	4.1400	6.47	
3	上汽集团	1.888750	14.4700	7.66	
4	中国神华	2.196250	19.2800	8.78	
5	天津港	0.560000	5.5600	9.93	
6	中信证券	0.777500	11.3500	14.60	
7	中国石油	0.674900	8.1100	12.02	
8	格力电器	1.912500	24.6200	12.87	
9	天坛生物	0.535000	15.7400	29.42	
10	锡业股份	0.092025	15.3500	166.80	
	合计	1.042943	12.8500	12.32	8.12%

这时购入云南白药、同仁堂、格力电器、天坛生物。

如图6-2所示,云南白药2013年6月13日的复权收盘价为1024.25元/股,一年后,2014年6月12日的复权价格为1008.67元/股,下跌1.52%。

大盘2013年6月13日的收盘指数为2148.36元/股,一年后,2014年6月12日的收盘指数为2051.71元/股,下跌4.49%。

云南白药的股价跌幅小于大盘的整体跌幅。

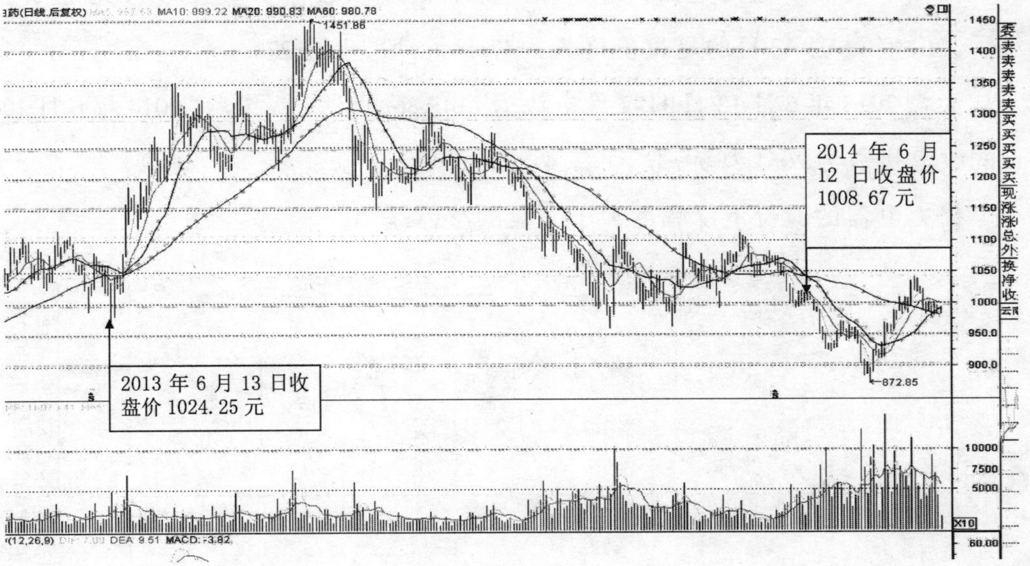

图6-2 云南白药2013年6月—2014年6月股票价格走势日K线图(复权后价格)

如图6-3所示，同仁堂2013年6月13日的复权收盘价为255.74元/股，一年后，2014年6月12日的复权价格为201.31元/股，下跌21%。

大盘2013年6月13日的收盘指数为2148.36元/股，一年后，2014年6月12日的收盘指数为2051.71元/股，下跌4.49%。

同仁堂的股价跌幅大于大盘的整体跌幅。

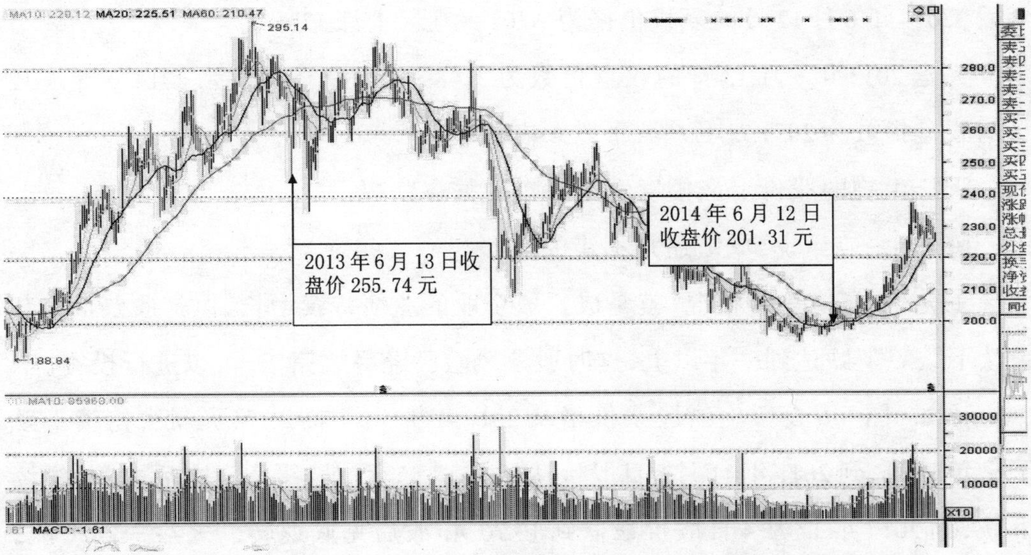

图6-3 同仁堂2013年6月—2014年6月股票价格走势日K线图(复权后价格)

如图6-4所示，格力电器2013年6月13日的复权收盘价为1685.91元/股，一年后，2014年6月12日的复权价格为2147.48元/股，上涨27%。

大盘2013年6月13日的收盘指数为2148.36元/股，一年后，2014年6月12日的收盘指数为2051.71元/股，下跌4.49%。

格力电器的股价上涨幅度大于大盘的整体跌幅。

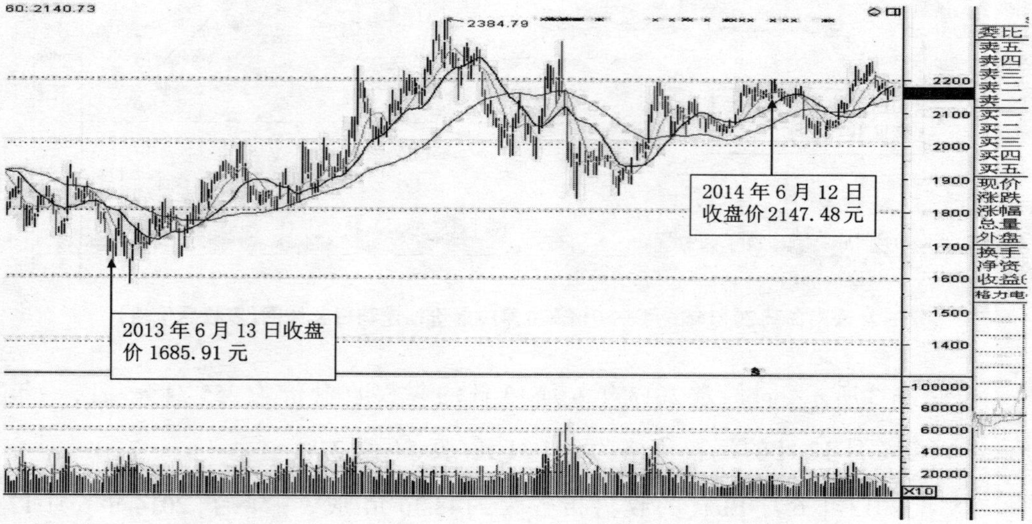

图6-4 格力电器2013年6月—2014年6月股票价格走势日K线图(复权后价格)

如图6-5所示，天坛生物2013年6月13日的复权收盘价为78.55元/股，一年后，2014年6月12日的复权价格为90.01元/股，上涨13%。

大盘2013年6月13日的收盘指数为2148.36元/股，一年后，2014年6月12日的收盘指数为2051.71元/股，下跌4.49%。

天坛生物的股价上涨幅度大于大盘的整体跌幅。

陈先生：应当说，成绩还是不错的。

王先生：还有一种情况，就是成长股企业的业绩持续增长，但是股票价格却持续下跌。下跌达到一年以上，这时股票风险已经释放完毕，可以进行投资。

比如，图6-6天坛生物股票价格从2010年11月8日26.74元/股，持续下跌了一年时间，到2011年11月8日股价达到了17.55元/股，买入。之后，股价继续下跌，到2012年12月4日股价最低到10.76元/股后见底返转。之后一路上涨，到2013年12月23日，股价达到25.50元/股，上涨了45%。至2014年6月12日，股价又回到17.94元，又继续上涨。

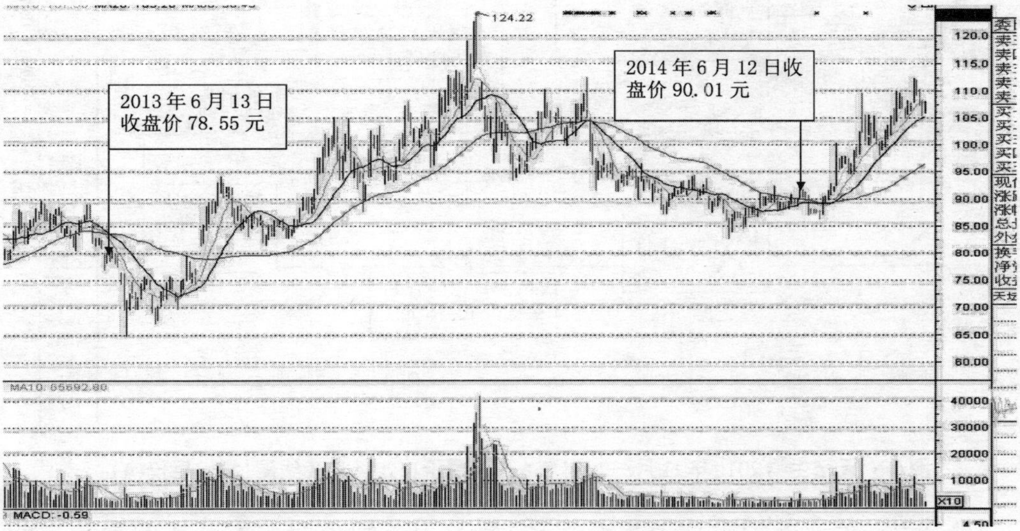

图6-5 天坛生物2013年6月—2014年6月股票价格走势日K线图（复权后价格）

陈先生：我明白了，就是在用公式计算完成长股的内在价值后，再看股市温度计是否在可投资的区域，或者是成长股股票是否持续下跌了一年以上，再进行投资。

王先生：是这样。当然，对投资成长股来说，首先是要能准确地判断出这只股票是不是成长股。第二，在可投资价格出现时要果断地买入。要确信自己的方法是正确的，不受环境的影响，这也是最重要的。第三是要能坚持长期持有，经过深度套牢后，不抛售股票，在股市上涨解套后，不轻易卖出股票。

陈先生：能长期持有一种股票也是非常难的事情，尤其是在股票上涨一倍以后，还能坚持持有的人是很少的。

王先生：是的，这就是职业投资者和业余投资者的区别。对于成长股来说，如果企业业绩持续增长，并没有发生改变企业状况的情况，就要长期持有，因为复利的威力是巨大的，长期持股所取得的收益，也是你无法想象的。

陈先生：如何判断企业的经营状况是向好的呢？

王先生：我认为要关注企业的经营业务核心指标的变化。

陈先生：什么是企业的经营业务核心指标？

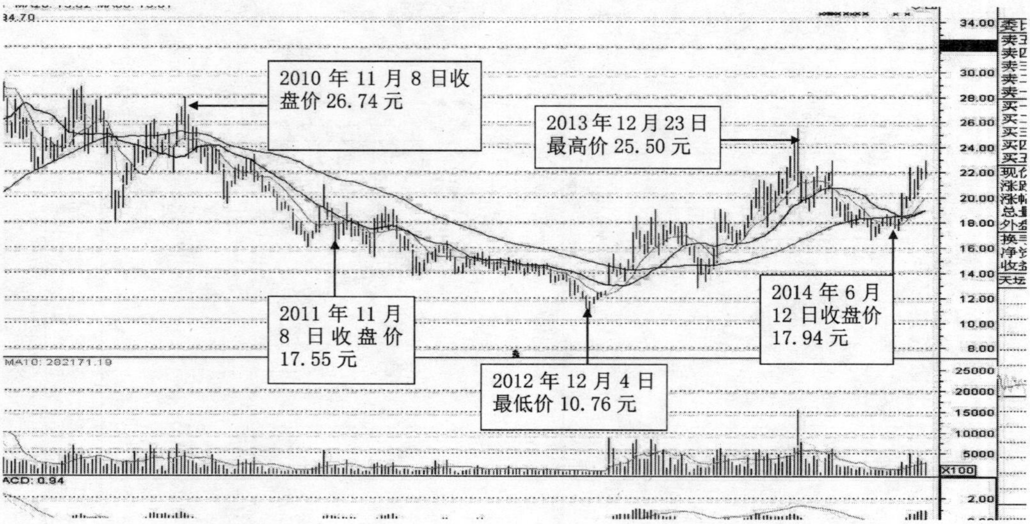

图6-6 天坛生物2010年11月—2014年6月股票价格走势日K线图(复权后价格)

王先生:企业的经营业务核心指标,就是关系到企业业绩好坏的最关键的指标,不是财务指标,如销售收入、净利润或者毛利率,而是经营指标。比如,对于城市燃气业务企业来说,经营业务核心指标就是它的燃气购销量;生产啤酒的企业,经营业务核心指标就是它的啤酒产销量。汽车行业、制药企业、建筑行业等,都有其经营业务核心指标。要发现每个企业不同的经营业务核心指标,分析它是增长还是下降。

当然,产品价格指标也是一个很关键的指标。一个企业的价格上涨,可以认为是该企业业绩向好的重要标志。

这些指标再同财务指标,比如销售收入、经营成本、毛利率、净利润等指标进行对比分析,可以判断企业的业绩是否增长。如果是持续增长,就要持有股票。如果是大幅度下降,还要分析原因,以判断企业是暂时性下降,还是实质性下降;如果是实质性下降,就要考虑抛售股票了。

有一点是要非常明确的,如果不是企业业绩出现实质性下降,仅仅是股票价格下跌,这绝不是抛售股票的理由。因为股票价格暂时性下跌,将来再次上涨后,其高点一定会超过前次高点的。

陈先生:我明白了。非常感谢你的讲解。

王先生:不客气。我认为,股票投资如果想取得成功,思考和实践是必不可少的,也就是所谓的"知"与"行"。

投资理财类书目

序号	书名	作者	定价
1	趋势定位	付上金	35.00
2	量价精研	邢孝寒	32.80
3	K线阳线战法	麻道明	39.00
4	K线阴线战法	麻道明	39.00
5	零起点期货投资一本通	黄金	28.00
6	零起点基金投资一本通	黄金	29.80
7	零起点股票投资一本通	黄金	35.00
8	股市交易特技	时空老人	28.00
9	夜话交易谋略	股峰求道	32.00
10	如何看懂分时图	江南小隐	28.00
11	易经演股法之个股攻略	第六感觉	35.00
12	艾略特波浪理论入门、精通与实战	景生辉	28.00
13	趋势与拐点交易法	戈岩	35.00
14	家庭投资理财规划一本通	雷冰	35.00
15	股票易占交易系统	劳剑勇	35.00
16	实战擒庄	张文	35.00
17	筹码实战分析	刘晓杰	28.00
18	趋势技术分析	邱立波	36.00
19	专业操盘原理	景生辉	38.00
20	背离技术分析	江南小隐	29.80
21	小女人的理财锦馕	游凌燕	28.00
22	理财产品全攻略	罗显良	38.00
23	股票投资资金管理与止损止盈技巧	雷 冰	32.00
24	谁是股市赢家	梦 兮	25.00
25	春林涨停战法	张春林	29.80
26	龙头股实战技巧	张文 赵振国	35.00
27	均线技术分析	邱立波	38.00
28	易经演股法	第六感觉	35.00
29	现货黄金投资技巧	邢孝寒	28.00
30	系统化交易——A交易系统久赢真经	黄 根	39.00
31	缠论解析:缠中说禅技术理论图解	江南小隐	23.00

32	实战交易密码	陈志文	35.00
33	股票投资的24个关键财务指标	雷　冰	35.00
34	K线技术分析	邱立波	38.00
35	破译K线图中的密码	江南小隐	38.00
36	你最想要的投资学	张潇云　徐刚	25.00
37	四维操盘:基于价量时空分析的实战操盘技术	邢孝寒	29.80
38	波段操作实战精解	雷　冰	35.00
39	精准判断买卖点:炒股就这一招	曹千阳	38.00
40	崩溃点战术:基于市场心理分析的交易技术	铸剑先生	39.80
41	新手炒股也赚钱:量价实战技法	帝都操盘手	29.80
42	K线综合实战分析	雷　冰	48.00
43	赢在股市24堂课	索氏门人	28.00
44	磁区理论:识别最佳买卖时机和位置的分析技术	江南小隐	38.00
45	告别亏损:从持续亏损到稳健盈利的修炼法则	冼　剑	38.00
46	顺势而为:道氏理论趋势指标交易系统	时空老人	35.00
47	炒股智赢秘诀:基于主力动向分析的操盘新法	邢　星	38.00
48	股票买卖信号	鲁周伦	38.00
49	实战技术精解	郭延明	36.00
50	超级翻倍:操作系统应用实战技巧	陈志文	36.00
51	量价实战分析	范江京	36.00
52	实战操盘之绝佳买卖时机	郝鸿雁	35.00
53	实战买卖点	范江京	36.00
54	看图炒股:股市实战操作技巧	王　剑	19.80
55	短线实战选股技巧	李意坚	35.00
56	短线实战看盘技巧	郝鸿雁	35.00
57	实战看盘	范江京	38.00
58	跟庄细节:跟庄获利实战技法	范江京	38.00
59	短线实战技法	范江京	29.80
60	擒庄实战技法——跟庄操作18招	曹明成　谭文	36.00
61	股市K线实战技法	范江京	29.80